# 金融法前沿问题研究

文学国／主编
李政明／副主编

上海人民出版社

本课题的研究得到了上海黄金交易所捐赠设立的“上海大学教育发展基金会金融法制研究实践基金”的资助，在此表示诚挚的谢意！

# 目录
# CONTENTS


001 中国证券市场的发展与证券法治的完善　文学国
034 关于《中华人民共和国票据法》修改的思考　肖小和
039 农业保险法的部门法属性探析　张帅梁
053 数字经济对反垄断法的挑战与对策　魏　艳　高晓茜
079 私人数字货币的本质、风险与治理　程雪军　李培园　温小乐
104 中央银行数字货币的发展逻辑与国际镜鉴　程雪军
121 香港、新加坡、伦敦金融监管特点及启示借鉴　刘功润　蒋雪云
131 民法典中保证金的法律性质及效力　李阿侠
146 出口信用保险仲裁的理论与实践　李政明
157 对现行《保险法》修改和完善的建议　李政明
169 金融科技视角下中小投资者保护机制研究　赵　畅　李　蓓
192 论我国金融监管权“央—地”配置制度的协调完善　高冷月　高晓茜
213 我国金融基础设施建设和监管的现状及完善　梁一婷　杨海波
238 我国数据跨境流动法律规制的问题及对策研究
——以金融领域数据为例　李　缘　陈　贺　梁　俊
254 论我国公司资本形成制度现状与授权资本制改革　鲍　翔

# 中国证券市场的发展与证券法治的完善

文学国[①]

**内容摘要**：中国证券法治的不断发展与完善，内在于中国证券市场发展所带来的法治化需求。只有规范化、法治化的证券市场，才有可能维护证券市场的交易秩序，保证交易各方的合法权益。本文根据中国证券市场自身发展的脉络，探寻证券市场发展与规范需求之间的内在联系，进而梳理我国证券法律制度的变迁过程，研讨证券法律制度目前存在的问题，探讨证券法律制度的完善路径。本文重点讨论了2019年《证券法》的修改内容。证券法治的创新一方面是证券市场自身发展的需要，另一方面，也需要借鉴发达国家证券法律制度的经验，不断完善我国证券市场，促进我国证券市场的持续发展与繁荣。

**关键词**：证券市场发展　证券法治完善

## 一、从混乱到规范：中国证券法律制度的建立

新中国成立前后，中国共产党为治理国民党政府遗留下来的混乱的金融市场，于1949年6月1日设立天津证券交易所，天津证券交易所设立了股票涨停线，按照买卖双方成交金额的6‰—8‰收取经手费。1949年11月26日，经中国人民银行批准设立北京证券交易所，于1950年2月1日开业，开业之初，市场交易投机盛行。从1951年底到1952年10月，中共中央开展"三反""五反"运动，运动首先在各大城市开展，很快形成全国高潮。1952年3月5日，中共中央规定了对违法资本主义工商户处理的基本原则：过去从宽，今后从严；多数从宽，少数从严；坦白从宽，抗拒从严；工业从宽，商业从严；普通商业从宽，投机商业从严。证券交易有投机交易的属性，自然在反对之列。1952年2月，北京证券交易所停业，1952年8月，天津证券交易所停业。[②]

新中国建立的是社会主义经济制度，必然要与国民党政府时期的资本主义

① 文学国，法学博士，上海大学法学院特聘教授，博士生导师。

② 参见赵学军：《中国金融业发展研究（1949—1957年）》，福建人民出版社2008年版，第49—52页。

经济制度彻底决裂。第一届中国人民政治协商会议所通过的《共同纲领》中规定:"在必要和可能的条件下,应鼓励私人资本向国家资本主义方向发展。"经过三年国民经济的恢复与发展,如何改造旧中国留下的资本主义经济制度,成为中国共产党面临的历史性问题。1952 年底,毛泽东提出过渡时期总路线的初步设想,1953 年 6 月 15 日,毛泽东明确提出了过渡时期的总路线,对我国资本主义工商业的方针是利用、限制、改造。我国第一部宪法 1954 年《宪法》第 15 条规定:"国家用经济计划指导国民经济的发展和改造,使生产力不断提高,以改进人民的物质生活和文化生活,巩固国家的独立和安全。"1956 年,我国社会主义改造完成,私人资本主义经济基本消失,以公有制为基础的计划经济体制建立。在这种经济体制下,股份制、证券交易、证券市场开始与社会主义经济绝缘。

1978 年 12 月 18 日至 22 日,中国共产党召开第十一届中央委员会第三次全体会议,是中国历史上的重大转折,开启了改革开放的序幕。经济体系中私人资本开始慢慢成长,作为企业筹集资金重要形式的股份制企业开始出现,以公开发行股票的方式向社会募集资金。早期的股票发行及股份公司的大致情况为:1980 年,中国人民银行代理抚顺红砖厂面向企业发行 280 万股股票。同年,成都市工业展销信托股份公司按面值向全民所有制和集体所有制单位发行 2 000 股股票,每股 1 万元。①1983 年 7 月,中国宝安集团前身广东省宝安县联合投资公司正式成立,并在《深圳特区报》上刊登招股启事:"欢迎省内外国营集体单位、农村社队和个人(包括华侨、港澳同胞)投资入股……入股自愿,退股自由,保本付息,盈利分红。"深圳宝安县联合投资公司在中国第一次发行了"准股票"——"股金证券",也可称为股票凭证,实际上是一种企业债券,但取了股票的名称。这家公司以向社会公开招股的方式组建,是新中国第一家股份制企业。1984 年 7 月,北京天桥百货股份有限公司成立,首次向社会公开发行股票 300 万元,是新中国在国家工商部门注册的第一家股份公司。1984 年 10 月,党的十二届三中全会通过《关于经济体制改革的决定》,企业股份制改革开始试点。1984 年 11 月,上海飞乐音响公司成立,并于 1985 年 1 月向社会公开发行股票 1 万股(每股票面额 50 元)。1986 年 1 月,上海延中实业公司成立,全部以发行股票的方式向社会筹集资金。1986 年 9 月,上海工商银行信托投资公司静安证券业务部开业,首次以挂牌方式公开委托买卖股票,是新中国第一个证券交易柜台。9 月 26 日,上海飞乐音响公司和上海延中实业公司向社会公开发行的股票通过该证券业务部上市,开创了中国股票交易的历史。1986 年 11 月 14

① 吴晓灵:《中国金融体制改革 30 年回顾与展望》,人民出版社 2008 年版,第 197—198 页。

日，邓小平将一张飞乐音响股票赠送给来访的时任美国纽约证券交易所主席约翰·凡尔霖先生，一时成为新闻界竞相报告的重大消息。1986 年 12 月，国务院发布《关于深化企业改革增强企业活力的若干规定》，该规定提出："各地可以选择少数有条件的全民所有制大中型企业进行股份制试点。"这一时期，股票一般按面值发行，保本、保息、保分红，到期偿还，且有一定债券的特性；发行对象多为内部职工和地方公众；发行方式多为自办发行，没有承销商。[①]这一时期，虽然企业股票发行不规范，股票本身也不规范，但毕竟迈出了关键性的一步，从此开启了中国资本市场这扇大门。

当时的深圳与上海是股份制改革的排头兵。1988 年 4 月，"深发展"股票在特区证券挂牌柜台交易。至 1990 年，上海有 4 家工业企业、4 家商业企业、2 家金融企业、1 家房地产企业进行了股份制改革试点。但此时中国正式的股票交易市场尚未建立，股票交易限于柜台交易，不仅交易方式落后，交易也不规范，黑市猖獗，交易秩序混乱。[②]当股份制改革在实体经济中如火如荼之时，经济学家们开始研究股份制理论，尤其研究股份制是社会主义经济的应有内容，打破传统社会主义经济理论中的股份制与社会主义经济体系存在的藩篱，北京大学经济学教授厉以宁先生是其中最为著名的经济学家，被人们形象地称为"厉股份"。[③]

随着发行股票的公司数量增长，股票交易的需求自然而生。经国务院授权、中国人民银行批准，1990 年 11 月 26 日成立上海证券交易所，同年 12 月 19 日开业。1990 年 12 月 1 日成立深圳证券交易所。随着两家交易机构的成立，我国的股票交易由柜台交易进入场内交易，交易趋于规范。在我国股票市场发展初期，人们经过了对股票的不了解到将其视为发家致富乃至可以一夜暴富的投资品种，甚至在有的人眼里实际上成为一种合法的投机品种。在上市公司数量较少、股票购买需求较大的不对称情况下，股票成为一种稀缺的投资品种，供求失衡导致证券市场出现了短暂的混乱现象。中国证券史上著名的"深圳 8·10 事件"与"国债期货 327 事件"就发生在这一时期。

从我国证券市场发展的历程来看，从 20 世纪 80 年代初期开始的股份制改革，到 1990 年上海证券交易所与深圳证券交易所成立，这一时期是我国证券市

---

① 中国证券监督管理委员会：《中国资本市场二十年》，中信出版社 2012 年版，第 4 页。

② 燕红忠主编：《中国金融史》，上海财经大学出版社 2020 年版，第 400—401 页。

③ 1986 年 9 月，厉以宁在《人民日报》发表文章提出，经济改革最好的手段便是利用股份制的形式来改造现有的国有企业，改造现有的大集体企业。厉以宁的股份制理论成为中国推进资本市场建设和国企改革的重要理论支撑。事实上，当时积极宣传股份制经济的还有经济学家董辅礽、萧灼基、王珏、冯兰瑞、蒋一苇等。

场的创建期。但是,初期的证券交易缺乏法律法规的约束,股票、期货交易的投机性被无限放大,最终的结果可能会使参与投资者血本无归,市场秩序混乱,国家的金融生态遭到破坏。因此,中国证券市场开启不到三年,即开展了一场治理整顿。

1993 年,国务院召开全国金融工作会议,对证券市场进行治理整顿,关闭了全国各地分散的区域性证券市场。

证券市场走规范化道路,首先是确定政府的监管机构,明确监管职责,其次是要制定证券市场管理与交易规范。1992 年 10 月 12 日,国务院办公厅发布《关于成立国务院证券委员会的通知》,国务院证券管理委员会和中国证券监督管理委员会先后成立。12 月 17 日,国务院发布《关于进一步加强证券市场宏观管理的通知》,该通知划分了国务院证券委、证监会、国务院有关部门和地方人民政府、行业自律组织在证券监管方面的职责分工,将资本市场逐步纳入全国统一监管;规范了证券发行上市程序,根据股票与债券的不同,确定了不同部门的职责。通知强调抓紧证券市场的法律建设,制定了一系列立法计划。这些规范后来陆续发布,如 1993 年 4 月发布《股票发行与交易管理暂行条例》、1993 年 6 月发布《公开发行股票信息披露实施细则》、1993 年 7 月发布《证券交易所管理暂行办法》、1993 年 12 月 29 日第八届全国人大常委会第五次会议通过了《公司法》。1995 年 12 月,时任国务院副总理朱镕基提出"法制、监管、自律、规范"八字方针,作为证券市场发展的总体要求。

证券市场监管体制也是逐步完善的。我国证券市场在起步阶段,具有明显的地方性特征和先行先试的改革性特征。上海证券交易所与深圳证券交易所均归地方政府管理,在两家交易所上市的企业也是当地企业,基本上是当地的中小型企业,交易规则也是由证券交易所制定,证券交易所具有较大的自主权。当时证券市场的规则,也具有地方性特征。如 1990 年 11 月发布的《上海市证券交易管理办法》、1991 年 11 月发布的《上海市人民币特种股票管理办法》、1992 年 6 月发布的《上海市股份公司暂行规定》,深圳市发布的规则有:1991 年《深圳市股票发行与交易管理暂行办法》《深圳市股份有限公司暂行规定》。"深圳 8・10 事件"暴露了股票交易是全国性的,与股票市场却由地方政府管理之间存在的矛盾和弊端,建立全国统一的法制规范证券市场成为国家当时紧迫的任务。国务院证券委员会的成立,标志着证券市场法制统一、建立统一监管市场正式开启。

1998 年 12 月 29 日,第九届全国人民代表大会常务委员会第六次会议通过了《中华人民共和国证券法》,标志着我国证券市场开始走上法制化轨道。

## 二、证券发行制度的市场化、法制化改革

我国的股票发行制度经历了以下几个阶段：

### （一）审批制阶段

股票发行审批制，是指股票上市发行要经过行政机构的审批，审批通过之后才能上市发行。这是一种典型的计划发行模式。《股票发行与交易管理暂行条例》第12条规定："在国家下达的发行规模内，地方政府对地方企业的发行申请进行审批，中央企业主管部门在与申请人所在地地方政府协商后对中央企业的发行申请进行审批；地方政府、中央企业主管部门应当自收到发行申请之日起三十个工作日内作出审批决定，并抄报证券委；被批准的发行申请，送证监会复审；证监会应当自收到复审申请之日起二十个工作日内出具复审意见书，并将复审意见书抄报证券委；经证监会复审同意的，申请人应当向证券交易所上市委员会提出申请，经上市委员会同意接受上市，方可发行股票。"1997年前，审批阶段开始实施的是"总量控制"，国务院每年确定总体发行额度计划，下达给各省市地区和国务院有关部委；各省市对申请发行股票的企业进行层层筛选后作出行政推荐；中国证监会对其推荐的企业复审。①1997年至2003年3月，审批制进入"总量控制和家数控制相结合"阶段，"国务院确定发行总规模后，中国证监会给各省市和各部委下达发行家数指标，对各省市和部门上报企业家数进行限制。各省市对企业进行筛选后作出行政推荐，中国证监会在总规模内给企业核定发行规模，并进行复审"。②审批制的关键是，两级行政审批、额度控制和行政干预的发行定价。如1993年、1994年、1996年和1997年四年的发行额度分别是50亿元、55亿元、150亿元和300亿元人民币。

审批制存在诸多的法律问题，如行政机构是根据什么标准对发行额度进行分配的，缺乏审批标准与程序的透明度；年度发行额度的制定标准是什么也一直不清楚；总量控制与家数控制如何协调；经过行政审批发行上市的企业，在其后的经营过程中出现亏损造成投资者的损失，发行审批机构是否要承担责任？信息披露出了问题谁负责任？等等。这些问题无法在审批制下得到答案。

---

①② 中国证券监督管理委员会：《中国资本市场二十年》，中信出版社2012年版，第221页。

审批制下发生过一起著名的行政诉讼案例，即海南凯立诉中国证监会案。

海南凯立中部开发建设股份有限公司于1994年12月31日成立，经营范围包括海南中线高速公路及其他基础设施的投资开发建设，海南中部地区资源的综合开发，农业综合开发及经营，房地产开发经营，旅游项目投资，仓储服务(危险品除外)，建筑材料、通讯器材、日用百货的贸易业务等。1998年6月，凯立公司向中国证监会申报上市申请材料。中国证监会在收到海南凯立股票发行申报材料后，应当按照当时的规定纳入审核工作程序，即《审核程序》。经审查不符合公开发行股票条件的企业，亦应及时作出不予同意的决定。由于中国证监会在审查海南凯立股票发行申请程序过程中国家颁布了《证券法》，新法规定了股票发行上市实行核准制。2000年3月，中国证监会根据《证券法》的有关规定制定了核准程序，将股票发行的《审核程序》转为《核准程序》，并对1997年发行计划内申请发行的企业，在执行《核准程序》时作了保护性规定，即"如发行人属1997年股票发行计划内的企业，在提交发行审核委员会核准前，中国证监会对发行人的董事、监事和高级管理人员进行《公司法》、《证券法》等法律、法规考试"，免除了"对发行人辅导一年"的要求。但中国证监会对海南凯立的发行申请不予批准，在给有关部门的报告中认为海南凯立公司"97%的利润虚假，严重违反公司法，不符合发行上市条件"的认定。2000年4月28日，中国证监会正式发函，认定"该公司发行预选申报材料前三年财务会计资料不实，不符合发行上市的有关规定"，决定退回海南凯立的预选申报材料。

2000年2月21日，海南凯立第一次向北京市第一中级人民法院提出行政诉讼，该院未予受理。随后，海南凯立向北京市高级人民法院提出上诉。同年7月17日，海南凯立以撤销上诉为前提，再次向北京市第一中级人民法院提出起诉。8月16日，法院通知受理了此案。

2000年12月18日，北京市第一中级人民法院作出一审判决，判定中国证监会退回海南凯立中部开发建设股份有限公司A股预选申报材料的行为违法，责令中国证监会恢复对海南凯立股票发行的核准程序。2001年1月，中国证监会提出上诉，强调自己是全国证券期货市场的主管部门，有权依据法规制定股票发行程序，并作出解释。同时，强调一审法院让其恢复对海南凯立的审核"不切实际，无法执行"。7月6日，北京市高级人民法院对此案作出终审判决，驳回了中国证监会的上诉。北京市高级人民法院认为，"中国证监会在新旧审批程序交替中体现了在保护原申请人权益的前提下适用新的规定的适用法律原则"。但中国证监会对于海南凯立的申请，仅以办公厅的名义退回其材料，既不适用具体的法律、法规和规章，也没有按照自己制定的审批程序进行，一审法院认定中国证监会的行为“违法”并限期“重作”是正确的。[①]

虽然海南凯立案发生在证券发行由审批制过渡到核准制的时点上，但在中国证券史上产生了深远的影响。人们对证监会审批股票发行一直存在争议，但终究有企业通过法律途径维护自己的正当合法权益。

### （二）核准制阶段

2000 年 3 月，根据新修订的《证券法》并经国务院批准，我国新股发行实行核准制，企业上市发行不再由政府推荐，改为由证券公司选择、推荐企业发行上市，发行体制发生了较大的变化。为此，中国证监会于 1999 年发布《中国证券监督管理委员会股票发行审核委员会条例》，专门规定了发审委的组成办法，组建了 80 人组成的发审委，发审委分 8 个组，每组 10 名委员，每次发审委从中选择委员参加评审，名单保密，发审委的审核意见以投票表决方式形成，投票采用无记名方式进行，同意票数达到三分之二即为通过。经过证券公司推荐，企业只要符合《证券法》和《公司法》的要求即可向证监会发审委提交上市申请。证监会及其发审委根据发行申请人提供的上市申请材料，在上市指标范围内进行审核，从中选出符合上市条件的优秀企业上市。2003 年 11 月，中国证监会发布《股票发行审核委员会暂行办法》，对前述条例进行了修订，发审委委员由有关行政机关、行业自律组织、研究机构和高等院校等推荐，由中国证监会聘任。发审委委员为 25 名，其中中国证监会的人员 5 名，中国证监会以外的人员 20 名，其中 13 名为专职委员。每次会议由 7 名委员参加，5 票赞成即通过。第 10 条规定：“发审委的职责是：根据有关法律、行政法规和中国证监会的规定，审核股票发行申请是否符合公开发行股票的条件；审核保荐机构、会计师事务所、律师事务所、资产评估机构等证券中介机构及相关人员为股票发行所出具的有关材料及意见书；审核中国证监会有关职能部门出具的初审报告；依法对股票发行申请提出审核意见。”该办法对发审委的投票表决方式也进行了改革，第 23 条规定：“发审委会议表决采取记名投票方式。表决票设同意票和反对票，同意票数达到 5 票为通过，同意票数未达到 5 票为未通过。发审委委员不得弃权。发审委委员在投票时应当在表决票上说明理由。”该规定修订后，发审委委员审议名单不再保密，发行审核委员会开会之前，证监会向社会公开发审委会议时间、参会委员会名单、审核企业名单，会后公布审核结果，提高了核准制的透明度。同时，也明确了发审委委员应当承担的相应职责。

---

① 刘畅：《审判长谈凯立案：为何判证监会败诉?》，《中国青年报》2001 年 7 月 6 日。

2006 年 5 月，股权分置改革后，发行工作量增大，发审委人员组成作了调整，专职委员由 13 名增加至 17 名。2009 年 5 月，中国证监会设立了独立的创业板发审委，设委员 35 名。

核准制实施之后，形式上看是改变了过去的行政审批制模式，但它仍然是一种实质管理模式，证监会控制企业上市的条件与节奏。当上市成为一种稀缺资源时，权力寻租必然存在。拟上市企业为了满足发审委的核准要求，也会对自身进行过度包装，寻求过高估值。审批制存在的行政过度干预企业上市的问题在核准制下仍然存在，只是干预的机构与形式变了。真正要改革我国企业发行上市存在的固有弊端，实行注册制才是最佳的选择。

### （三）注册制阶段

从核准制到注册制，国务院经过了一段时间的准备。首先是法律授权，《证券法》规定我国的发行制度是核准制，在该法没有修改的情况下推进注册制改革，必须要得到立法机构的授权。2015 年 12 月 27 日，第十二届全国人民代表大会常务委员会第十八次会议通过《全国人民代表大会常务委员会关于授权国务院在实施股票发行注册制改革中调整适用〈中华人民共和国证券法〉有关规定的决定》，本决定的实施期限为 2 年，自 2016 年 3 月 1 日起施行。2018 年 2 月 24 日，第十二届全国人民代表大会常务委员会第三十三次会议决定：2015 年 12 月 27 日第十二届全国人民代表大会常务委员会第十八次会议授权国务院在实施股票发行注册制改革中调整适用《中华人民共和国证券法》有关规定的决定施行期限届满后，期限延长二年到 2020 年 2 月 29 日。2018 年 11 月 5 日，习近平主席出席首届中国国际进口博览会开幕式并发表主旨演讲，宣布在上海证券交易所设立科创板并试点注册制。其次是修改法律。2019 年 12 月 28 日第十三届全国人民代表大会常务委员会第十五次会议第二次修订了《证券法》，于 2020 年 3 月 1 日起施行。新《证券法》第 9 条规定："公开发行证券，必须符合法律、行政法规规定的条件，并依法报经国务院证券监督管理机构或者国务院授权的部门注册。未经依法注册，任何单位和个人不得公开发行证券。证券发行注册制的具体范围、实施步骤，由国务院规定。"2020 年 4 月 27 日，中央全面深化改革委员会第十三次会议审议通过了《创业板改革并试点注册制总体实施方案》，在创业板试点注册制。2020 年 10 月 9 日国务院发布《关于进一步提高上市公司质量的意见》提出将"全面推行、分步实施证券发行注册制，支持优质企业上市"。2023 年年初，党中央、国务院批准了《全面实行股票发行注册制总体实施方案》。2023 年 2 月 17 日，中国证监会发布全面实行股票发行注册制相关制度规则，这些规则自公布之日起实施。2023 年 4 月 10 日，上海、深圳两家交易所主板注册制首批企业上市交易，股票发行注册制改革全面实施。

为了使注册制完全在法制的轨道上运行，中国证监会发布了一整套制度规则，“全面注册制改革涉及的制度规则共 165 部，其中证监会发布的制度规则 57 部，证券交易所、全国股转公司、中国结算等发布的配套制度规则 108 部。内容涵盖发行条件、注册程序、保荐承销、重大资产重组、监管执法、投资者保护等各个方面”。①

注册制改革之后，股票发行上市发生了哪些变革呢？主要体现以下几个方面：一是发行上市条件的精简优化。注册制以信息披露为核心，核准制下的发行条件都尽可能地转化为了注册制下的信息披露要求。二是审核与注册程序既独立又关联。证券交易所担负审核职能，证监会负责注册，二者各有侧重，但又相互衔接，明确了二者的职责分工。证券交易所在审核过程中发现重大敏感事项、重大无先例情况、重大舆情、重大违法线索的，及时向证监会请示报告。证监会同步关注发行人是否符合国家产业政策和板块定位。三是优化了发行承销制度。对新股发行价格、规模等不设任何行政性限制，完善以机构投资者为参与主体的询价、定价、配售等机制。四是完善了上市公司重大资产重组制度。所有上市公司发行股份购买资产统一实行注册制，完善重组认定标准和定价机制，强化对重组活动的事中事后监管。五是强化监管执法和投资者保护。依法从严打击证券发行、保荐承销等过程中的违法行为，细化责令回购制度安排。②

## 三、信息披露制度的完善

我国证券市场信息披露制度是逐步建立与完善的。信息披露的规则以《公司法》和《证券法》为基础，以及以此为基础构建起来的行政法规、部门规章、自律性规则形成的一套规则体系。1993 年 4 月 20 日国务院发布《股票发行与交易管理暂行条例》，设第六章专门规定“上市公司的信息揭露”，规定了上市公司要每年发布中期报告、年度报告、临时报告、重大事件报告、公司持股 50％以上股东和公司董监高持有公司股份的情况报告，奠定了我国上市公司信息披露制度的基础。以后相关制度的完善都是在此基础上进行。但 1993 年《公司法》没

① 《上海证券报》记者叶国标、马婧好、祁豆豆、林淙：《注册制改革有力推动资本市场高质量发展》，《瞭望》2023 年第 16 期。

② 参见吴黎华：《全面注册制正式实施　资本市场迎里程碑式变革》，《经济参考报》2023 年 2 月 20 日。

有“信息披露”概念，也没有相关条文规定该项制度，第130条规定：“股份的发行，实行公开、公平、公正的原则”，公开意味着股份发行时的相关信息必须公开。但公司法当时没有规定具体的信息披露规则。1998年《证券法》规定的信息披露的类型包括“发行人、承销的证券公司公告招股说明书、公司债券募集办法、财务会计报告、上市报告文件、年度报告、中期报告、临时报告”等，并对这些不同类型报告都规定了详细的内容。2018年《公司法》第144条：“上市公司的股票交易上市公司的股票，依照有关法律、行政法规及证券交易所交易规则上市交易。”第86条对招股说明书的披露要求进行规定。第165条要求“公开发行股票的股份有限公司必须公告其财务会计报告”。

2019年《证券法》对信息披露制度进行较大幅度的修订，将信息披露设定为专章，即第五章，设有10个条款。在原来法律规定的基础上，新增了多项信息披露义务、加大了违规行为的行政处罚力度，具体规定了违反信息披露义务的民事赔偿责任等。对于信息披露的监管，《证券法》在注册制改革的背景下，监管机构的工作重心也由事前审批转为事中与事后监管。《证券法》修订后，证监会对《上市公司信息披露管理办法》也进行了修订。根据此次《证券法》与《上市公司信息披露管理办法》的修改，新增的信息披露方面的具体内容如下：

### （一）扩大了信息披露义务范围

1. 投资者要披露用于收购股权的资金来源信息

《证券法》第64条第3款规定：投资者增持上市公司股份时需要披露投资者“增持股份的资金来源”，目的是防止违规资金进入股市。增加了第4款：“在上市公司中拥有表决权的股份变动的时间及方式。”通过这一要求，显示投资者是否依法履行了报告、通知、公告、暂停买卖等义务。

2. 发行人董事、监事、高级管理人员对证券发行要签署书面意见

《证券法》第82条第1款要求“发行人董事、监事、高级管理人员要对证券发行文件和定期报告签署书面意见；发行人的监事会应当对董事会编制的证券发行文件和定期报告进行审核并提出书面审核意见。监事应当签署书面确认意见。发行人不予披露的，董事、监事和高级管理人员可以直接申请披露”。董事、监事、高级管理人员签署了书面意见，意味着公司如果所揭露的信息有虚假记载、误导性陈述或者重大遗漏，签署书面意见者要承担相应的法律责任。

3. 信息披露义务人可自愿披露并公开承诺的相关信息

自愿披露信息是指发行人及信息披露义务人除按法律强制性规定披露相关信息外，主动披露信息。《证券法》第84条第2款规定：“信息披露义务人可以

自愿披露与投资者作出价值判断和投资决策有关的信息，但不得与依法披露的信息相冲突，不得误导投资者。发行人及其控股股东、实际控制人、董事、监事、高级管理人员等作出公开承诺的，应当披露。不履行承诺给投资者造成损失的，应当依法承担赔偿责任。”上市公司通过自愿披露的信息，向投资者提供更多的投资决策依据，这种友好型的信息披露行为，也可以增强上市公司的核心竞争力，改善上市公司与投资者之间的关系。

公开承诺，公司股票发行上市、再融资、并购重组时，为了获得较高的市场发行价格、获得更多的融资数额、卖出一个较理想的并购重组价格等公司利益时，公司的发行人及其控股股东、实际控制人、董事、监事、高级管理人员等在向投资者介绍公司的业绩、资产注入、解决同业竞争、关联交易、稳定股份等问题作出承诺，以获得投资者与证券监管机构的信任。正常情况下，承诺要建立在现实可信的基础上，不能信口开河，蒙骗监管机构和投资者，公开承诺的事项不仅需要披露，在可预期的时间里还要履行与兑现。否则，承诺者要承担相应的民事赔偿责任。

4. 应披露的重大事件范围有所扩大

《证券法》将影响上市公司股票交易价格与债券交易价格的临时报告中的“重大事件”种类进行了调整与增加。《证券法》第 80 条增加的应披露的重大事项包括：公司重大投资行为中购置资产的具体比例；提供重大担保或者从事关联交易的行为；董事长或者经理无法履行职责的情况；公司的实际控制人及其控制的其他企业从事与公司相同或者相似业务的情况发生较大变化；公司分配股利、增资的计划、公司股权结构的重要变化；依法进入破产程序、被责令关闭；公司涉及仲裁；公司的控股股东、实际控制人被立案调查或者被依法采取强制措施；等等。《上市公司信息披露管理办法》第 7 条对信息披露文件进行了界定，“信息披露文件包括定期报告、临时报告、招股说明书、募集说明书、上市公告书、收购报告书等”。

### （二）增加了信息披露义务

1. 发行人董事、监事、高级管理人员成为证券发行文件的信息披露义务人

2019 年《证券法》删除原《证券法》第 68 条对上市公司董事、监事、高级管理人员对上市公司所披露的信息真实、准确、完整的保证义务，修改为应当保证“发行人及时、公平地揭露信息”。上市公司董事、监事、高级管理人员由之前的信息披露“保证人”升级为“信息披露义务人”。信息披露义务人由《证券法》第 78 条规定：“发行人及法律、行政法规和国务院证券监督管理机构规定的其他信

息披露义务人，应当及时依法履行信息披露义务。”信息披露义务人的范围，根据《上市公司信息披露管理办法》第 62 条中规定：“信息披露义务人，是指上市公司及其董事、监事、高级管理人员、股东、实际控制人，收购人，重大资产重组、再融资、重大交易有关各方等自然人、单位及其相关人员，破产管理人及其成员，以及法律、行政法规和中国证监会规定的其他承担信息披露义务的主体。”《证券法》第 82 条规定了信息披露义务人的义务与权利。

需要注意的是，根据上述法律与规章的规定，证券发行与交易过程中中介服务机构如会计师事务所、律师事务所、资产评估机构等专业服务机构不是信息披露义务人。根据最高人民法院《关于审理证券市场因虚假陈述引发的民事赔偿案件的若干规定》(法释〔2003〕2 号)第 7 条的规定，“虚假陈述证券民事赔偿案件的被告，应当是虚假陈述行为人，包括：会计师事务所、律师事务所、资产评估机构等专业中介服务机构”。第 24 条规定：“专业中介服务机构及其直接责任人违反证券法第一百六十一条和第二百零二条的规定虚假陈述，给投资人造成损失的，就其负有责任的部分承担赔偿责任。但有证据证明无过错的，应予免责。”在政府的部门规章中，也对此作了区分，证监会在《〈上市公司信息披露管理办法〉修订说明》中提出：强化中介机构“看门人”责任，明确为信息披露义务人履行信息披露义务出具专项文件的证券公司、证券服务机构及其人员应当按照法律、行政法规、中国证监会规定、行业规范、业务规则等发表专业意见。该修订说明中介机构并非信息披露义务人。①《上市公司信息披露管理办法》要求中介机构履行职责，即第 45 条“为信息披露义务人履行信息披露义务出具专项文件的证券公司、证券服务机构及其人员，应当勤勉尽责、诚实守信，按照法律、行政法规、中国证监会规定、行业规范、业务规则等发表专业意见，保证所出具文件的真实性、准确性和完整性”。

2. *信息披露义务人要对所有投资者公平披露信息*

在证券市场，信息就是财富，先得信息时可以抢先进行交易，获取信息财富。信息披露的公平性要求所有投资者要在同一时间获得上市公司的相关信息。《证券法》第 83 条规定：“信息披露义务人披露的信息应当同时向所有投资者披露，不得提前向任何单位和个人泄露。但是，法律、行政法规另有规定的除外。任何单位和个人不得非法要求信息披露义务人提供依法需要披露但尚未披露的信息。任何单位和个人提前获知的前述信息，在依法披露前应当保密。”

---

① 参见中国证监会网站：http://www.csrc.gov.cn/csrc/c101864/c2ee1a791fddc4f5ebeeb70aa8e2399cf/content.shtml。

信息披露的公平性实际上是要求信息披露的同时性，所有接收到该披露信息的投资者或者监管机构应该是同时收到这些信息，应该披露的信息披露前披露义务人需要保密，不得提前披露给某些人。投资者中有大量的中小投资者，他们只有公平地获得相关信息，才有可能不被拥有专业投资人员的机构投资者“割韭菜”。

### （三）完善了违反信息披露义务的法律责任

2019 年《证券法》修改的一大亮点就是加大了违反信息披露规定应承担的法律责任。

1. 大幅提高了违反信息披露义务的行政处罚额度

《证券法》第 197 条对信息披露义务人未按照本法规定报送有关报告或者履行信息披露义务的，将之前规定的处以 30 万元以上 60 万元以下的行政罚款提高至 50 万元以上 500 万元以下；对负直接责任的主管人员和其他直接责任人员的处罚 3 万元以上 20 万元以下提高到 20 万元以上 200 万元以下。

对于信息披露义务人报送报告或披露信息有虚假记载、误导性陈述或者重大遗漏的违法行为的，从之前的处罚额度 30 万元以上 60 万元以下提高到 60 万元以上 1 000 万元以下；对直接负责的主管人员和其他直接责任人员从 3 万元以上 30 万元以下提高到 50 万元以上 500 万元以下。对于发行人的控股股东、实际控制人组织、指使从事虚假陈述行为，或者隐瞒相关事项导致虚假陈述的，处以 100 万元以上 1 000 万元以下的罚款。《证券法》在行政处罚数额上作出了大幅度的提高，加重了信息披露违法成本，加大了对我国证券市场上屡禁不止的信息造假行为的打击力度。

2. 控股股东、实际控制人承担连带赔偿责任

《证券法》第 85 条规定，对于未按规定披露信息、有虚假记载、误导性陈述或重大遗漏给投资者在证券交易中造成损失的，信息披露义务人应承担赔偿责任；发行人控股股东、实际控制人、董事、监事、高管和其他直接责任人及保荐人、承销的证券公司及其直接责任人，应与发行人承担连带赔偿责任，但能证明自己无过错的除外。

控股股东、实际控制人由过错责任升级为过错推定责任，这种变化更着眼于加强上市公司控股股东、实际控制人控制、管理、经营上市公司的责任心，加大对上市公司控股股东、实际控制人利用内幕消息进行不法交易的震慑力度，加重控股股东、实际控制人在民事诉讼中的举证责任并增大了败诉可能，这将更加有利于对投资者的保护。

3. 违反公开承诺的信息披露义务的赔偿责任

《证券法》第84条规定，发行人及其控股股东、实际控制人、董事、监事、高级管理人员等作出信息披露公开承诺的，必须披露公开承诺的信息，使得信息披露公开承诺后成为一种法定义务。对于不履行公开承诺的上述信息披露义务人，如给投资者造成实际损失的，其应依法承担相应的赔偿责任。

## 四、投资者保护机制日益完善

我国证券市场建立之初，投资者的注意力都放在了投资收益上，对自身利益受损后如何救济关注度不够。随着证券市场违法事件的不断发生，尤其是深圳“8·10事件”之后，监管当局与投资者都意识到了投资者合法权益保护的重要性。1993年《股票发行与交易管理暂行条例》第1条就规定制定该条例的目的之一是“保护投资者的合法权益”。第3条规定“股票的发行与交易，应当遵循公开、公平和诚实信用的原则”。

2005年6月，国务院批准中国证监会、财政部、中国人民银行发布《证券投资者保护基金管理办法》，同意设立国有独资的中国证券投资者保护基金有限责任公司，并批准了公司章程。2005年8月30日，投保基金公司在国家工商总局注册成立，由国务院出资，财政部一次性拨付注册资金63亿元。投保基金公司由中国证监会管理。

2012年1月10日，中国证监会成立投资者保护局，主要职责为：拟定证券期货投资者保护政策法规；负责对证券期货监管政策制定和执行中对投资者保护的充分性和有效性进行评估；协调推动建立完善投资者服务、教育和保护机制；研究投资者投诉受理制度，推动建立完善投资者受侵害权益依法救济的制度；按规定监督投资者保护基金的管理和运用；组织和参与监管机构间投资者保护的国内国际交流与合作。

### （一）确立民事赔偿优先原则

《证券法》第220条规定：“违反本法规定，应当承担民事赔偿责任和缴纳罚款、罚金、违法所得，违法行为人的财产不足以支付的，优先用于承担民事赔偿责任。”在行政执法和司法审判的实践中，行政机构作出的行政处罚决定往往先于人民法院作出的民事判决，行政处罚作出之后，罚没款归入国库。现实中，一些行政处罚案件特别是大额行政罚没款案件中，违法行为人缴纳罚没款后，剩余财产往往难以支付民事赔偿款，导致民事赔偿责任优先原则无法落实。根据

《国家金库实施细则》第20条的规定，缴入国库的罚没款作为预算收入，在财政部明文规定的前提下可以进行退库。这一条规定为行政罚没款的退库提供了合法性。为此，2022年7月27日，证监会、财政部联合发布《关于证券违法行为人财产优先用于承担民事赔偿责任有关事项的规定》，该规定认为，如果证券违法行为人应当同时承担民事赔偿责任和缴纳罚没款行政责任，缴纳罚没款后，剩余财产不足以承担民事赔偿责任的，合法权益受到侵害的投资者（以下简称受害投资者）可以再向人民法院提起诉讼，获得胜诉判决或者调解书，并经人民法院强制执行或者破产清算程序分配仍未获得足额赔偿后提出书面申请，请求将违法行为人因同一违法行为已缴纳的罚没款用于承担民事赔偿责任。可以代表受害投资者有权提出申请的主体包括证券纠纷普通代表人诉讼中的诉讼代表人、特别代表人诉讼中担任诉讼代表人的投资者保护机构。受理机构为证监会。受害投资者可以按照规定在人民法院出具终结执行裁定书后一年内提出，超过一年提出申请的，证监会不予受理。用于承担民事赔偿责任的罚没款金额不得超过违法行为人实际缴纳的罚没款金额。证监会受理申请材料后，应当对材料进行审核。证监会在材料审核过程中，应当向出具终结执行裁定书或者终结破产程序裁定书的人民法院了解、核实案件前期执行、破产财产分配情况。证监会应当于收到人民法院情况反馈后一个月内完成审核工作。经审核认为申请符合相关规定的，应当书面通知受害投资者，并抄送财政部。财政部完成审核工作后，将违法行为人有关罚没款退还至证监会账户。证监会收到退库资金后，应当及时将违法行为人罚没款退付给受害投资者，不得截留、挤占或者挪用。证监会办理完退付手续后，应当将退付情况及时通报出具终结执行裁定书或者终结破产程序裁定书的人民法院，并公示退付相关情况。

### （二）建立中小投资者保护机构

2013年12月27日，《国务院办公厅关于进一步加强资本市场中小投资者合法权益保护工作的意见》（以下简称《意见》）提出："加快形成法律保护、监管保护、自律保护、市场保护、自我保护的综合保护体系，实现中小投资者保护工作常态化、规范化和制度化。"《意见》在保护投资者方面，提出了以下制度建设要求：健全投资者适当性制度、优化投资回报机制、保障中小投资者知情权、健全中小投资者投票机制、建立多元化纠纷解决机制、健全中小投资者赔偿机制、加大监管和打击力度、强化中小投资者教育、完善投资者保护组织体系等。

2014年12月5日，中国证监会批准在上海注册成立中证中小投资者服务中心有限责任公司，这是一家证券金融类公益机构，其宗旨为："以投资者需求为导向，扩充投资者知权渠道，丰富投资者行权方式，完善投资者赔偿救济维权手段，切实维护投资者的合法权益。”①其职责包括：(1)面向投资者开展公益性宣传和教育；(2)公益性持有证券等品种，依法以投资者身份自行或联合其他投资者共同行权，根据《证券法》第90条规定公开征集股东权利；(3)提供调解、损失计算等纠纷解决服务；(4)开展支持诉讼、股东直接诉讼及派生诉讼，参加代表人诉讼等诉讼维权工作；(5)调查、监测投资者意愿和诉求，开展战略研究与规划；(6)代表投资者，向政府机构、监管部门反映诉求。

根据中证中小投资者服务中心《持股行权工作规则(试行)》，投服中心持有在上海证券交易所、深圳证券交易所上市的A股上市公司每家100股及之后因送股、转股增持的A股股票。投服中心可以按照中国证监会有关要求购入科创板、B股、港股通股票以及存托凭证等证券。投服中心持有股票不以营利为目的，除参与现金分红、送股、转股等不涉及现金支出的操作外，原则上持有股票后不再进行交易。通过以下方式依法行权：(1)发送股东函件；(2)参加或召集上市公司股东大会；(3)参加上市公司重大资产重组媒体说明会、投资者说明会、业绩说明会、上市公司投资者接待日等活动；(4)公开发声；(5)现场、网上问询；(6)查阅上市公司章程、股东名册、公司债券存根、股东大会会议记录和决议、董事会会议决议、监事会会议决议、财务会计报告等资料；(7)联合其他股东共同行权；(8)提出提案；(9)向法院提起诉讼；(10)经投服中心批准的其他方式。

### (三) 建立调解制度

2003年1月19日，最高人民法院发布《关于审理证券市场因虚假陈述引发的民事赔偿案例的若干规定》(法释〔2003〕2号)，规定“人民法院审理虚假陈述证券民事赔偿案件，应当着重调解，鼓励当事人和解”。随着我国多层次资本市场体系的建立与完善，证券交易日益活跃，证券投资者尤其是中小投资者因各种原因与证券经营机构、基金管理机构、证券服务机构、上市公司等证券市场主体之间，因证券交易、证券投资或证券服务而发生民事纠纷日益增多，加强证券市场监管，保护投资者的社会呼声日益高涨。2016年5月25日，最高人民法院、中国证券监督管理委员会发布《关于在全国部分地区开展证券期货纠纷多元化解机制试点工作的通知》，决定在全国部分地区联合开展建立健全证券期货纠纷多元化解机制的试点工作。调解工作的三项工作原则：依法公正原则、

① 参见中证中小投资者服务中心有限责任公司网站，http://www.isc.com.cn/html/zxjs/。

灵活便民原则、注重预防原则。主要内容包括：设立最高人民法院与证监会共同认可的调解组织、建立证券期货纠纷特邀调解组织和特邀调解员名册、调解组织受理中小投资者的纠纷调解申请，不收取任何费用、建立专家或者专家调解员制度、调解组织的非诉调解与先行赔付均可与司法诉讼对接、司法确认调解协议；等等。通知确定了北京市等 31 家试点地区名单、中国证券业协会等 8 家调解组织。如《中国证券业协会证券纠纷调解工作管理办法》，在协会内部成立证券调解专业委员会，调解中心的受理范围包括：(1)会员与投资者之间发生的证券业务纠纷；(2)会员与会员之间发生的证券业务纠纷；(3)会员与其他利益相关者之间发生的证券业务纠纷。证券业协会建立了自己的调解员队伍。为了使调解工作顺利开展，协会还制定了《中国证券业协会证券纠纷调解规则》。中国证券投资者保护基金有限责任公司也制定了《证券纠纷调解工作管理办法》(试行)、《证券纠纷调解规则》，使调解活动有规则可遵循。

证券纠纷调解制度也得到了立法的认可，《证券法》第 94 条规定："投资者与发行人、证券公司等发生纠纷的，双方可以向投资者保护机构申请调解。普通投资者与证券公司发生证券业务纠纷，普通投资者提出调解请求的，证券公司不得拒绝。投资者保护机构对损害投资者利益的行为，可以依法支持投资者向人民法院提起诉讼。"

### (四) 设立先行赔付制度

先行赔付制度在商业领域应用广泛，2013 年万福生科案首次在证券领域适用先行赔付制度。2012 年 9 月 14 日，万福生科因其招股说明书存在严重的财务数据造假而受到证监会的立案调查。根据证监会公布的对万福生科造假案作出的《行政处罚决定书》，认定万福生科存在以下违法事实：一是万福生科《首次公开发行股票并在创业板上市招股说明书》存在虚假记载，2008 年至 2010 年分别虚增销售收入 12 262 万元、14 966 万元、19 074 万元，虚增营业利润 2 851 万元、3 857 万元、4 590 万元，公司不符合公开发行股票的条件；二是《2011 年年度报告》存在虚假记载，2011 年虚增销售收入 28 681 万元；三是未就公司 2012 年上半年停产事项履行及时报告、公告义务；四是《2012 年半年度报告》存在虚假记载和重大遗漏，虚增销售收入 16 549 万元，未披露前述公司部分生产线 2012 年上半年停产的事项。2013 年 5 月 10 日，平安证券作为万福生科 IPO 的保荐机构及主承销商，出资 3 亿元设立"万福生科虚假陈述事件投资者利益补偿专项基金"，委托中国证券投资者保护基金有限责任公司担任基金管理人，设立网上和网下两种方案与适格投资者实现和解。专项基金采取了"先偿后追"

的模式，由平安证券先以基金财产偿付符合条件的投资者，然后通过法律途径向万福生科虚假陈述的主要责任方及连带责任方追偿。若投资者不接受基金的补偿方案，可依法向有管辖权的人民法院提起诉讼，要求万福生科虚假陈述相关责任方予以赔偿。截至 2013 年 6 月 28 日，同时完成网签及有效申报、与平安证券达成有效和解的适格投资者人数为 12 765 人，占适格投资者总人数的 95.1%，对适格投资者支付的补偿金额为 178 565 084 元，占应补偿总金额的 99.56%。2013 年 7 月 3 日，补偿资金已全部划付至适格投资者账户。[①]平安证券主动提出设立专项基金，在民事诉讼前对投资人进行赔付，在较短的时间内完成了对适格受损投资者的补偿。平安证券的先行赔付行为，得到了证监会对其予以从轻或减轻的处罚结果。

2013 年 12 月，国务院发布《关于进一步加强资本市场中小投资者合法权益保护工作的意见》，第 6 条要求健全中小投资者赔偿机制，“督促违规或者涉案当事人主动赔偿投资者。对上市公司违法行为负有责任的控股股东及实际控制人，应当主动、依法将其持有的公司股权及其他资产用于赔偿中小投资者”。2014 年 7 月 18 日，海联讯的 4 名控股股东出资 2 亿元设立海联讯虚假陈述事件投资者利益补偿专项基金，对因海联讯欺诈发行、虚假陈述而遭受损失的投资者进行先行赔付。“海联讯案”也是首例由控股股东主动出资先行赔付的案例。[②]在先行赔付案例的影响下，2015 年 12 月，证监会发布《公开发行证券的公司信息披露内容与格式准则第 1 号——招股说明书》第 18 条规定：“招股说明书扉页应载有如下声明及承诺：……保荐人承诺因其为发行人首次公开发行股票制作、出具的文件有虚假记载、误导性陈述或者重大遗漏，给投资者造成损失的，将先行赔偿投资者损失……”先行赔付首先得到了行政规章的认可。2019 年《证券法》首次在立法上确立了先行赔付制度，《证券法》第 93 条规定：“发行人因欺诈发行、虚假陈述或者其他重大违法行为给投资者造成损失的，发行人的控股股东、实际控制人、相关的证券公司可以委托投资者保护机构，就赔偿事宜与受到损失的投资者达成协议，予以先行赔付。先行赔付后，可以依法向发行人以及其他连带责任人追偿。”设立先行赔付制度的意义在于：一是可以降低投资者维权的成本，提高维权效率，有利于维护投资者的合法权益；二是先行赔付制度通过民事主体之间签订和解协议解决投资纠纷问题，可以节约司法资

① 中国证券投资者保护基金有限责任公司：《万福生科案：试水先行赔付　投资者主动维权》，参见中国证券监督管理委员会网站，http://www.csrc.gov.cn/csrc/c100211/c1452059/content.shtml，2023 年 8 月 12 日访问。

② 吴琳琳：《海联讯 2 亿赔付虚假陈述》，《北京青年报》2014 年 7 月 19 日。

源；三是有利于增强发行人的控股股东、实际控制人及相关证券公司的法律义务与责任，提高上市公司的信息披露质量。①

近年的先行赔付案例也是科创板上市公司的首个案例“紫晶存储案”，2023年4月21日，广东紫晶技术存储技术股份有限公司收到中国证监会《行政处罚决定书》(〔2023〕30号)，因其欺诈发行、信息披露违法违规受到中国证监会行政处罚。同日，中信建投证券股份有限公司作为紫晶存储的保荐机构和主承销商，发出《中信建投证券股份有限公司关于拟设立紫晶存储事件先行赔付专项基金与申请适用证券期货行政执法当事人承诺制度的公告》。《上海证券交易所科创板股票上市规则》规定重大违法行为，将被实施重大违法强制退市。公司于同日收到上海证券交易所下发的拟终止公司股票上市的事先告知书，公司股票自2023年4月24日开市起停牌。由此，“紫晶存储案”成为继“万福生科案”“海联讯案”和“欣泰电气案”后中国证券市场先行赔付第四案。

### （五）建立证券纠纷代表诉讼人制度

我国《民事诉讼法》规定了代表人诉讼制度，结合《民事诉讼法》第53条与第54条之规定，如果一方诉讼当事人人数众多进行共同诉讼时，可以由当事人推选代表进行诉讼，代表人的诉讼行为对其所代表的当事人发生效力。代表人诉讼分为人数确定的代表人诉讼与人数不确定的代表人诉讼。《证券法》第95条第1款对人数确定的代表人诉讼进行了规定，“投资者提起虚假陈述等证券民事赔偿诉讼时，诉讼标的是同一种类，且当事人一方人数众多的，可以依法推选代表人进行诉讼”。根据人民法院的诉讼实践，一般认为10人以上即构成人数众多。第95条第2款规定了人数不确定的代表人诉讼，“对按照前款规定提起的诉讼，可能存在有相同诉讼请求的其他众多投资者的，人民法院可以发出公告，说明该诉讼请求的案件情况，通知投资者在一定期间向人民法院登记。人民法院作出的判决、裁定，对参加登记的投资者发生效力。投资者保护机构受五十名以上投资者委托，可以作为代表人参加诉讼，并为经证券登记结算机构确认的权利人依照前款规定向人民法院登记，但投资者明确表示不愿意参加该诉讼的除外”。这一款也规定了投资者可以采取“默示加入，明示退出”规则，即投资者收到投资者保护机构发出的代为向人民法院办理登记的信息通知后，投资者没有相反意思表示的，视其为同意加入该诉讼；投资者不愿意参加诉讼的，应当作出明确意思表示，投资者保护机构应当为投资者退出该诉讼提供便

① 王瑞贺主编:《中华人民共和国证券法释义》，法律出版社2020年版，第163页。

利条件。①

2020年7月23日，最高人民法院发布《关于证券纠纷代表人诉讼若干问题的规定》(法释〔2020〕5号)规定，证券纠纷诉讼分为普通诉讼与特别代表人诉讼，普通代表人诉讼是依据《民事诉讼法》第53条、第54条，《证券法》第95条第1款、第2款规定提起的诉讼；特别代表人诉讼是依据《证券法》第95条第3款规定提起的诉讼。2020年7月31日，中国证监会发布《关于做好投资者保护机构参加证券纠纷特别代表人诉讼相关工作的通知》(证监发〔2020〕67号)，"本通知所称投资者保护机构是指中证中小投资者服务中心有限责任公司、中国证券投资者保护基金有限责任公司"。"对于典型重大、社会影响恶劣的证券民事案件，投资者保护机构依法及时启动特别代表人诉讼。"

关于特别代表人诉讼的规则，根据中证中小投资者服务中心《特别代表人诉讼业务规则(试行)》规定，投服中心受50名以上投资者委托，可以作为代表人参加证券民事诉讼。《特别代表人诉讼业务规则(试行)》核心内容为：一是明晰了投服中心参加特别代表人诉讼的程序。投服中心参加特别代表人诉讼，实施过程包括内部决策和具体实施两个阶段。二是明确了投服中心参加特别代表人诉讼的公益属性原则。特别代表人诉讼中，关于法院依法向原告收取的诉讼费用，投服中心将依据《关于证券纠纷代表人诉讼若干问题的规定》，作为诉讼代表人向法院依法申请减交或免交等，并向法院主张败诉的被告赔偿诉讼过程中发生的公告费、通知费、律师费等合理费用。借鉴域外投保机构有关费用的相关规定，除为开展特别代表人诉讼的必要支出外，明确投服中心不收取其他费用。三是规定了投服中心参与特别代表人诉讼案件的范围和标准。四是明确了投服中心作为诉讼代表人的权限。投资者默示参加权利登记即视为赋予代表人特别授权，不同意的可向人民法院声明退出。五是明确了诉讼代表人如何履行通知义务。六是规定了投资者可退出特别代表人诉讼的阶段。在一审判决前，赋予投资者"两次退出"的选择权，实现了诉讼效率与保护投资者合法权益的平衡。七是强化决策科学性及监督管理。

### (六) 设立征集股东投票权的规定

关于征集股东权利制度的规定，2013年12月27日，国务院办公厅《关于进一步加强资本市场中小投资者合法权益保护工作的意见》(国办发〔2013〕110号)提出"上市公司不得对征集投票权提出最低持股比例限制"。随后中国证监

① 王瑞贺主编：《中华人民共和国证券法释义》，法律出版社2020年版，第191页。

会发布的《上市公司章程指引》《上市公司治理准则》等规范性文件对上市公司征集股东投票权作了较为详细的规定。

股东会需要一种利益制衡机制，才能实现每个股东的利益诉求。现实情况是，小股东缺乏参加股东会的热情与动力，一是他们自己认为人微言轻，二是表决权数量少，对公司的决策起不到实质性作用。小股东缺席股东会，直接给大股东或者控制股东提供了合法控制的机会。同时，根据《公司法》与公司章程的规定，股东会事项的表决需要一定比例的投票权同意才能获得通过，为了保证股东会的顺利进行，需要参加股东会的股东拥有足够的投票权数量。因此，建立征集股东投票权制度有十分重要的意义。《证券法》第 90 条规定："上市公司董事会、独立董事、持有百分之一以上有表决权股份的股东或者依照法律、行政法规或者国务院证券监督管理机构的规定设立的投资者保护机构（以下简称投资者保护机构），可以作为征集人，自行或者委托证券公司、证券服务机构，公开请求上市公司股东委托其代为出席股东大会，并代为行使提案权、表决权等股东权利。依照前款规定征集股东权利的，征集人应当披露征集文件，上市公司应当予以配合。禁止以有偿或者变相有偿的方式公开征集股东权利。公开征集股东权利违反法律、行政法规或者国务院证券监督管理机构有关规定，导致上市公司或者其股东遭受损失的，应当依法承担赔偿责任。"需要重点注意的是，法律明确规定禁止以有偿或者变相有偿的方式公开征集股东权利。

### （七）建立证券虚假陈述诉讼与赔偿制度

2001 年 9 月 21 日，最高人民法院发出通知，对证券市场上发生的内幕交易、操纵市场、虚假陈述等侵权行为引发的民事赔偿诉讼"暂不受理"。2002 年 1 月 15 日，《最高人民法院关于受理证券市场因虚假陈述引发的民事侵权纠纷案件有关问题的通知》发布，该通知认为，虚假陈述民事赔偿案件，是指证券市场上证券信息披露义务人违反《中华人民共和国证券法》规定的信息披露义务，在提交或公布的信息披露文件中作出违背事实真相的陈述或记载，侵犯了投资者合法权益而发生的民事侵权索赔案件。虚假陈述证券民事赔偿案件的原告为投资人，被告应当是虚假陈述行为人，包括：(1)发起人、控股股东等实际控制人；(2)发行人或者上市公司；(3)证券承销商；(4)证券上市推荐人；(5)会计师事务所、律师事务所、资产评估机构等专业中介服务机构；(6)上述(2)、(3)、(4)项所涉单位中负有责任的董事、监事和经理等高级管理人员以及(5)项中直接责任人；(7)其他作出虚假陈述的机构或者自然人。人民法院受理此类案件，设置了一个前置条件，即虚假陈述行为须经中国证券监督管理委员会及其派出机构调查并作出生效处罚决定。同时，司法解释只认可单独诉讼与共同诉讼两种诉讼形式，不认可集团诉讼；对诉讼案件的管辖法院作出特别的规定，在级别管辖上，由直辖市、省会市、计划单列市或经济特区中级人民法院作为一审管辖法院；在地域管辖上，以我国《民事诉讼法》确立的原告就被告原则确定。该司法解释发布后，人民法院先后审理了大庆联谊案、银广夏等证券虚假陈述侵权民事赔偿案件。

《证券法》修订后，2021 年 7 月 6 日，中共中央办公厅、国务院办公厅印发《关于依法从严打击证券违法活动的意见》，要求修改因虚假陈述引发民事赔偿的有关司法解释。2022 年 1 月 21 日，最高人民法院发布了《最高人民法院关于审理证券市场虚假陈述侵权民事赔偿案件的若干规定》(以下简称《若干规定》)。《若干规定》对 2003 年《最高人民法院关于审理证券市场因虚假陈述引发的民事赔偿案件的若干规定》进行了修改与完善。随后，最高人民法院和证监会发布《关于适用〈最高人民法院关于审理证券市场虚假陈述侵权民事赔偿案件的若干规定〉有关问题的通知》(以下简称《通知》)，以解决司法机关与行政监管机关之间的衔接与协调问题，如人民法院受理相关案件后，应当在 10 个工作日内将案件基本情况向发行人、上市或者挂牌公司所在辖区的中国证监会派出机构通报，相关派出机构接到通知后应当及时向中国证监会报告；人民法院经审查，认为中国证监会有关部门或者派出机构对涉诉虚假陈述的立案调查不影响民事案件审理的，应当继续审理；人民法院在案件审理过程中，可以就诉争虚假陈述行为违反信息披露义务规定情况、对证券交易价格的影响、损失计算等专业问题征求中国证监会或者相关派出机构、证券交易所、证券业自律管理组织、投资者保护机构等单位的意见，征求意见的时间，不计入案件审理期限；等等。

《若干规定》在以下方面对原司法解释进行了修改：

一是扩大了司法解释的适用范围。除了证券交易所、国务院批准的其他全国性证券交易场所之外，在依法设立的区域性股权市场中发生的虚假陈述行为，也可参照适用本规定，实现打击证券发行、交易中虚假陈述行为的市场全覆盖。

二是废除了诉讼前置程序。《若干规定》第 2 条从正反两个方面予以明确：首先，原告提起证券虚假陈述侵权民事赔偿诉讼，只要符合《民事诉讼法》第 122 条规定并提交相应证据，人民法院就应当予以受理；其次，人民法院在案件受理后，不得仅以虚假陈述未经监管部门行政处罚或者人民法院生效刑事判决认定为由裁定不予受理。前置程序取消后,为原告起诉带来了不便,主要是增加了原告诉讼成本,为了方便原告寻找证据,《通知》要求,为了查明事实,人民法院可以依法向中国证监会有关部门或者派出机构调查收集有关证据,中国证监会有关部门或者派出机构依法依规予以协助配合。

三是调整了案件管辖规定。证券虚假陈述侵权民事赔偿案件,由发行人住所地的省、自治区、直辖市人民政府所在的市、计划单列市和经济特区中级人民法院或者专门人民法院管辖。《最高人民法院关于证券纠纷代表人诉讼若干问题的规定》等对管辖另有规定的,从其规定。省、自治区、直辖市高级人民法院可以根据本辖区的实际情况,确定管辖第一审证券虚假陈述侵权民事赔偿案件的其他中级人民法院,报最高人民法院备案。

四是进一步界定虚假陈述行为的类型。对虚假记载、误导性陈述和重大遗漏这三种典型虚假陈述行为进行了具体内容的界定,具体而言,虚假记载,是指信息披露义务人披露的信息中对相关财务数据进行重大不实记载,或者对其他重要信息作出与真实情况不符的描述。误导性陈述,是指信息披露义务人披露的信息隐瞒了与之相关的部分重要事实,或者未及时披露相关更正、确认信息,致使已经披露的信息因不完整、不准确而具有误导性。重大遗漏,是指信息披露义务人违反关于信息披露的规定,对重大事件或者重要事项等应当披露的信息未予披露。将未按规定披露信息进一步区分为虚假陈述、内幕交易和单纯损害股东利益的侵权行为三种类型,构成虚假陈述的,依照本规定承担民事责任;构成内幕交易的,依照《证券法》第 53 条的规定承担民事责任;构成《公司法》第 152 条规定的损害股东利益行为的,依照该法承担民事责任。建立了"预测性信息安全港"制度,信息披露文件中的盈利预测、发展规划等预测性信息与实际经营情况存在重大差异不构成虚假陈述。在此基础上,对虚假陈述实施日、揭露日和更正日的认定标准作了更具操作性的规定。

五是规定了证券虚假陈述侵权民事责任中的重大性和交易因果关系要件。明确了司法认定标准。以下情况属于重大性:(1)虚假陈述的内容属于《证券法》第 80 条第 2 款、第 81 条第 2 款规定的重大事件;(2)虚假陈述的内容属于监管部门制定的规章和规范性文件中要求披露的重大事件或者重要事项;(3)虚假陈述的实施、揭露或者更正导致相关证券的交易价格或者交易量产生明显的变化。针对前述情形,被告提交证据足以证明虚假陈述并未导致相关证券交易价格或者交易量明显变化的,人民法院应当认定虚假陈述的内容不具有重大性。被告能够证明虚假陈述不具有重大性,并以此抗辩不应当承担民事责任的,人民法院应当予以支持。人民法院应当认定原告的投资决定与虚假陈述之间的交易因果关系成立:(1)信息披露义务人实施了虚假陈述;(2)原告交易的是与虚假陈述直接关联的证券;(3)原告在虚假陈述实施日之后、揭露日或更正日之前实施了相应的交易行为,即在诱多型虚假陈述中买入了相关证券,或者在诱空型虚假陈述中卖出了相关证券。被告能够证明下列情形之一的,人民法院应当认定交易因果关系不成立:(1)原告的交易行为发生在虚假陈述实施前,或者是在揭露或更正之后;(2)原告在交易时知道或者应当知道存在虚假陈述,或者虚假陈述已经被证券市场广泛知悉;(3)原告的交易行为是受到虚假陈述实施后发生的上市公司的收购、重大资产重组等其他重大事件的影响;(4)原告的交易行为构成内幕交易、操纵证券市场等证券违法行为的;(5)原告的交易行为与虚假陈述不具有交易因果关系的其他情形。

六是规定过错认定与抗辩事由。过错,包括以下两种情形:(1)行为人故意制作、出具存在虚假陈述的信息披露文件,或者明知信息披露文件存在虚假陈述而不予指明、予以发布;(2)行为人严重违反注意义务,对信息披露文件中虚假陈述的形成或者发布存在过失。《若干规定》具体区别了发行人的董事、监事、高级管理人员和其他直接责任人员;独立董事;保荐机构、承销机构等机构及其直接责任人员;会计师事务所、律师事务所、资信评估机构、资产评估机构、财务顾问等的过错认定及抗辩理由。

七是强化了责任主体的责任。责任主体特别强调发行人的控股股东、实际控制人组织、指使发行人实施虚假陈述所应承担的赔偿责任,这样的控股股东与实际控制人是所谓的"首恶","帮凶"则有重大资产重组交易对方、发行人的供应商、客户以及为发行人提供服务的金融机构等,他们明知发行人实施财务造假行为,仍然为其提供相关交易合同、发票、存款证明等予以配合,或者故意隐瞒重要事实致使发行人的信息披露文件存在虚假陈述。无论"首恶"还是"帮凶",都应当承担相应的民事赔偿责任。

八是确定了虚假陈述导致损失的计算方法。民事赔偿具有补偿性质,原告因虚假陈述申请的损失赔偿数额只能以实际发生的损失为限,原告的实际损失包括投资差额损失、投资差额损失部分的佣金和印花税。《若干规定》在"损失认定"部分就如何计算原告的损失列了详细的计算方法。

## 五、禁止交易制度的不断完善

1998 年《证券法》禁止的交易行为共有 11 个条款,2019 年《证券法》禁止的交易行为有 12 个条款,条款数量变化不大,但规定的内容发生了较大的变化,如扩大了内幕信息知情人员的范围，扩大了内幕信息的范围，增加了禁止违反规定利用未公开信息进行交易的行为，明确了操纵证券市场的表现形式，补强了禁止编造、传播虚假信息或者误导性信息扰乱证券市场的行为，增加了禁止资金违规流入股市；等等。

### （一）禁止内幕交易

证券法律要求证券交易坚持公平、公正、公开原则，保证证券交易的公开透明，才能维系证券市场的秩序与持续发展。内幕交易则与此背道而驰。《证券法》第 50 条规定："禁止证券交易内幕信息的知情人和非法获取内幕信息的人利用内幕信息从事证券交易活动。"禁止内幕交易的主体主要有两类人：一是内幕信息的知情人，二是非法获取内幕信息的人。内幕信息的知情人因工作原因合法获得公司内幕信息，但他们不能从事该证券的交易。非法获取内幕信息的人，他们本不该获取内幕信息，但通过非法的途径获取了内幕信息，获取途径如"窃取、骗取、套取、窃听、利诱、刺探或者私下交易"，[①]他们非法获取内幕信息之后也不得进行内幕交易。具体而言，内幕信息就是还没有公开的信息。从事证券内幕交易活动，主要有三种形式：一是知情者在内幕信息公开前从事证券交易；二是知情者将所知内幕信息泄露给他人，导致他人从事了证券交易；三是知情者建议他人进行证券交易。

《证券法》第 51 条规定了内幕信息知情人的范围，而内幕信息的范围包括《证券法》第 80 条第 2 款、第 81 条第 2 款所列重大事件。

关于内幕交易的豁免规定，《证券法》第 53 条第 2 款规定："持有或者通过协议、其他安排与他人共同持有公司百分之五以上股份的自然人、法人、非法人组织收购上市公司的股份，本法另有规定的，适用其规定。"这款规定主要涉及上市公司的收购问题。上市公司的收购分为要约收购与协议收购。收购人在进行收购前，信息是保密的，只有达到了法律规定的股份收购比例时才进行信息披露。收购人是内幕信息知情者。根据《证券法》的规定，只有投资者持有或者通过协议、其他安排与他人共同持有一个上市公司已发行的有表决权股份达到百分之五时，应当在该事实发生之日起三日内向证券监管机构与交易所作出书面报告，通知上市公司并予以公告。采取协议收购方式的，收购人收购或者通过协议、其他安排与他人共同收购一个上市公司已发行的有表决权股份达到百分之三十时，继续进行收购的，应当依法向该上市公司所有股东发出收购上市

① 王瑞贺主编：《中华人民共和国证券法释义》，法律出版社 2020 年版，第 84 页。

公司全部或者部分股份的要约。上市公司收购是证券市场常用的资本工具，通过收购可以使证券市场配置资源、提高效率，更好地促进上市公司与证券市场的发展。

此外，参考《公司法》的有关规定，有些内幕交易也是法律允许的。《公司法》第 142 条规定了公司回购股份的内容，有下列情形之一，公司可以收购本公司的股份：(1)减少公司注册资本；(2)与持有本公司股份的其他公司合并；(3)将股份用于员工持股计划或者股权激励；(4)股东因对股东大会作出的公司合并、分立决议持异议，要求公司收购其股份；(5)将股份用于转换上市公司发行的可转换为股票的公司债券；(6)上市公司为维护公司价值及股东权益所必需。《公司法》第 162 条规定："发行可转换为股票的公司债券的，公司应当按照其转换办法向债券持有人换发股票，但债券持有人对转换股票或者不转换股票有选择权。"公司法的这两个方面的规定，实际上涉及公司的内幕交易问题，从现行法律的规定来看，此类交易是合法的。

内幕交易的法律责任，可以从三个方面来看：一是民事赔偿责任，内幕交易行为给投资者造成损失的，应当依法承担赔偿责任。二是行政责任。根据《证券法》第 191 条第 1 款规定，要依法处理非法持有的证券，没收违法所得，并处以违法所得一倍以上十倍以下的罚款；没有违法所得或者违法所得不足 50 万元的，处以 50 万元以上 500 万元以下的罚款。单位从事内幕交易的，还应当对直接负责的主管人员和其他直接责任人员给予警告，并处以 20 万元以上 200 万元以下的罚款。国务院证券监督管理机构工作人员从事内幕交易的，从重处罚。三是刑事责任。《刑法》第 180 条规定了内幕交易罪、泄露内幕信息罪、利用未公开信息交易罪。从事前述交易行为，情节严重的，处五年以下有期徒刑或者拘役，并处或者单处违法所得一倍以上五倍以下罚金；情节特别严重的，处五年以上十年以下有期徒刑，并处违法所得一倍以上五倍以下罚金。

### （二）禁止利用非公开信息进行证券交易

非公开信息，是指内幕信息之外其他非公开的信息，从事此类交易的行为主体不是投资者，而是与证券交易有关的金融机构，如证券交易场所、证券公司、证券登记结算机构、证券服务机构和其他金融机构的从业人员，还有有关监管部门或者行业协会的工作人员，他们因职务行为获得了非公开信息后，从事与该信息相关的证券交易活动，或者明示、暗示他人从事相关交易活动。

利用非公开信息从事证券交易除了承担民事责任外，还要根据《证券法》第 191 条规定承担行政责任，根据《刑法》第 180 条规定承担刑事责任。

### （三）禁止操纵证券市场

操纵证券市场是指行为人以不正当手段影响或者意图影响证券交易价格或者证券交易数量。根据《证券法》第55条的规定，操纵证券市场有以下类型。

1. 单独或者通过合谋，集中资金优势、持股优势或者利用信息优势联合或者连续买卖

这种行为称为“联合/连续交易操纵”。操纵者具有三个方面的优势：一是资金优势，这种资金优势有可能是自身具备有数额较大的资金用于投资证券市场，或者具备调动他人的资金能力用于投资证券市场；二是持股优势，相对于其他股东，具有持股数量上的优势，通过持股数量的增加或者减少能够影响股票价格波动；三是信息优势，行为人掌握了证券市场的重大信息，利用这些信息可以操纵证券市场价格。当然，这些优势都是相对的，相对于少数股东而言具备这样的优势。如果拥有这些优势的行为人联合起来，或者连续交易，那么，证券市场价格就会随着这种交易而产生较大的波动，在证券市场价格波动的过程中，行为人可以轻而易举地获利。

2. 与他人串通，以事先约定的时间、价格和方式相互进行证券交易

这种行为又称“约定交易操纵”“对倒”，是操纵证券市场价格的最古老的方式之一，通过这样的操作，可以抬高证券价格，形成市场繁荣的虚假景象。

3. 在自己实际控制的账户之间进行证券交易

这种行为又称“洗售操纵”。自己控制的账户，不一定是自己开设的账户，别人的账户交给控制人进行控制后，行为人通过这些账户实行证券的买卖，实际上是左手与右手之间的交易，是典型的自我交易行为。通过这样交易造成证券交易的虚假繁荣。

4. 不以成交为目的，频繁或者大量申报并撤销申报

这种行为又称为“虚假申报操纵”。频繁是指交易的频次，大量是指交易的数量。这种操作手法在现代信息技术条件下显得得心应手，十分简单。但是这样操作的结果是使其他投资者产生误解，以为证券市场交易非常活跃，营造假象。

5. 利用虚假或者不确定的重大信息，诱导投资者进行证券交易

这种行为又称“蛊惑交易操纵”。证券市场交易信息满天飞，投资者也在不断地打听各种信息，希望能够从中探听到对自己的投资有利的信息。行为人利用虚假或者不确定的重大信息诱导投资者进行证券交易，目的是想让自己所持的股票价格上涨从而谋利。

6. 对证券、发行人公开作出评价、预测或者投资建议，并进行反向证券交易

这种行为又称“抢帽子交易操纵”。此类操纵者是指证券市场的一些所谓“专业人员”，如证券公司、证券咨询机构、专业中介机构及其工作人员，各类媒体上的“金融专家”“股评家”、投资圈子里的“带头大哥”、自媒体信息发布者等，他们在各种场合，通过各种渠道对证券、发行人公开作出评价或者预测或者投资建议，但行为人自己却做反向操作，鼓动你买进的他却卖出，鼓动你卖出的他却买进，从中获利。

7. 利用在其他相关市场的活动操纵证券市场

这种行为又称“跨市场操纵”。金融市场相互关联，证券市场与其他市场相互联动，如证券市场与证券衍生品市场联系紧密，行为人可以通过证券衍生品市场采取拉抬、打压或者锁定价格等手段，对证券市场的交易价格或者交易量产生较大的影响。

8. 操纵证券市场的其他手段

操纵市场者应负法律责任，民事责任上要赔偿受损害者的损失。行政责任方面，责令依法处理行为人非法持有的证券，没收违法所得，并处以违法所得一倍以上十倍以下的罚款；没有违法所得或者违法所得不足 100 万元的，处以 100 万元以上 1 000 万元以下的罚款。刑事责任方面，根据《刑法》第 182 条规定的操纵证券、期货市场罪，情节严重的，处五年以下有期徒刑或者拘役，并处或者单处罚金；情节特别严重的，处五年以上十年以下有期徒刑，并处罚金。

### （四）禁止编造、传播虚假信息或者误导性信息行为

《证券法》第 56 条规定：“禁止任何单位和个人编造、传播虚假信息或者误导性信息，扰乱证券市场。”这里所说编造、传播虚假信息或者误导性信息的主体可能是与证券市场有关的人员，也可能是与证券市场无关的人员，但他们编造、传播的此类信息会影响证券市场的价格，从而扰乱证券市场。证券交易场所、证券公司、证券登记结算机构、证券服务机构及其从业人员，证券业协会、证券监督管理机构及其工作人员，在证券交易活动中有可能作出虚假陈述或者信息误导。传播媒介及其从事证券市场信息报道的工作人员不得从事与其工作职责发生利益冲突的证券买卖。

违反此类禁止性规定造成损害的，应当承担相应的民事赔偿责任，行政责任为没收违法所得，并处以违法所得一倍以上十倍以下的罚款；没有违法所得或者违法所得不足 20 万元的，处以 20 万元以上 200 万元以下的罚款。刑事责任根据《刑法》第 181 条规定的编造并传播证券、期货交易虚假信息罪，诱骗投

资者买卖证券、期货合约罪进行处罚。

### （五）禁止证券公司及其从业人员从事损害客户利益的行为

《证券法》第 57 条规定了禁止证券公司及其从业人员从事下列损害客户利益的行为种类：(1)违背客户的委托为其买卖证券；(2)不在规定时间内向客户提供交易的确认文件；(3)未经客户的委托，擅自为客户买卖证券，或者假借客户的名义买卖证券；(4)为牟取佣金收入，诱使客户进行不必要的证券买卖；(5)其他违背客户真实意思表示，损害客户利益的行为。

违反前款规定给客户造成损失的，应当依法承担赔偿责任。行政责任方面，有损害客户利益行为的，给予警告，没收违法所得，并处以违法所得一倍以上十倍以下的罚款；没有违法所得或者违法所得不足 10 万元的，处以 10 万元以上 100 万元以下的罚款；情节严重的，暂停或者撤销相关业务许可。刑事责任方面，根据《刑法》第 181 条规定进行处罚。

### （六）禁止出借、借用证券账户从事证券交易

《证券法》第 58 条规定："任何单位和个人不得违反规定，出借自己的证券账户或者借用他人的证券账户从事证券交易。"投资者要进行证券投资，需要在证券公司实名开立账户。投资者出借账户、他人借用证券账户，是让那些受到投资限制或者投资禁止的行为人从事证券交易，如行为人要从事内幕交易，必须借用他人账户，因为他自己不能开立账户。"在场外配资中，往往由配资公司向客户出借证券账户和资金，同时要保留对该账户的控制权，在客户资金触及平仓线时强行平仓，一旦发生大规模平仓就会造成证券市场的剧烈波动。"①

### （七）禁止违规资金流入股市

《证券法》第 59 条规定："依法拓宽资金入市渠道，禁止资金违规流入股市。"这里主要禁止投资者违规利用财政资金、银行信贷资金买卖证券。

## 六、证券市场监管法治的完善

### （一）证券市场监管机构与监管体制的演变

新中国最早发行的证券是政府发行的国库券，为此，国务院于 1981 年 1 月

① 王瑞贺主编：《中华人民共和国证券法释义》，法律出版社 2020 年版，第 107 页。

28日发布了《中华人民共和国国库券条例》，财政部为其主管机构。1986年1月7日，国务院发布《中华人民共和国银行管理暂行条例》，第5条规定："中国人民银行是国务院领导下管理全国金融事业的国家机关，是国家的中央银行。"中国人民银行具有"管理企业债券、股票等有价证券，管理金融市场"的职责。为此，中国人民银行随后发布了一系列规范证券市场的规章。中国人民银行作为央行的地位确定之后，为了履行央行的职能，就出现了与其履行证券监管机构职能之间的矛盾，银行业与证券业本质上存在一些利益的冲突。因此，其他机关开始履行一部分证券市场的监管职能，1988年后，国家计委开始进行企业债券的发行额度的审批管理，1990年后，国家体改委参与了股份制试点企业的报批管理。1991年由中国人民银行牵头成立了由国家计委、国家体改委、财政部、国有资产管理局、国家税务局、经贸部、工商行政管理局、国家外汇管理局8个部门参加的股票市场办公会议制度，1992年该项会议制度演变为国务院证券管理办公会议制度，审批股份制企业改制和股票的发行，以国务院的名义制定与发布了一系列规范性文件。

1992年10月26日，国务院证券管理办公室撤销，成立国务院证券委员会和证券监督管理委员会，1992年国务院发布《股票发行与交易管理暂行条例》，第5条规定："国务院证券委员会是全国证券市场的主管机构，依照法律、法规的规定对全国证券市场进行统一管理。中国证券监督管理委员会是证券委的监督管理执行机构，依照法律、法规的规定对证券发行与交易的具体活动进行管理和监督。"国务院证券委员会虽是法定的全国统一的证券监管机构，但它实际上是由中国人民银行等十四家部委组织的机构，采用例会的形式进行办公，此时的中国证监会只是该机构的一个办事机构。1993年8月，国务院证券委员会授权中国证监会享有对证券市场的违法行为的行政执法权，"但对需要撤销当事单位的证券经营业务许可的处罚应当由中国人民银行办理"。[①]这种多头管理体制，既影响监管效率，也难分各自职责。

1996年8月，国务院证券委员会发布《证券交易所监管办法》，明确由中国证监会统一管理证券交易所。1997年8月，国务院决定由中国证监会直接监管上海证券交易所与深圳证券交易所，之前这两家交易所分别由上海市人民政府与深圳市人民政府监管。1997年11月，全国金融工作会议确定了分业经营与分业监管的体制。1998年8月，国务院批准《证券监管机构体制改革方案》，建立了由中国证监会及其派出机构集中统一监管的全国集中统一管理体系，同年

① 李东方：《证券监管法论》，北京大学出版社2019年版，第121页。

9月28日，国务院办公厅发布《关于中国证券管理委员会职能配置、内设机构和人员编制规定的通知》，将属于原国务院证券委员会的职能、中国人民银行履行的证券业监管职能划入中国证监会，“中国证券监督管理委员会为国务院直属事业单位，是全国证券期货市场的主管部门”。其职能为：“建立统一的证券期货监管体系，按规定对证券期货监管机构实行垂直管理。加强对证券期货业的监管，强化对证券期货交易所、上市公司、证券期货经营机构、证券投资基金管理公司、证券期货投资咨询机构和从事证券期货中介业务的其他机构的监管，提高信息披露质量。加强对证券期货市场金融风险的防范和化解工作。”规定了中国证监会的十三项主要职责。

1999年7月1日《证券法》实施，我国证券市场监管体制与监管制度法制化建设迈出了关键性一步。第7条规定：“国务院证券监督管理机构依法对全国证券市场实行集中统一监督管理。国务院证券监督管理机构根据需要可以设立派出机构，按照授权履行监督管理职责。”1999年证监会的36个派出机构正式挂牌。第8条规定：“在国家对证券发行、交易活动实行集中统一监督管理的前提下，依法设立证券业协会，实行自律性管理。”中国证券业协会于1991年成立，得到了法律的正式认可。《证券法》后经几次修改，进一步完善了证券监管体制。

2023年3月16日，中共中央、国务院印发了《党和国家机构改革方案》，组建中央金融委员会和中央金融工作委员会，加强党对金融工作的集中统一领导。组建国家金融监督管理总局，中国证监会的投资者保护职责划入国家金融监督管理总局。与中国证券监管体制重大改革有关的是，中国证监会由国务院直属事业单位调整为国务院直属机构，强化资本市场监管职责，由中国证监会统一负责公司（企业）债券发行审核工作。

### （二）证券市场行政执法制度的完善

为了规范中国证监会行政处罚权的实施，2002年4月25日，中国证监会发布了《关于进一步完善中国证券监督管理委员会行政处罚体制的通知》，在证监会内部设立行政处罚委员会，规定行政处罚委员会的机构运作、行政处罚工作的基本流程等。2007年11月16日，中国证监会的行政执法体制进行了重大改革，此次改革主要包括四个方面的内容：一是设立中国证监会行政处罚委员会，下设办公室；二是合并稽查一局、二局为稽查局，即首席稽查办公室；三是设立中国证监会稽查总队，核定编制170名；四是增加证监会派出机构稽查力量110名。通过此次行政执法体制改革，理顺了稽查体制，从制度上确立了“查、审分离模式”，充实了稽查队伍，增强了稽查力量。

2015 年《证券法》修订之后，完善了中国证监会的行政执法权，第 180 条规定了中国证监会可以行使的七项执法权：现场检查权；调查取证权；询问权；查阅、复制、封存权；账户的查询、冻结、查封权；限制交易权、查处权。2019 年修订后，增加了限制相关人员出境权。

2022 年 9 月 16 日，最高人民检察院与中国证监会签署《关于建立健全资本市场行政执法与检察履职衔接协作机制的意见》，通过与司法机关的通力合作，完善证券执法司法体制机制，加强“行刑衔接”打击证券违法活动。

## 七、总结与展望

从 1980 年我国发行形式意义上的股票开始，我国的资本市场发展已经走过了 40 多年的历史，中国资本市场的总规模已位居世界第二，与我国 GDP 总量位列世界的排名相同。根据德勤中国资本市场服务部 2022 年发布的《中国内地及香港 IPO 市场 2022 年回顾与 2023 年前景展望》报告，上海证券交易所与深圳证券交易所 IPO 融资额位列全球第一位与第二位，香港交易所名列全球第四位。[①]目前，我国多层次资本市场体系日益完善，先后设立了上海证券交易所、深圳证券交易所、北京证券交易所三家证券交易机构，分别设立了新三板、科创板、合并深交所主板和中小板。资本市场已形成涵盖沪深主板、科创板、创业板、北交所、新三板、区域性股权市场、私募股权基金在内的多层次股权市场，以及债券市场和期货衍生品市场；对资本市场进行了一系列的改革，如股权分置改革、发行制度改革等；资本市场产品不断丰富，股票市场推出优先股，债券产品新增地方政府债、政策性金融债、资产证券化等品种，积极响应和服务国家战略，试点发行创新创业债、绿色债、扶贫债、可续期债等新品种，开展境内基础设施领域公募 REITs 试点；期货和期权上市品种达到 94 个；基金市场推出债券、跨市场和跨境、商品期货等 ETF 基金；资本市场的对外开放日益扩大，先后开通沪港通、深港通、沪伦通等互联互通机制，QFII、RQFII、QDII 等制度不断完善，境外上市制度改革稳步推进，跨境投融资便利程度显著提高；A 股纳入多个国际知名指数；期货市场对外开放品种达到 9 个；全面放开证券基金期货经营机构外资股比限制，截至 2021 年末，12 家外商控股或全资证券基金期货公司

① 姜煜：《德勤：2022 年上交所和深交所 IPO 融资额列全球第一第二位》，中国新闻网，http://www.chinanews.com.cn/cj/2022/12-14/9915006.shtml，2023 年 8 月 14 日访问。

获批；投资者权益保护不断加强；坚决打击违法违规行为，行政执法、民事赔偿和刑事惩戒的立体有机体系加快形成，市场秩序和生态明显改善；推进科学监管、分类监管、专业监管、持续监管，监管效能和专业化水平稳步提升；市场韧性不断增强，成功应对新冠肺炎疫情冲击。①

中国资本市场自成立以来，基于利益的诉求，证券市场成为参与各方利益追逐的场所。虽然经过完善立法、加强执法、公正司法，但资本市场长期存在的顽瘴痼疾仍未得到根除，如内幕交易屡禁不止，许多投资者“靠内部消息炒股获利”的市场心理根深蒂固；操纵市场案频繁发生，组织化、团伙化特征明显；上市公司财务造假大案频发，社会影响巨大，给投资者造成了巨大损失；中介机构违法案件高位运行，严重损害投资者的市场信心；等等。当然，多年来积累的质量不高的上市公司数量庞大，不能给投资者带来持久的收益，使得资本市场成为一定意义上的赌博市场。世界局势动荡，人类面临百年未有之大变局，投资者对资本市场的信心日渐流失。总体来说，中国资本市场的规模巨大，但明星上市公司寥若晨星，投资者难以有激动人心的时刻。

资本市场被视为一国经济的晴雨表，中国经济长期看好的趋势未变，意味着中国资本市场依然有美好的未来。但从人类资本市场的历史发展经验来看，规范、成熟的资本市场必须要在法治的环境下良性运行，资本市场的发展才能行稳致远。投资者期待中国资本市场的不断发展，良法善治必然成为资本市场法治发展的趋势。

① 中国证券监督管理委员会：《党的十八大以来资本市场改革发展主要成就》，http://www.china.com.cn/zhibo/content_78288683.htm，2023年8月14日访问。

# 关于《中华人民共和国票据法》修改的思考

肖小和[①]

**内容摘要**：本文根据我国《票据法》制定以来的执行情况，对《票据法》的修改提出了若干建议。这些建议包括：真实交易无因性、票据追索权、数字化票据、付款责任与承兑账务处理、增加商业本票、票据拆分、商业承兑汇票等。

**关键词**：票据法　修改建议

## 一、关于《票据法》执行以来情况简述

《票据法》于20世纪90年代开始起草，在深入调查、总结实践经验、广泛征集各界意见的基础上，几经易稿，最终于1995年通过全国人大常委会审议。此部法律遵循票据当事人平等的原则，着重对横向法律关系进行调查，充分借鉴国外票据立法经验，并从我国国情出发进行拟定。《票据法》明确了规范票据行为，保护票据当事人合法权益，维护社会秩序，促进社会主义市场经济发展的基本宗旨；采取汇票、本票、支票"三票合一"，统一立法的形式，以票据种类为主体框架，以票据行为为主线，寓票据权利义务于其中的结构方式。

《票据法》执行二十多年来，促进了票据市场的发展。2022年票据市场承兑发生额27.39万亿元，是1995年2 424亿元的133倍；贴现发生额19.46万亿元，是1995年1 412亿元的138倍。2022年末，全市场承兑余额17.38万亿元，是1995年865亿元的201倍；贴现余额12.81万亿元，是1995年150亿元的854倍。从票据与经济的关系来看，2022年票据承兑占GDP比重达到22.64%，较1995年增长18.69%，承兑余额占GDP比重达到15.8%，较1995年增长12.95%，承兑业务的发展为支持经济发展、为企业支付结算发挥了应有的作用；2022年贴现占GDP比重16.11%，较1995年增长13.81%，贴现余额占GDP比重10.7%，较1995年增长10.34%，贴现业务的发展为经济、实体企业提供了短期融资便利。从中小企业用票情况来看，2022年签发票据的中小微企业21.3

---

① 肖小和，江西财经大学九银票据研究院。

万家，占全部签票企业的94.5%，中小微企业签票发生额17.8万亿元，占全部签票发生额的64.9%；贴现的中小微企业32.7万家，占全部贴现企业的97.1%，贴现发生额14.2万亿元，占全部贴现发生额的72.9%，票据市场为服务小微企业发展作出了积极的贡献。从用票行业来看，2022年制造业承兑发生额达到6.55亿元，占全市场承兑发生额的31.96%，贴现发生额6.04亿元，占比31.05%；批发零售业承兑发生额达到9.80亿元，占全市场承兑发生额的35.78%，贴现发生额7.68亿元，占比39.48%，票据市场发展强有力地支持了制造业、批发和零售业发展。

继《票据法》出台，中国人民银行又于2019年上线电子票据，2016年批准设立上海票据交易所。票据市场发展至今，各项制度建设已逐步健全。2022年，《商业汇票承兑、贴现与再贴现管理办法》修改出台，给票据市场发展带来了许多新变化。

21世纪以来，随着金融监管力度的不断增强，监管部门间对《票据法》的理解同样存在差异，在监管政策、监管力度方面存在一定分歧甚至冲突，一定程度上阻碍了票据市场的进一步发展壮大。因此，当务之急需要将《票据法》修改提上日程，重点做好票据真实交易背景无因性、电子票据、追索权、可拆分、类票据、商业本票、商业承兑汇票等方面的修改完善工作。

## 二、关于《票据法》修改的若干建议

1. 针对真实交易背景无因性的修改建议

《票据法》第10条在一定程度上限制了票据无因性。建议适度放宽对无因性的管控，增强票据的流通性与交易性，加快推动票据创新性发展。建议中国人民银行牵头修改《票据法》第10条，一是承认票据融资、流转、交易的绝对无因性；二是考虑到票据承兑业务与企业贸易结合紧密，且承兑为票据的源头，现阶段仍需严控，建议不调整承兑业务，待信用环境进一步完善后再考虑；三是建议将第10条“票据的签发、取得和转让具有真实的交易关系和债权债务关系”中的“和”改为“或”，以便从贸易背景和债权债务两个维度推动业务发展，并促进票据流通、协调业务监管。

2. 关于票据追索权的修改建议

纸质票据制度有利于维护当事人的正当权利。现在票据介质已经多样化，追索制度应该坚持，但要根据情况做调整。不同的票据介质应对应不同的追索规定。建议部分保留追索权，仅对票据承兑人、收款人和贴现人等关键节点保留追索权。从业务的角度看，票据承兑人应承担第一性的付款责任；票据收款人作为承兑人的贸易伙伴应了解承兑人经营状况；票据贴现人是基于对承兑人（部分商票基于对收款人）的授信办理票据贴现业务，对其生产经营、支付信用有较为全面、深入的了解。因此上述票据关系人可以作为被追索的对象。票据贴现前，中间手的背书人并未与承兑人发生直接贸易往来，且背书行为并非保证行为，对中间手的追索不合理；票据贴现后，票据在金融机构间的转让属于金融市场行为，应由贴现行承担信用风险，这点已在业内得到广泛共识，并已付诸实践。从票据流动性角度看，如能实现对关键节点的追索，将提升票据流动性，有利于商票及小行承兑银票的发展，有利于票据市场整体繁荣。因此，不赞成全链条追索，建议部分保留追索权。同时，纸质、电子等不同介质的票据追索应按不同要求处理。

3. 关于将电票纳入修改法的建议

由于电票等数字化票据介质使用日益频繁，建议将电子票据、数字票据纳入《票据法》。一是明确电子票据、数字票据等的法律地位，调整相关表述，以适应数字经济需求；二是明确电子票据、数字票据线上追索的有效性，要求电子票据必须通过线上追索，禁止电子票据开展线下追索。数字票据及未来的其他票据介质牵涉追索问题，应在中国人民银行按《票据法》授权范围内发布相关制度执行。

4. 关于类票据纳入《票据法》修改的建议

应收账款淤积、资金流动不畅是当前实体经济发展中面临的棘手问题，中小企业尤为如此。受传统供应链融资模式辐射面有限、保理确权难、商票准入门槛高、传统票据不可拆分等因素限制，中小企业融资难、融资贵问题日益突出。为推动供给侧结构性改革，提升经济发展效率，近年来，国家积极推进供应链创新，鼓励供应链核心企业与商业银行、相关企业等开展合作，创新供应链金融服务模式。在此背景下，一类兼具支付与融资属性、可通过互联网技术实现拆分流转的电子债权凭证应运而生。电子债权凭证是指基于供应链及应收账款创设的一类电子化的确权凭证，通常在互联网供应链金融平台中开出，依托大型企业信用，为供应链中小企业提供融资渠道。由于电子债权凭证与《票据法》对票据的定义有相似之处，二者均基于付款企业良好的商业信用，在企业间真实贸易背景下赊销过程中产生，且都记载了债权人、债务人、金额、到期日等信息。电子债权凭证票面设计及要素与票据十分相似，因此又被业界称为“类票据”。

类票据存在的风险主要包括以下几个类别：一是合规风险。由于非融资环节不要求类票据平台向金融监管部门报送业务数据，由此可能出现业务流程和风险控制不到位的情况，使得业务合规性受到影响。在企业授信方面，如果错误地向不符合资质的企业进行授信，供应链平台融资业务整体合规性也会受到影响。二是信用风险。类票据凭借核心企业逐级流转，核心企业承担着类票据到期支付履约义务，其信用状况或者履约能力的恶化将对类票据的流转与融资造成负面影响，类票据整体信用风险也将大幅提升。三是技术与操作风险。类票据基于供应链平台开立、流转，其安全性与平台安全性紧密相关，如果技术投入不足，容易引发平台故障或遭遇入侵，给客户资金带来损失；网络安全防护机制不健全容易导致客户信息泄露，降低平台客户信任度，存在部分客户流失的风险。

类票据实际上已经属于金融业务和金融产品，但是从金融角度却存在缺乏监管部门、缺乏统一基础设施、缺乏法律依据、业务开展不透明等问题。一是建议将类票据纳入《票据法》范畴；二是类票据应作为金融产品由中国人民银行统一管理（或由中国人民银行指定机构统一管理，如上海票据交易所），并接受金融监管部门统一监管；三是应纳入上海票据交易所新一代票据系统统一运营。

5. 关于付款责任以及承兑账务处理的建议

对于承兑人付款责任是委托付款责任还是无条件付款责任，本文认为是无条件付款责任。

对于承兑账务处理问题，本文认为银行的承兑业务应计表外，理由如下：(1)表内业务与表外业务的区别在于，一是是否给付资金，涉及资金给付的为表内业务，如：短期流动资金贷款、票据贴现等，未涉及资金给付的为表外业务，如信用证开证、国内信用证开证、保函开立等；二是成本收入来源，表内业务体现了资金的时间成本，表外业务体现信用服务的成本；票据承兑在开立时是一种信用给付行为，不涉及信贷资金的给付，收入来源于信用服务。因此，票据承兑业务表外记账没有问题。(2)票据承兑业务也有表内科目——承兑垫款，即票据到期后，如出票人未向承兑人交付足额款项，导致承兑人向持票人先行垫付票款，相关金额将计入承兑垫款，由于发生了资金给付行为，该科目为表内科目，这一点与信用证、保函等表外业务是一致的，商业银行同样有“信用证垫款”“保函垫款”等表内科目。(3)假设票据承兑业务要在表内记账，我们认为这是一个庞大的系统工程与信用体系的管理问题，与票据承兑业务类似的信用证开证、国内信用证开证、保函开立等业务也应计入表内，需要广泛论证、研讨。

6. 关于增加商业本票的建议

建议增加商业本票这类票据品种，理由如下：一是随着我国经济发展及商业信用环境的不断完善，商业本票可以为企业提供更多融资通道；二是商业本票的发展，可以进一步提升直接融资占比，进一步推动商业信用发展。因此，建议将本票列入《票据法》修改范围，允许商业本票存在，同样要有管理部门和企业签发本票的监测管理制度。

7. 关于拆分建议

票据拆分有利于我国绝大多数市场主体，即中小企业日常经营与结算，有利于充分发挥票据支付结算属性。但在司法层面仍存在一些问题，如票据拆分后，每个被拆分的票据是否不受其他被拆分票据的影响等。建议修订《票据法》时充分考虑相关情况，一是明确票据可拆分；二是明确拆分后的票据是一个独立的个体，其流转、贴现、兑付等不受拆分后其他被拆分票据影响；三是明确票据拆分前如涉及违反相关法律法规，拆分后的票据同样应按比例承担责任。

8. 关于完善商业承兑汇票建议

债券等市场性质的融资工具，有主管部门和评级机制。商业承兑汇票作为签发承兑纯粹属于市场行为。尽管票据融资有金融机构按法规办理，但是在缺乏对承兑行为、承兑企业进行评级及监管制度的条件下，容易出现前些年房地产等行业的商业承兑难以兑付的问题。因此有必要明确商业承兑汇票的主管部门制定包括评级及监管在内的相关法律法规。

# 农业保险法的部门法属性探析

张帅梁①

**内容摘要：**农业保险作为产业振兴的风险防范措施，对乡村振兴起着固本培元的作用。现有的《农业保险条例》在立法目的上将自身定位为私法性质的保险法，调整对象却混合装载了商业性农业保险与政策性农业保险。这与农业保险承担的粮食安全价值背道而驰，与现有的农业保险政策不相吻合。农业保险系准公共产品，负载着粮食安全、社会正义、实质公平、弱者保护等价值追求，其可持续发展离不开政府的干预与支持，以农业保险为调整对象的《条例》，应旗帜鲜明地彰显自身的农业经济法属性。农业保险法的部门法属性在农业法和保险法之间做出取舍后，《条例》的调整对象也应接着做出调整，宜舍弃混装模式，将其限定为政策性农业保险。这是法理明晰的基本规范，也是不同种类农业保险资源调配公平竞争的必然要求。

**关键词：**农业保险法　部门法　经济法　商法

《农业保险条例》(以下简称《条例》)是当前我国农业保险领域唯一的正式法律依据。但是相较于农业产业兴旺、国家粮食安全，以及乡村振兴战略对农业保险的功能期望，现行的《条例》无论是精神的悲悯性、立法的科学性、制度的规范性，还是结构的体系性，都是难以满足和达成的。透过立法的基本理论视角，秉持立法进阶优化的思路，来审视《条例》，发现《条例》在部门法归属问题上、在商法和经济法之间左右徘徊、含混不清。而这是农业保险法立法过程中必须首先解决的、具有基础法理性的问题。站位不准确、设定不科学、体系不充分的制度缺陷，又会影响农业保险实务的持续运行与健康发展，形成非良性发展的理论与实践回路，以及无法自洽的经济和制度闭环。因此，法律部门归属的澄清，对于农业保险的科学立法，具有价值定位和路径导航的根本意义。

---

①　张帅梁，法学博士，河南农业大学文法学院教授。

本文系河南省高校中华优秀传统文化传承发展专项课题“中华优秀传统法治文化融入乡村社会治理现代化进程研究”(2023-WHZX-05)研究成果。

## 一、农业保险法在商法与经济法之间的徘徊

部门法是构建法律体系的要素，法律部门的归属和定位，是法律类型学研究范式之一。该范式突破不同时空、相异民族、多元表述等外在表象的限制，发现碎片化抑或体系化制度集群背后的通律，①是构建以共同价值追求、同质调整对象和相似调整方法为基本标准的法律共同体的基本方法。从部门法归属角度来看，关于农业保险法的争议有两点：商法，抑或经济法。前者遵循“商法—保险法—农业保险法”的路径，尊重私法自治，以商业营利为基本特征，认为农业保险法属于商法性质的保险法；后者则遵循“经济法—农业法—农业保险法”的路径，强调国家干预，以社会福利为基本目标，认为农业保险法属于经济法性质的农业法。

任何一部法律不会自我宣告自身的部门法归属，《条例》亦不例外。但通过对《条例》法律条文之外观和内涵的观察，其似将自身确定为商法性质的保险法。但其调整对象又包含着占据绝对主导地位的、以公共利益为追求的政策性农业保险。这样的定位是不科学的，而且定位与内容之间又存在自相矛盾之处。如果农业保险法的部门法定位不准，不仅会引起理论意义上的制度混乱，还会导致实践意义上的利益价值失范。

### (一)《条例》似将自身定位为商法性质的保险法

《条例》第1条中“根据《保险法》、《农业法》等法律”的用语，描述了农业保险法律制度的立法依据。“根据两部法律，来制定一部条例”之如此全面而周到的话语设置与立法依据，似乎有意回避兼具“农业”和“保险”双重特征的农业保险法，到底属于农业法，还是属于保险法的部门法论争。但通览全文之后，从逻辑结构、立法目的、基本原则，以及与其他法律的关系等方面，可以发现，《条例》似将自身定位为商法性质的保险法，而非经济法性质的农业法。

其一，在立法目的上，保险而非农业的健康发展，是《条例》的首要追求。从数量占比来看，《条例》第1条有四句前后相继的关于立法目的的表述。②其中，关于农业生产风险管理的表述只有一句，而关于保险的表述有三句，“保险”相比较“农业”的优势，在数量上占据主导地位。从逻辑关系来看，《条例》的最终

① 程乃胜：《论类型学研究范式在法制现代化研究中的运用》，载《法律评论》2006年第1期。

② 《条例》第1条：为了规范农业保险活动，保护农业保险活动当事人的合法权益，提高农业生产抗风险能力，促进农业保险事业健康发展，根据《保险法》、《农业法》等法律，制定本条例。

目的是“促进农业保险事业健康发展”，而非农业风险的管理、农业生产的稳固，以及农民收入的提高。“农业”与“保险”的关系，在《条例》的立法目的中，呈现出“农业”用以修饰“保险”，而非“保险”服务于“农业”的语言表述逻辑和行动规则指向。

其二，在基本原则上，《条例》宣告了“市场运作”的原则。市场运作强调在保费支付、保险金赔付等保险资源的分配中，市场将占据主导性或决定性地位，进而引导包括农业保险经办机构等参与主体进行自由而充分的竞争，并且在成本的制约下，将利益最大化视为自身的运营旨归。虽然在“市场运作”原则后，紧跟了另一项原则“政府引导”，但作为两项各自独立的原则，如果发生冲突，“政府”与“市场”谁将占据主导或优势地位，在《条例》关于基本原则的排序和价值冲突的解决中，并没有作出明确的规定。在缺乏制度约束的环境下，农业保险的公共福祉与准公共物品属性恐受制于“市场运作”的规范，进而导致农业保险出现商业逐利的倾向。另外，《条例》没有对农业保险经办机构的经营原则作出“非营利”或“保本微利”的规定，这不符合政策性农业保险的经营之道。相应地，“国家引导”也在无形当中被虚置。而且“政府引导”不同于“政府主导”，引导意为指引和导向，更多是利益上的诱导或道义上的倡议，没有法律上的强制拘束力，与“政府干预或主导”的法律拘束力或强制程度，不在同一平台、语境与含义之上。

其三，在参照适用上，《条例》将自身仅有 33 条的非体系性弊端，求助于对《保险法》的援引适用上，搭建了《条例》与《保险法》之间的关联通道。这规定在《条例》的第 16 条。[①]然而，《保险法》在部门法分类中属于商法，以“确认和保护营利”为基本宗旨，这与农业保险作为准公共物品，以及社会利益、公共福祉和国家粮食安全的公共性目标，是无法从深层本质意义上予以协调的。让农业保险制度阙如之问题的解决，依赖于商业性质的《保险法》的规定，其实质是放逐了农业保险的政策性和社会利益性，而使其混迹于商业保险的商业利益当中。

### （二）《条例》在内容上将政策性农业保险与商业性农业保险混装

《条例》在立法目的、基本原则、参照适用等总体框架上宣告自身的商法保险法性质后，在具体内容设置上却又采用了混装的立法模式，认为农业保险包括商业性和政策性两种形式。这具体体现在《条例》第 3 条的规定中。[②]其中“多

---

① 《条例》第 16 条：本《条例》对农业保险合同未作规定的，参照适用《保险法》中关于保险合同的有关规定。

② 《条例》第 3 条：国家支持发展多种形式的农业保险，健全政策性农业保险法律制度。

种形式的农业保险”的表述，表明了农业保险至少包括商业性和政策性两种。而且关于“健全政策性农业保险法律制度”的表述，一方面反映了国家对政策性农业保险的重视，另一方面“健全”二字也反映了政策性农业保险的制度尚有很大的优化空间。再一方面，根据法律解释中的整体规则，这句话还从侧面为政策性农业保险之外的商业性农业保险保留了充足的发展空间。

这种立法模式存在显见的弊端。一方面，从理论推导和立法逻辑来看，将这两种不同性质、不同归属的农业保险，均列为《条例》的规制范畴，将会导致同一部行政法规出现相异甚至矛盾的立法宗旨和基本原则，[①]这不符合立法的体系完整和内容统一性。另一方面，从实践应用和运行逻辑来看，商业性农业保险受制于利益最大化的本质驱使，如何保障社会公共利益的达成，以及服务于“三农”事业的目标？政策性农业保险在《条例》制度不明朗的情况下，也要按照援用性规范的规定，适用《保险法》中关于保险合同的有关规定。这就意味着调整商业保险的《保险法》，同时也要担负起调整政策性农业保险的职能，这显然是定位错误，是关系含混、逻辑混乱的。

法律的科学性不仅体现在逻辑的自洽，更体现在对现实社会的调整。不同结构、不同职能、不同目标的农业保险经办机构适用同样的《条例》及其他附属规则，形式上的公平掩盖了实质上的不平等，并引致更深层的实质不公。[②]对农业保险的保费补贴并非农业生产经营者全额缴费再行返还的路径，而是农业生产经营者仅需要支付保费补贴后的剩余自行承担部分。因此，作为农业保险经办机构保险金赔付的保费对价，是充足的、不打折扣的，只是保费的来源发生了从单一到多元的变化。在政府补贴的情形下，保费的来源有三种途径：中央补贴、地方补贴和投保人缴纳。其中央地政府给予的保费补贴是至关重要的，不仅数量充足、体量庞大，而且政府补贴能够诱发农业生产经营者的投保积极性，给经营此类险种的农业保险经办机构带来多重利好。根据2016年财政部《中央财政保费补贴管理办法》（以下简称《办法》）第34条的规定，农业保险经办机构获得保费补贴的资格，并非来自其经营性质的利他性与社会利益性自动产生，而是要按“优胜劣汰”的标准来评选确定。而且《办法》对不同类型的农业保险经办机构，在获得财政补贴的条件上，作了完全相同的规定。这些条件包括经营资质、专业能力、机构网络、风险管控、信息管理等内容。一视同仁的标准造成了扶强抑弱的后果：实力强劲的综合性保险机构（一般是商业性质）比相对

① 刘小红：《我国农业保险法律制度的演进、检讨与构建》，载《现代经济探讨》2015年第5期。

② 李媛媛：《我国农业保险立法模式重构困境及其突破路径》，载《法商研究》2017年第2期。

弱小的专业农业保险机构(一般是政策性质),更容易符合统一规定的补贴条件,进而获得政府财政的补贴。本应获得优先扶持的政策性农业保险经办机构,在形式公平的竞争秩序中,输给了以政策性农业保险为支线业务的综合性保险机构。这与财政补贴追求实质公平的制度初衷是南辕北辙的。

国家通过一系列市场秩序专门立法的形式,强调对公平竞争的价值追求。但在形式公平与实质公平无法共向共生时,实质公平应置于被优先考虑的位置。[①]这不仅是对社会资源的顶层调配,也是社会正义的基本要求。公平与公正能够增加社会的合作,而不公平则会侵损合作与最终利益。[②]2012 年制定的《条例》以商业性农业保险与政策性农业保险的混装模式,最终引致了作为配套规则的财政部《办法》的跟随,以真金白银的财政补贴差序格局,强化了这种不公平的竞争秩序。农业保险立法过程中,财政补贴是各方竞争博弈的焦点。这种表面统一规则下不同类型农业保险混装的立法体例,实际上是大型、综合性保险经办机构争夺农业保险补贴话语权和实际利益的牺牲品。

## 二、农业保险法应定位为农业经济法

部门法得以成立以及部门法之间相异的逻辑起点,在于调整对象的整体不同。而观察和研究调整对象的过程,实际上就是探寻部门法概念中“种差”的过程,同时也是解析部门法本质属性的过程。[③]因着调整对象的整体差异,调整方法自然也有所不同。从调整对象和调整方法来看,农业保险立法具有天然的农业经济法属性。

### (一) 农业保险法调整对象的准公共物品性

农业是第一产业,在国民经济序列中,具有根本重要的基础地位。除了维系农业生产经营者自身的生存之自利属性之外,还承担着利他的公益功能:为全体社会公众提供必需补给,为其他产业提供基础支撑,为多元整体的国家安全贡献重要的粮食安全单元。但农业又是三类产业中最为弱势的产业,暴露在自然环境下的生产过程,使其始终面临着自然灾害的威胁。尤其在农业被裹挟着进入市场经济的环境下,因其无制约的进入门槛、同质化的产品分布,和完全充分竞争的市场特征,使其几乎没有任何抗衡的力量来抵御市场上任何风吹草

① Johanners Messner. Social Ethics, rev. ed. transel. J.J. Doherty(St. Louis) 1995, p.330.

② Bienenfeld F.R. Rediscovery of Justice. George Allen & Unwin, Ltd. 1947, p.26.

③ 张守文:《经济法理论的重构》,人民出版社 2004 年版,第 201 页。

动的风险。农业在国民经济中极端重要的地位与特别弱势的现实，形成了必须予以高度关注并努力化解的体制性矛盾。代表社会大众和公共利益的政府，对农业给予更多的支持与保护，是现代社会的普遍选择。在这样一个宏观背景下产生的农业保险，天然地携带了准公共物品的特征，在关注农业生产经营者个体利益的基础上，与社会公共利益建立了密切的关联。

经济法权利与民商事权利存在本质的差别，根源在于它们的社会基础和社会化程度不同。民商法关注的是建立在私权基础上的个体性权利，而经济法关注的是建立在公共性基础之上的社会权利。社会整体利益是经济法的基本范畴。①国家必须运用法律手段来妥善处理农业保险法律关系中的农业生产经营者、农业保险经办机构，以及政府这三个主体之间的利益博弈与冲突，唯有如此，才能在个体利益、社会福祉和国家粮食安全之间理顺关系，协调发展，农业保险的供给和需求才能有效对接、良性运行。

具体来说，国家通过对农业保险提供保费补贴、税收减免和运行监管等支持和干预措施，以保证农业保险的健康运行，并增强农业生产抗风险能力，稳定农业生产经营者收入，保障社会基本福利，保障国家粮食安全。农业保险不是单纯地发生在农业生产经营者与农业保险经办机构之间的，以保费支付和保险金赔付为对价的商业保险，而是一种能为社会公众带来质优价廉的温饱供给的，满足生存发展基础需要的全民保险。②具有市场失灵特征的、需要国家干预的，同时又具有社会公益性的经济关系，毋庸置疑不是商法的自给、自足、自利规范所能驾驭的，必须受制于经济法的干预和调整。因此规范农业保险的《条例》应归属于经济法的范畴。而且农业保险中的财产关系具有区别于自用财产关系的增值属性和资本属性，资本性财产的比例增加，一般也会导致民法失灵和行政法失灵，需要借助于国家在法治框架内予以矫正，即经济法调整的必要性。③

### （二）农业保险调整方法的国家干预性

商法是商事关系中的私人利益在法律上的投映，它尊重平等商主体的意思自治，以形式和实质的双重平等面向，确认并尊重参与者的私人利益和意志。

---

① 李友根：《社会整体利益代表机制研究——兼论公益诉讼的理论基础》，载《南京大学学报（哲学·人文科学·社会科学）》2012 年第 2 期。

② Joseph W. Glauber and Keith J. Collins. Risk Management and the Role of the Federal Government. USDA, 2001, 54(3):67.

③ 王宇松、应婷婷：《论资本财产权在经济法部门中的角色和功能》，载《经济法学评论》2018 年第 1 期。

与此相反，经济法则强调国家意志和政府职能对经济活动的干预，反映了公益与私益、公权与私权、公法与私法、政府与市场等多种公私二元结构在经济活动领域的博弈。经济法的产生，源于民商法规范下的市场失灵和行政法规范下的政府失灵之“双失灵”现象，与此相适应，经济法的调整方法是市场无形之手和政府有形之手的“双手并用”，并更加倚重政府的有形之手。

我国农业保险发展历程中，“政府进，则农业保险兴；政府退，则农业保险衰”的制度和田野实践，印证了政府干预对农业保险生死存亡的决定性意义。我国的农业保险，在改革开放后经历了政府干预的观望与摸索阶段（1979—1991 年）、政府干预的萎缩与退出阶段（1992—2002 年）、政府干预的介入与探索阶段（2003—2012 年），以及政府干预的法治化与深入阶段（2013 年至今）。其中政府干预的萎缩与退出阶段的 1992 年到 2002 年，我国的农业保险业务也出现了极度萎缩的态势。1992 年党的十四大提出实行社会主义市场经济体制改革，公司化、股份化的市场主体改造拉开序幕。一方面，公司内部治理结构的清晰与完善，使得过去依靠保险经办机构内部“一般商业保险弥补农业保险”的暗补模式无法继续实施。农业保险业务在本身发展薄弱的前提下，受制于内部援助渠道的关闭，再次出现了大幅度的萎缩。另一方面，政府在这一特殊历史时期，出于对市场经济、自由民主的高度信赖，对农业保险的支持与干预越发式微，除了有限的税收优惠外，基本上没有实质意义上的支持措施。政府对农业保险的政策与其他商业性保险的政策如出一辙：市场化发展、自主化经营、在态度上放任、在行为上放手。在市场化、商业化经营的农业保险业务中，农业保险本身的高风险、低收益，甚至负收益表，决定了农业保险经办机构与农业生产经营主体的不对称博弈中，呈现出“保费高而保障低”的窘境，农业保险遭遇供给不足、需求疲弱的双冷尴尬。在企业改制、资源市场化高歌猛进的最初光景里，由于没有妥帖处理政府与市场之间的关系，政府的经济职能在补贴和支持的意义上被束之高阁。对农业保险市场失灵甚至市场消失状态，缺乏有效的制度供给和财政弥补，是导致我国农业保险十年萎缩与萧条的政治与经济根源。①

以中国人民保险公司为例。1982 年，以国家政策的形式恢复了中断 24 年的农业保险业务之后，以中国人保为主的几家国有企业秉持“为八亿农民服务”的使命，进行了与政府合作开办农业保险的有益探索。至 1996 年，中国人保根据 1995 年施行的《保险法》的规定，进行了政府退出意义上的商业化改制，一分

① 徐婷婷、荣幸：《改革开放四十年：中国农业保险法律制度的变迁与创新——历史进程、成就及经验》，载《农业经济问题》2018 年第 12 期。

为三，农业保险由其中的中保财产保险公司经营。伴随着政策性职能的削弱，商业经营职能被强化。政府的抽身而去，对农业保险合同的双方主体造成了极大的参与颓势，导致了农业保险业务量及增长率的大幅度萎缩。农业保险业务的保费收入和赔款支出，从此前政府支持下惯性增长至 1997 年的 7.125 亿元和 4.816 7 亿元，分别跌至市场化改制之末国家干预之初的 2002 年的 2.299 1 亿元和 1.716 1 亿元。[①]实践证明，农业保险作为准公共产品，单纯依靠市场力量进行资源配置是行不通的，会出现“需求不足、供给有限”的失灵状态，导致市场的萎缩甚至消亡。无形的市场之手，必须要借助于有形的政府之手的扶持。双手合作，农业保险才能在市场和政府这两种力量之间构建起良性健康发展的格局。

2004 年是 21 世纪以来农业保险发展历史中极具价值的一年。中央一号文件开始锁定三农问题，并提出政策性农业保险的实验设想。自此，我国的农业保险再次回归到政府财政补贴阶段。尤其是 2008 年《中央财政种植业（养殖业）保险保费补贴办法》和 2016 年《中央财政农业保险费补贴办法》的先后颁布施行，使我国农业保险的保费补贴步入法治化、规范化、有约束力的新阶段。央地政府财政补贴政策的实施，逐步扭转了我国农业保险不断萎缩的态势。尤其是近些年来，农业保险费达到了年递增接近 20%的增长幅度，[②]创造了规模居于世界第二的农业保险市场。

在乡村振兴战略的推进背景下，在新型农业现代化的进程中，对农业保险给予财政补贴，并对权力寻租违规套补等灰色或违法乱象予以监管，以保障农业保险的规范健康运行，推进农业保险的福利化转型，已经不是农业生产经营者的私事，而是具有社会福祉和国家利益的公共事件。回归到部门法的定位问题，政府的支持和监管，正是基于市场失灵的背景，对农业保险的法治化干预和倾斜性发展，反映了农业保险法律制度的经济法归属。

### （三）党的农业保险政策的佐证性

农业保险是农业支持政策，也是金融保险制度，但归根结底是农业支持政策和农业法律问题。[③]2004 年迄今的 17 年时间里，中央关于“三农”问题的一号文件中，无一例外均提及农业保险问题。尽管表述方式不尽相同，但都凸显了

---

①② 数据依据《中国统计年鉴 1994—2019 年》《中国人民保险公司保险业务统计资料汇编》整理得来。

③ H. Holly Wang, Jesse B. Tack, Keith H. Coble. Frontier Studies in Agricultural Insurance. The Geneva Papers on Risk and Insurance—Issues and Practice, 2020, 45(1).

国家坚持不懈推进农业保险体制机制创新，释放农业农村发展新动能的顶层努力。

除了中央一号文件这样的重大意志宣告中包含着农业保险内容外，在党代会报告中也重申农业保险的价值，甚至还出台了关于农业保险的专门决定和文件。2013年党的十八届三中全会通过《中共中央关于全面深化改革若干重大问题的决定》(以下简称《决定》)，提到要完善农业保险法律制度，该表述出现在《决定》的第六部分“推进城乡公共资源均衡配置”中。与2006年国务院出台的《保险业改革发展的若干意见》相比，2013年的《决定》界定了农业保险作为政府公共资源的属性，重申了农业保险的准公共产品特征。公共资源的供给非商业机构的能力所能覆盖，亦非其意愿所能及，必须借助于国家的支持和干预，才能保证公共资源之数量充足与质量可靠。2015年中央《关于打赢脱贫攻坚战的决定》，将农业保险作为脱贫攻坚工作的重要制度抓手。脱贫攻坚不是商业行为，是典型的国家意志。农业保险在脱贫攻坚行动中，应充分体现对弱势群体的特别关注，以及对亟待保护的利益的特别安排。农业保险呈现出政策性、国家干预性、社会利益性，并且在这些属性呈现过程中，推导出农业保险法的明显的经济法特征。

**2004年以来的中央一号文件中关于农业保险的论述**

| 年份 | 文件名称 | 关于农业保险的论述 |
|---|---|---|
| 2004 | 《关于促进农民增收若干政策的意见》 | 鼓励现有商业性担保机构开展农村担保业务。加快建立政策性农业保险制度。有条件的地方可对参加种养业保险的农户给予一定的保费补贴。 |
| 2005 | 《关于进一步加强农村工作提高农业综合生产能力若干政策的意见》 | 扩大农业政策性保险的试点范围，鼓励商业性保险机构开展农业保险业务。 |
| 2006 | 《关于推进社会主义新农村建设的若干意见》 | 稳步推进农业政策性保险试点工作，加快发展多种形式、多种渠道的农业保险。 |
| 2007 | 《关于积极发展现代农业扎实推进社会主义新农村建设的若干意见》 | 积极发展农业保险，按照政府引导、政策支持、市场运作、农民自愿的原则，建立完善农业保险体系。鼓励龙头企业、中介组织帮助农户参加农业保险。 |
| 2008 | 《关于切实加强农村基础建设进一步促进农业发展农民增收的若干意见》 | 积极推进政策性森林保险。 |
| 2009 | 《关于促进农业稳定发展农民持续增收的若干意见》 | 探索建立农村信贷与农业保险相结合的银保互动机制、探索出口信用保险与农业保险相结合的风险防范机制。 |
| 2010 | 《关于加大统筹城乡发展力度进一步夯实农业农村发展基础的若干意见》 | 探索建立出口信用保险与农业保险相结合的风险防范机制。 |

续表

| 年份 | 文件名称 | 关于农业保险的论述 |
|---|---|---|
| 2011 | 《关于加快水利改革发展的决定》 | 鼓励和支持发展洪水保险。 |
| 2012 | 《关于加快推进农业科技创新持续增强农产品供给保障能力的若干意见》 | 扩大农业保险险种和覆盖面，开展设施农业保费补贴试点，扩大森林保险保费补贴试点范围，扶持发展渔业互助保险，鼓励地方开展优势农产品生产保险。 |
| 2013 | 《关于加快发展现代农业进一步增强农村发展活力的若干意见》 | 健全政策性农业保险制度，完善农业保险保费补贴政策，加大对中西部地区、生产大县农业保险保费补贴力度。推进建立财政支持的农业保险大灾风险分散机制。 |
| 2014 | 《关于全面深化农村改革加快推进农业现代化的若干意见》 | 探索粮食、生猪等农产品目标价格保险试点。逐步减少或取消产粮大县县级保费补贴。 |
| 2015 | 《关于加大改革创新力度加快农业现代化建设的若干意见》 | 积极开展农产品价格保险试点。加快研究出台对地方特色优势农产品保险的中央财政以奖代补政策。 |
| 2016 | 《关于落实发展新理念加快农业现代化实现全面小康目标的若干意见》 | 积极开发适应新型农业经营主体需求的保险品种。探索开展重要农产品目标价格保险，以及收入保险、天气指数保险试点。稳步扩大保险＋期货试点。 |
| 2017 | 《关于深入推进农业供给侧结构性改革加快培育农业农村发展新动能的若干意见》 | 持续推进农业保险扩面、增品、提标，开发满足新型农业经营主体需求的保险产品。探索建立农产品收入保险制度。鼓励地方探索土地流转履约保证保险。 |
| 2018 | 《关于实施乡村振兴战略的意见》 | 探索开展稻谷、小麦、玉米三大粮食作物完全成本保险和收入保险试点，加快建立多层次农业保险体系。 |
| 2019 | 《关于坚持农业农村优先发展做好"三农"工作的若干意见》 | 按照扩面增品提标的要求，完善农业保险政策。扩大农业大灾保险试点和保险＋期货试点。 |
| 2020 | 《关于抓好"三农"领域重点工作确保如期实现全面小康的意见》 | 抓好农业保险保费补贴政策落实，督促保险机构及时足额理赔。 |
| 2021 | 《关于全面推进乡村振兴加快农业农村现代化的意见》 | 将地方优势特色农产品保险以奖代补做法逐步扩大到全国。健全农业再保险制度。 |
| 2022 | 《关于做好2022年全面推进乡村振兴重点工作的意见》 | 积极发展农业保险和再保险。优化完善"保险＋期货"模式。 |
| 2023 | 《关于做好2023年全面推进乡村振兴重点工作的意见》 | 逐步扩大稻谷小麦玉米完全成本保险和种植收入保险实施范围。优化"保险＋期货"。鼓励发展渔业保险。 |

作为新时代乡村工作的纲领性文件，2018年《关于实施乡村振兴战略的意见》五次提到"农业保险"，并将其作为农业支持保护制度的一部分，反映了党和国家强化包括农业保险在内的乡村振兴制度供给的决心和努力。2019年5月中央深改委通过了国务院四部委联合印发的《关于加快农业保险高质量发展的指导意见》，该意见从农业现代化、乡村振兴、社会治理及农民权益保护的高度，

对农业保险2022年和2030年的高质量发展目标做了具体的安排。中央深改组是新时代国家治理形式的重大变革，具有对相关领域重大工作进行顶层设计、总体布局的职能。①农业保险以专门文件的形式，进入深改委的工作视野，反映了农业保险在国家经济社会领域极端重要的地位。

党的政策，无论是一年一度的中央一号文件，还是持续发布的农业保险意见，均将农业保险定性为政府提供的准公共资源和准公共产品，而与商法性质的金融保险制度截然不同。政策和法律一样，是党、国家和人民意志的体现，反映了我国发展农业保险事业以促进国家粮食安全的顶层制度布局。一般而言，政策不具有稳定性和连贯性，但21世纪以来，尤其是新时代以来，中央对农业保险的持之以恒、久久为功的关注，反映了将农业保险作为农业支持政策的连贯性。政策往往反映了宏观的叙述和意志，不具有微观上的技术性和可操作性。但正因为如此，才有将党的政策转化为国家的法律的必要性。在中国国情下，关于党与法的关系，不存在高低上下的无谓论争，两者高度统一于人民的意志，“党领导立法”是我国法治建设的基本遵循。②据此，农业保险的部门法归属应定位为农业经济法，而非商业保险法。另外，经济法是经济政策的法律表现，③灵活易变的经济政策的制定与执行，对于经济法的缺漏，甚至因为形势变迁而呈现的时滞和僵化，还能起到重要的制度性补充作用。

### （四）农业保险立法属于农业经济法的定位便于与国际立法接轨

世界上其他典型国家农业保险立法在法律体系中的部门法归属，也印证了农业保险法的经济法属性。现代法律具有经济一体化引致的法律趋同化趋势，而且具有以制度引领实践的功能。我国农业保险立法之经济法属性的定位，便于在农业保险立法、执法、司法，以及法律文化等领域，展开与其他国家、地区的对话、交流与合作，并在农业生产与农产品贸易等实务领域，减少因法律歧异而产生的争端。

美国的《联邦农作物保险法》，见证了美国政府对农业保险的“垄断经营”到“合作经营”再到“政府监管市场经营”的全部过程，政府的角色虽有不同，但政府在农业保险发展过程中从未缺位。加拿大则在《农作物保险法》中明确规定，农作物保险合同只能由其规范，不能由《保险法》来调整。以如此坚定的语气，宣告了农业保险的特殊性，也斩断了农业保险与商业意义上《保险法》之间的法

---

① 参见《深化党和国家机构改革方案》。

② 彭君：《党领导立法的规范分析与完善路径》，载《法学杂志》2018年第5期。

③ 张敏敏：《论经济法与经济政策的协调配合》，载《知与行》2016年第10期。

律关联。法国在《保险法典》之外，先后颁布了专门调整农业保险的《农业互助保险法》《农业灾害法》和《农业保险法》，体现了农业保险法与一般保险法之间泾渭分明的界限。日本则将第二次世界大战期间的《国家总动员法》和《农业保险法》合并，构建了适用于和平时期的农业生产经营的《农业灾害补偿法》，并在其中规定了农业保险法律制度。以国家动员的力量，在农业保险的国家干预性中，植下了经济法的制度基因。

世界贸易组织的《农业协定》要求成员大幅度削减对农业的补贴的同时，却将国家给予财政补贴的农业保险予以保留，并赋予其免于减免和关税报复的"绿箱措施"地位，充分反映了国际社会对农业保险的准公共物品性和政府干预性的法律共识。而且，包括《农业协定》在内的世界贸易组织法律制度属于国际经济法的范畴，需要借助于国际法与国内法关系中的纳入或转化渠道，才能在国内层面予以实施。由于世界贸易组织法律规则不是直接约束企业等商业主体的行为规则，而是对成员政府在管控域内外经贸活动时所为的干预措施的国际法层面的基本要求，换言之，世界贸易组织法律制度是直接约束政府，而非企业或个人的，具有显著的经济法属性。①

由此看来，古典自由主义或新自由主义所奉行的市场法则，对与国计民生直接相关的农业产业与安全是无法适用的。农业保险需要政府的财政支持和干预监督，而非权力的淡出和政府的无所作为。虚无主义下的"小政府"和"大市场"，对农业保险之持续健康运营来说是没有裨益的。社会正义越来越把正义之责(the duty of justice)置于那些有权向人们发号施令的权力机构的手中。②农业保险是金融产品，也是准公共产品，是有政府资源供给保障的支农惠农政策，是对传统农业风险管理政策的重大改造与创新。③我国的农业保险在现阶段已经步入法治化相对稳定的财政补贴阶段，并将农业保险的现代化作为十年之内的发展目标。农业保险立法应顺应这一现实与愿景，在部门法归属中定位为经济法。农业保险立法应以农业生产经营的风险规避和社会利益的关照与实现作为重要目标，不应被部门利益左右、被商业利益绑架，不应以商业保险法的框架混装公共利益性质的政策性农业保险。应旗帜鲜明地强调农业保险法的经济法属性，以回应农业保险法的制度关切和正当价值目标。我国经济法学中有关风险理论的探索成果也表明，立足本土、面向国际，是经济法学推进自身理

---

① 周林彬：《WTO规则与我国经济法调整对象的再思考》，载《政治与法律》2002年第1期。

② [英]哈耶克：《法律、立法与自由》，邓正来、张守东、李静冰译，中国大百科全书出版社2000年版，第121页。

③ 丁国光：《完善政策性农业保险体系的思考》，载《财经研究》2009年第10期。

论发展和经济法律制度建构的逻辑起点和动力之源。①

## 三、农业保险法调整对象的再调整

农业保险法属于农业经济法之部门法属性确立之后,关于《条例》调整范围的问题,需要重新予以审视。在从《条例》到《农业保险法》的立法进阶完成之前,《条例》所采用的商业性与政策性农业保险法律制度混装模式,呈现出法理含混、适用错配、运行不公的局面。《条例》调整对象的再次调整,是有着理论和实践的双重必要性和价值的。

按照政府干预程度的不同,政策性农业保险和商业性农业保险是农业保险的两大基本分类。由于农业保险的政策性、外部性、准公共物品性和社会利益性,政策性农业保险是重点、是主体,商业性农业保险是配角、是补充。但后者并非可有可无,依然有其存在的意义与价值。比如对于广义上的、超越了种养物范围的农业保险,如农民人身保险或农户财产保险来说,商业性农业保险就有了发挥作用的空间。如果对这一类保险,也给予和政策性农业保险一样的制度关怀和财政倾斜,将是对公共资源的不公平分配,最终稀释农业保险的准公共产品特性。不排除在福利国家政策日益深入的未来,国家对政策性农业保险之外的其他保险给予补贴和照顾的可能,这是由"共享"经济发展理念和社会主义发展观的人民主体性所决定的。但在政策性农业保险的补贴还处于"低补贴、广覆盖"的现阶段,区分两者的不同适用规则,以有限的财政资源解决优先的风险保障和粮食安全问题,是很有必要且现实可行的。

可行的调整思路是,为政策性农业保险进行专门立法,将商业性农业保险融于《保险法》之中。其一,为政策性农业保险配置专门的农业保险立法,以体现国家对农业保险的支持、保护、监督与干预。《条例》以及未来的《农业保险法》中所指的农业保险,仅指附带着国家干预基因的政策性农业保险。如果没有特别说明,作为《条例》和《农业保险法》调整对象的农业保险,即为政策性农业保险。农业保险和政策性农业保险之间,虽然存在理论上的种属关系,但在农业保险法律制度的语境下和范畴内,两者之间是等同关系。其二,将商业性农业保险融于《保险法》之中。商业性农业保险和一般的商业类人身和财产保险没有实质的差异。商业保险应由市场配置资源、搭建平台,交易规则遵循平等自愿,优胜劣汰。国家与法律只为其保留基本的秩序、公平和正义,而市场规

① 席月民:《经济法学的经验追问与时代面向》,载《中国社会科学报》2018年12月28日,第6版。

则则为其提供核心的权利义务配置和交易内容，并受制于自主、自由、自愿和竞争规则的支配，属于商法的调整范畴。

农业保险法调整对象的再调整，带来两个好处：一是确认了农业保险法律制度的经济法部门归属，重申了农业保险的政策性和准公共物品的性质。如此一来，由政府给予农业保险以财政补贴和适当干预，便有了更为充足和正当的部门法依据。二是摆脱了两类不同性质的农业保险混装的立法安排。商业性农业保险和政策性农业保险分别受制于不同的法律规范，为不同种类的保险经办机构和保险业务的开展，营造了更加平等的竞争环境。平等原则本身，如果仅限于法律上的形式平等，是无法自动排除压制性待遇对社会中的不得势群体的适用倾向的。[1]而实质公平与正义，本身即是对形式公平的超克与升华，需要借助于分殊的法律安排，来弥补调整对象禀赋与资质的缺陷和不足。

① Julis Stone, Human Law and Human Justice, Stanford 1965, p.326.

# 数字经济对反垄断法的挑战与对策

魏　艳　高晓茜①

**内容摘要：**以数据、算法、平台为三大代表元素的数字经济呈现出新的竞争特征。数据在成为竞争核心要素的同时为反垄断法审查数据垄断行为带来了困境。算法提高了市场供需效率，但算法自主或辅助合谋对垄断协议的认定提出了挑战。在平台不断呈现出规模化和生态系统化的同时，一些新兴平台行为是否构成垄断行为存在法律适用障碍。应对平台经济对于反垄断法提出的挑战不仅需要我们调整反垄断法的规制思路，还需要引入新的规制路径。在反垄断事前规制方面，引入超级平台的主体义务，包括数据开放义务和算法评估义务。在反垄断法规制完善方面，更多地强调合理原则和个案分析，包括对平台市场力量评估的个案考量、数据垄断行为的个案认定以及新兴平台行为竞争损害的个案分析。

**关键词：**数字经济　反垄断法　数据　算法　平台

## 一、数字经济下竞争的特征及其对反垄断法的挑战

"数字经济是指以使用数字化的知识和信息作为关键生产要素、以现代信息网络作为重要载体、以信息通信技术的有效使用作为效率提升和经济结构优化的重要推动力的一系列经济活动。"②具体来说，数字经济以互联网、云计算、大数据、物联网等技术为载体，基于信息技术的创新与融合，正在以前所未有的纵深程度推动着生产和生活的深刻变革，成为重组要素资源、重建经济结构、改变全球竞争格局的关键力量。据统计，数字经济在我国 GDP 中所占比重超过36%，③已经成为中国经济发展和财富增长的重要源头。依托互联网，数字经济

① 魏艳，法学博士，上海大学法学院副教授，牛津大学访问学者；高晓茜，上海大学法学院经济法专业硕士研究生。

② 《二十国集团数字经济发展与合作倡议》。

③ 赵艺涵：《占 GDP 比重超三成：数字经济改变中国》，http://www.sasac.gov.cn/n2588025/n2588139/c15549547/content.html，2023 年 1 月 30 日访问。

的兴起不仅带来了商业模式的转变，而且以数据、算法和平台为三大技术支撑，数字经济下的竞争也呈现出新的特性。

## （一）数字经济下竞争的特征

### 1. 数据成为竞争的核心要素

数字经济建立在企业大规模对信息的采集、存储、分析与共享的基础上。数据的竞争归根结底是对个人信息的竞争，商家之所以会收集大量消费者个人信息，是为了形成有价值的数据，从而在市场上占据一定优势。因此，对比于工业经济时代商家之间的“价格战”，数字经济时代商家之间的竞争越来越表现为对数据的竞争。数据背后蕴含了大量的个人信息。对于企业来说，数据就等同于潜在用户，直接与销售量挂钩。数据可以便利企业为用户提供更精准的服务，可以根据用户的个人喜好和习惯，有针对性地推送广告，进而促进销售量的提高。因此，数据已经成为企业竞争的关键资产要素。在汇聚了大量信息后，大数据的概念也随之产生。大数据是一种信息资产，其特点是容量大、速度快、种类繁多，需要特定的技术和分析方法才能将其转化为价值。①数字经济时代，大量数据和信息在市场上自由流动且传播较快，市场环境更加透明。对于经营者而言，市场透明度的增加可以便于迅速对市场动态作出反应，提升效率。随着竞争的展开，掌控大量数据的企业逐渐占据一定的优势地位。企业一旦拥有了大量的数据，不仅可以稳固其市场地位，也可以制约其他经营者，进而影响竞争和市场秩序。

### 2. 算法提高市场供需效率

数据的收集与利用离不开其背后的算法规则。算法是一组规则序列，是按照一定的顺序来执行某一个任务。算法可以多种方式呈现，比如普通语言、图表、代码，甚至是可以被机器读取和执行的程序。随着计算机科学的发展，算法已经被开发来主动执行重复性的任务，包括复杂的计算和数据处理。②算法有利于在供给和需求方面提高市场效率。在供给方面，算法有助于提高透明度，改进现有产品或开发新产品。企业基于算法开发新产品的能力促进了市场进入。企业因此不断创新，从而进一步促进了动态效率。另外，算法也通过降低生产成本，提高质量和资源利用率，以及简化业务流程促进了静态效率。算法作为

① De Mauro, A., Greco, M. and Grimaldi, M. (2016), “A formal definition of Big Data based on its essential features”, Library Review, Vol.65, No.3, pp.122—135.

② OECD(2017), Algorithms and Collusion: Competition Policy in the Digital Age www.oecd.org/competition/algorithms-collusion-competition-policy-in-the-digital-age.htm.

一种计算方法，可以通过其计算能力对大量数据进行分析，再结合市场环境，根据经营者的目的得出获利最大的定价决策。过去，企业可能需要很长时间来找到商业模式并创建数据趋势，以确定市场决策。现在，在算法的帮助下，这种决策可以在几秒钟内完成。而且算法还可以通过深度学习技术让企业根据试验和反馈即时优化其商业战略。在需求方面，算法不仅可以帮助企业改善业务流程，还可以帮助消费者作出购买决定，从而显著提高需求侧效率。企业在供给侧效率的提高、生产成本的降低，会反映在消费者价格的降低上。因此，算法也会在需求侧对消费者和社会福利产生积极的影响。算法还可以用于比较价格和商品质量，预测市场趋势并作出快速决策。算法自动识别，可以搜索最优报价并执行交易。在需求者效率方面，算法可以显著降低搜索和交易成本，帮助消费者克服偏见，作出更加理性的选择。①

3. 平台趋于规模化与多元化

平台即互联网平台，是指通过网络信息技术，使相互依赖的双边或者多边主体在特定载体提供的规则下交互，以此共同创造价值的商业组织形态。②平台作为数字经济典型商业模式和组织形态，重点表现在对数据的掌控力方面。互联网交叉网络效应特征，使得数据的增长与平台规模的发展成正比。平台规模越大、对相关数据的掌握越集中，尤其是关键数据的排他性就越容易形成数据壁垒，以排斥其他企业对数据的获取来形成自身的优势地位。在数字经济背景下，超级平台通过算法将积累的大量数据进行集中处理，从中创造高附加值。平台在有了一定的数据优势后，可以利用其对这些数据的掌控，利用数字技术、算法规则、云计算等新兴技术对数据进行深度加工处理，引领了产品创新方向、增加了用户黏性，同时也提升了产品质量和定价能力。数字平台对数据的这种掌控力，打破了传统工业经济的相关产品市场和相关地域市场的明确界限，实现对“不相关市场”或“未来市场”的连接，形成在纵向与横向市场上的跨时空竞争优势，即“赢者通吃”的局面。因此，通过算法、数据的集中，平台寡头化趋势凸显。谷歌、亚马逊、苹果、微软和脸书等平台拥有全球性优势地位。我国的互联网巨头为百度、阿里巴巴和腾讯等。另外，平台具有天然的跨界经营的优势。平台天然的双边性或多边性使得平台经营者利用其形成的数据、资金、流量等优势可以在不同市场间进行传导。“平台在多个市场上提供商品或服务，容易

① OECD(2017)，Algorithms and Collusion：Competition Policy in the Digital Age www.oecd.org/competition/algorithms-collusion-competition-policy-in-the-digital-age.htm，pp.14—17.

② 《国务院反垄断委员会关于平台经济领域的反垄断指南》第 2 条第 1 款。

演化为一个内部高度整合的多边市场数字生态系统。”[1]平台的规模化与多元化不仅容易形成和稳固其自身的优势地位，亦容易消除现有或潜在的竞争。

### (二) 数字经济对反垄断法的挑战

1. 数据垄断纳入反垄断审查的困境

如前所述，互联网平台集中数据可以产生经济效率。数据集中不仅可以帮助企业在运营中对消费者的喜好进行精准分析，实现广告的个性化推荐和商品的精准推销，也可以帮助消费者节省成本，更加便宜地选择产品或服务。与此同时，在数字市场上，越来越多的企业为了获得更多、更有价值的数据，会选择收购公司或者达成深度战略合作，不断巩固自己的市场地位。企业可以通过数据驱动型经营者集中获取更多用户数据，排挤竞争对手，谋取垄断利益。具有数据垄断地位的企业所实施的行为也越来越受到反垄断法的关切。

不同于传统企业并购，以获得数据为目的的企业并购可以使企业获得差异化的数据集，提升数据集中度。在数据集中的反垄断审查方面，传统以营业额为门槛的经营者集中控制规则，很难适用于基于用户数量、数据流量等创新商业模式所体现的交易价值。被并购的初创企业往往尚未产生实际的营业额甚至处于亏损状态。营业额标准不能充分反映被兼并企业在大数据资源密集方面的发展潜力和真实价值。事先申报的要求也可以规避。2016 年，滴滴和 Uber 的并购就是典型的例子。2021 年，《国务院反垄断委员会关于平台经济领域的反垄断指南》(以下简称《平台经济反垄断指南》)将此种情况明确纳入规定。当“参与集中的一方经营者为初创企业或者新兴平台”时，即使没有达到规定的申报标准，国务院反垄断执法机构也会对具有或者可能具有排除限制竞争效果的企业集中依法进行调查处理。[2]在具体案件中，如何判断“初创企业或者新兴平台”以及“具有或可能具有排除、限制竞争效果”进而主动审查，还需要反垄断执法机构不断完善审查考量对策。

对于具备数据垄断地位的企业其行为是否构成滥用市场支配地位，一般需要从数据本身的必需设施地位进行分析。不具有市场支配地位的企业行为很难纳入滥用市场支配地位的规制当中。必需设施理论已经规定在了《电信条例》中，控制必要的基础电信设施并且在电信业务市场中占有较大份额，能够对其他电信业务经营者进入电信业务市场构成实质性影响的经营者，不得拒绝其

① 刘晓春：《数字平台生态系统的反垄断法定位与规制》，载《思想战线》2022 年第 1 期。

② 《国务院反垄断委员会关于平台经济领域的反垄断指南》第 19 条第 3 款。

他电信业务经营者和专用网运营单位提出的互联互通要求。①必需设施理论能否在数据垄断场景适用仍然存在认定困难。在认定企业(通常是平台企业)是否具有必需设施属性时,欧美的反垄断法执法实践有着不同的做法。"必需设施"的认定是非常谨慎的。在"Trinko 案"中,美国联邦最高法院认为,在存在准入的情况下,没有必要考虑"必需设施"问题。②只有具有"必不可少性"和没有潜在及现实的可替代性,才会考虑必需设施属性。③在"微软收购领英案"中,欧盟在审查中认为,领英公司所掌握的数据非常重要,但不是数据的唯一来源。对目标公司定性方案所需的数据很容易获得。④可见,在数据替代性较强的情况下,证明企业的数据具有必需设施属性是不容易的。

2. 算法合谋对传统合谋的挑战

在传统工业经济模式下,企业需要为合谋进行前期准备、组织会议、会面或者邮件等一定形式的信息传递或交换才能形成垄断协议。相比之下,在算法时代,企业只需要通过相同或相似的算法就能达成合谋。数字背景下,垄断协议也因此多表现为默示合谋。算法的使用提高了市场透明度和高频交易的可能性,促使经营者之间更容易达成、实施和维持各种合谋(collusion),甚至无需任何正式协议抑或进行人员交互。算法作为促进合谋的新手段,让合谋更加隐蔽,难以发现。经合组织在其报告中把有利合谋的算法分为四种:监督算法(monitoring algorithms)、平行算法(parallel algorithms)、信号算法(signalling algorithms)、自我学习算法(self-learning algorithms)。⑤前三种算法都可以促进传统合谋和协同行为更加隐蔽。监督算法是指参与合谋的企业可以通过复杂的算法去提升它们监督相互行为的能力。通过自动收集方法搜集到的数据进行监督,并对背离行为立即采取报复措施。平行算法是指通过算法将合谋过程自动化,使价格可以自动对市场的变化做出反应,从而达成"有意识的平行"(conscious parallelism)。比如,如果企业将算法的创建向相同的 IT 公司或程序员共享,就可能出现"轴辐合谋"(hub and spoke)。无论自愿与否,竞争对手使用相同的"轴"来开发它们的定价算法,并最终依赖相同的(或非常接近的版本)算法,来实施它们的定价策略。类似地,如果大多数公司使用定价算法来实

① 《电信条例》第 17 条。

② Verizon Communications Inc. v. Law Offices of Curtis V. Trinko, LLP, 540 U. S. 411(2004).

③ See Case C-7/97(1998) para.41.

④ See Case M.8124-Microsoft/LinkedIn(2016), para.263.

⑤ OECD, Algorithms and Collusion: Competition Policy in the Digital Age, September 2017, pp.26—32, at http://www.oecd.org/daf/competition/Algorithms-and-colllusion-competition-policy-in-the-digital-age.pdf.

时跟踪市场领导者，而市场领导者负责规划动态定价算法，将价格固定在竞争水平之上就有可能达成共谋。①信号算法则是公司通过信号传递和单边价格公告来披露共谋意图。算法可以降低甚至完全消除信号传递的成本，使公司能够自动设置非常快速的迭代动作，具有良好分析算法的竞争对手读取后确认为合谋的信号。②相比较于前三种辅助合谋的算法，自我学习算法则本身形成了一种新的合谋形式，即算法合谋(algorithmic collusion)。③在该种情形下，算法合谋不存在协议形式，而是算法本身在运行规制内的自主协调。算法利用机器深度、持续学习并与市场主体反复协调，在无需人类干涉的情况下形成合谋。④相较于辅助合谋算法，这种合谋更容易确定合谋者之间的共同利润最大化价格，从而最大程度地损害消费者利益。更令人忧虑的是，与人工智能技术相结合的算法所形成的合谋，执法机关很难察觉自主学习算法是否已在数字市场中形成了"虚拟合谋"(virtual collusion)或产生了相应的合谋结果。而且人工智能算法的具体工作过程是个"黑箱"，其处理原始数据的方式复杂、快速及精准，目前执法机关尚无从知晓算法决策背后的相关细节。如果经营者通过算法自动设置价格及其他商业决策，那么合谋的结果将更难通过传统的反垄断工具予以阻止。⑤在技术上，算法的不透明性产生了不可控性。这种技术上的不可控性使得算法与人的行为分离。企业很可能在没有意识到的情况下达成共谋。在合谋责任上，如果深度学习算法实施任何违法行为，谁来承担责任。传统法律中"行为—责任"的逻辑链条被算法的自动决策切断，从而使传统的规制手段无法有效作用于算法系统。

3. 平台新兴行为认定违法的障碍

平台行为能否被认定为反垄断法上滥用市场支配地位行为，按照传统的分析架构，无论是在市场支配地位的认定、行为归属于滥用行为以及竞争损害的效果分析上都存在或多或少难以适用的问题。首先，平台的双边性和交叉网络性给界定相关市场带来了困难。一个平台通常包含多种产品。针对不同的商品或服务，相关市场的界定往往存在很大的区别。行业的动态竞争也增加了市场边界的模糊性。随着平台的不断发展和创新，平台产品的功能不断延展，很难准确限定其涉足领域的边界。新兴的互联网公司的生命周期和知识产权特

---

① OECD, Algorithms and Collusion: Competition Policy in the Digital Age, September 2017, p.28.

② Ibid., pp.29—30.

③ Ibid., pp.18—19.

④ Ibid., pp.31—32, at http://www.oecd.org/daf/competition/Algorithms-and-colllusion-competition-policy-in-the-digital-age.pdf.

⑤ 周围:《算法共谋的反垄断法规制》,载《法学》2020年第1期。

征相较于传统企业也呈现出不稳定样态。为了防止过宽或者过窄的相关市场界定,往往需要个案分析。其次,行为违法性认定的复杂性。数字平台运作的规模化、多元化带来许多新兴行为,比如,自我优待行为、二选一行为、大数据杀熟、平台封禁行为等。这些概念尚且不属于法律概念,只反映了一类平台行为的泛称。以自我优待行为为例,法律上没有对其的明确内涵与外延。学者们对其认识有宽有窄。宽泛的解释认为,自我优待行为是指平台经营者对自己或关联公司的产品或服务提供比其他经营者更有利的条件,使自己或关联公司处于竞争的优势地位。①另有学者认为,自我优待行为是指超级平台的行为。超级平台利用自身基础市场中的优势地位,对其自身在平台上经营的业务给予特别优待。②2020 年 10 月,美国众议院发布了《数字市场竞争状况调查报告》(Investigation of Competition in Digital Markets)。该报告将自我优待行为与拒绝交易、掠夺性定价、排他性交易并列为垄断行为加以论述。该报告认为,谷歌和苹果都将在手机应用中实施优先推荐自家产品的优待行为。③从行为主体上看,自我优待行为主要描述超级平台的自我照顾行为。从违法行为类型上看,自我优待行为既可能归类为差别待遇、拒绝交易等排他性交易行为,也可能归类为搭售行为。④若平台本身没有支配力或其行为因其自身的竞争优势,包括产品质量、价格、技术、声誉等,则其合法的竞争行为并不应当受到反垄断法的规制。还有一些自我优待行为并不涉及价格,无法适用现行法律条款。例如,大型以上的互联网平台采取的降低他人在特定评价标准下的衡量结果以及利用自己守门人的独特优势攫取他人重要经营信息。⑤可见,这些平台新兴行为的定性问题较为复杂,是否构成垄断,依照现行反垄断法和传统思路很难识别和有效规制。最后,平台行为可能并不产生排除竞争的效果。在"腾讯封禁抖音案"中,虽然腾讯满足了拥有市场支配地位和滥用行为的要件,但是其行为可能并不产

---

① Christian Ahlborn, Will Leslie & Eoin O'Reilly, Self-Preferencing: Between a Rock and a Hard Place, Competition Policy International, June 2020, at https://www.competitionpolicyinternational.com/wp-content/uploads/2020/06/CPI-Ahlborn-Leslie-O%E2%80%99Reilly.pdf.

② 赵志疆:《超级平台能不能"自我优待"?》,载《深圳特区报》2021 年 8 月 23 日,第 A04 版。

③ The House Judiciary Committee's Antitrust Subcommittee, Investigation of Competition in Digital Markets, p.99, at https://fm.cnbc.com/applications/cnbc.com/resources/editorialfiles/2020/10/06/investigation_of_competition_in_digital_markets_majority_staff_report_and_recommendations.pdf?_hsenc=p2ANqtz-_E3RzG44oLQPDPV-IeYxaV03mY-CKS204C4fnBHUDQUQF1pxkhYwUvRKH-g9aHnzOY8u3Z.

④ The House Judiciary Committee's Antitrust Subcommittee, Investigation of Competition in Digital Markets, p.99, at https://fm.cnbc.com/applications/cnbc.com/resources/editorialfiles/2020/10/06/investigation_of_competition_in_digital_markets_majority_staff_report_and_recommendations.pdf?_hsenc=p2ANqtz-_E3RzG44oLQPDPV-IeYxaV03mY-CKS204C4fnBHUDQUQF1pxkhYwUvRKH-g9aHnzOY8u3Z.

⑤ 丁茂中:《自我优待的反垄断规制问题》,载《法学论坛》2022 年第 4 期。

生排除、限制竞争的效果,以至于无法纳入滥用市场支配地位行为的规制。[①]现行反垄断法对数字平台规制的困境使得“事前监管”的呼声愈来愈高。[②]

## 二、数字经济下国际反垄断的趋势

### (一) 增强执法力度

1. 提升执法频率与罚款数额

面对数字经济带来的竞争新形势与新问题,各个主要国家和地区已经开始积极应对数字经济带来的反垄断规制难题,加大了调查、执法和处罚的力度。在反垄断执法和诉讼方面,四家互联网巨头(亚马逊、谷歌、脸书和苹果公司)成为各个国家和地区反垄断调查的主要对象。据统计,在 2017 年至 2021 年间,有 18 个国家和地区针对上述四家公司发起了 150 件反垄断诉讼和执法案件。其中,谷歌涉案达 50 起,被罚超过 100 亿美元。脸书涉案 21 起,被罚约 51.4 亿美元。[③]2018 年,谷歌因对安卓设备制造商和移动网络运营商实施非法限制,巩固其在搜索引擎上的控制地位,被欧盟委员会单笔罚款 43.4 亿欧元(约 50.4 亿美元)。[④]从地域来看,欧盟及其成员国发起的案件最多,美国和英国次之。从垄断行为的类型来看,主要为滥用市场支配地位的多种行为,包括自我优待行为、捆绑搭售、设置最惠国待遇条款以及限制互操作性等滥用支配地位的行为。[⑤]经营者集中的审查方面,全球反垄断执法也呈现出更加积极的执法态度,禁止和放弃并购的案件也逐渐增多。2021—2022 年间,欧盟有 2 项禁止并购,6 项放弃交易;英国有 7 项禁止并购,4 项放弃交易;美国有 2 项禁止并购,14 项放弃交易。[⑥]对于违反救济承诺的案件也进一步加大了处罚力度。[⑦]近年来,我国平台经济领域的反垄断执法也不断得到加强,不仅提升了执法频率,也不断地加大处罚力度,主要涉案主体是腾讯和阿里巴巴这样的商业巨头平台。下图总结了国家市场监督管理总局在 2021—2022 年期间针对平台经济相关的反垄断行政

① 侯利阳:《互联网平台反垄断的局限与突破:由“腾讯封禁抖音案”引发的思考》,载《商业经济与管理》2021 年第 4 期。

② OECD(2021), Ex ante regulation of digital markets, OECD Competition Committee Discussion Paper, https://www.oecd.org/daf/competition/ex-ante-regulation-andcompetition-in-digital-markets.html.

③ 熊鸿儒、韩伟:《全球数字经济反垄断的新动向及启示》,载《改革》2022 年第 7 期。

④ Google Hit with €4.3bn Android Fine from EU, 18 July 2018, at https://www.bbc.co.uk/news/technology-44858238, 2023 年 3 月 20 日访问。

⑤ 熊鸿儒、韩伟:《全球数字经济反垄断的新动向及启示》,载《改革》2022 年第 7 期。

⑥ Allen & Overy, Global trends in merger control enforcement, February 2023, pp.5—6.

⑦ Ibid., pp.19—20.

处罚案件。①2021 年，未依法申报违法实施经营者集中的案件共 98 件，涉案企业主要包括腾讯、阿里巴巴、美团、滴滴等，均按照当时法律予以顶格处罚，总计罚款 0.49 亿元；滥用市场支配地位案件共 3 件，罚款总计约 216 亿元；禁止集中案件 1 件，即虎牙公司与斗鱼公司禁止集中案。2022 年，平台经济领域未依法申报违法实施经营者集中案件共 25 件，罚款数额总计为 0.125 亿元；滥用市场支配地位案件 1 件，即知网滥用市场支配地位案，被处以 8 760 万元罚款。可见，我国平台经济反垄断执法对经营者集中的“抢跑”案件给予了更多的关注和处罚。

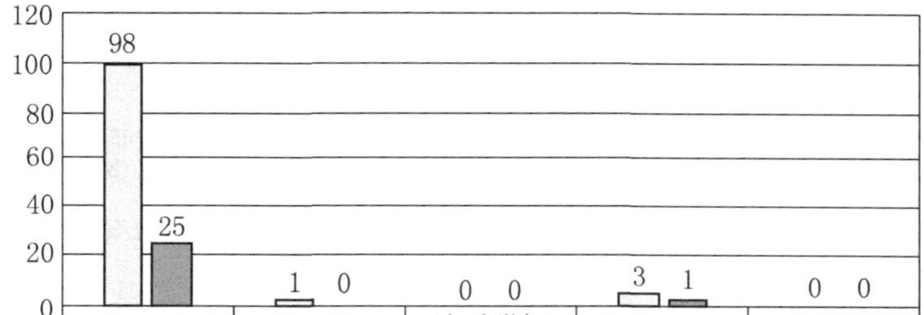


| | 未依法申报实施经营者集中案件 | 禁止集中案件 | 违反附加限制条件而被处罚的经营者 | 滥用市场支配地位案件 | 垄断协议案件 |
|---|---|---|---|---|---|
| □ 2021年案件数量 | 98 | 1 | 0 | 3 | 0 |
| ■ 2022年案件数量 | 25 | 0 | 0 | 1 | 0 |

**图 1　2021—2022 年数字平台企业反垄断案件数量**

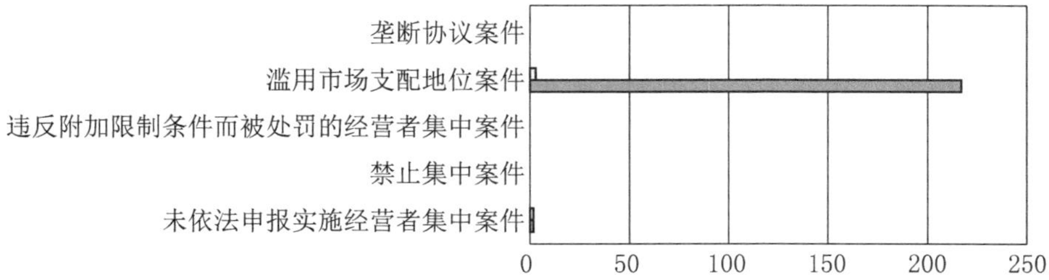


| | 未依法申报实施经营者集中案件 | 禁止集中案件 | 违反附加限制条件而被处罚的经营者集中案件 | 滥用市场支配地位案件 | 垄断协议案件 |
|---|---|---|---|---|---|
| □2022年罚款数额/亿元 | 0.125 | 0 | 0 | 0.876 | 0 |
| ■2021年罚款数额/亿元 | 0.49 | 0 | 0 | 216 | 0 |

**图 2　2021—2022 年数字平台企业反垄断案件罚款数额**

① 国家市场监管管理总局：https://www.samr.gov.cn，2023 年 3 月 25 日访问。

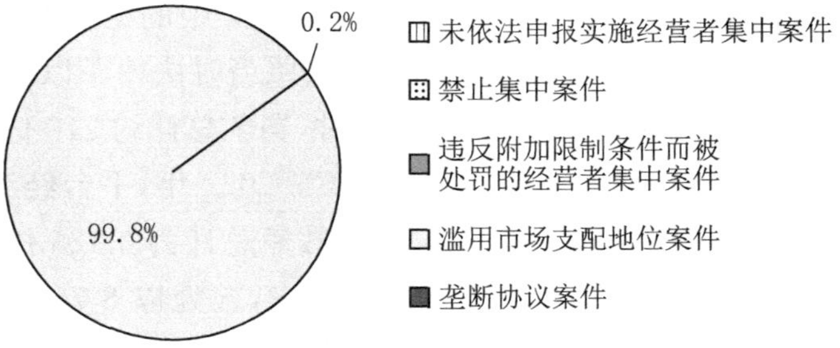


**图 3　2021 年数字平台企业反垄断罚款数额占比**

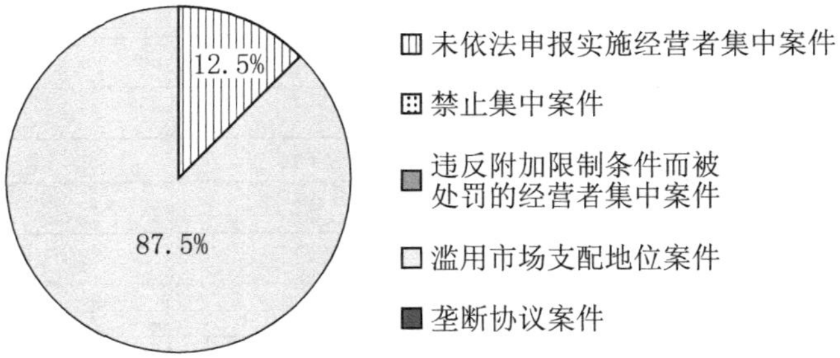


**图 4　2022 年数字平台企业反垄断罚款数额占比**

2. 积极采取结构性救济

在处罚手段方面，结构性救济措施在数字经济背景下越来越受到反垄断执法机构的重视。结构性救济本质上是一种分离机制。结构性救济直接削弱垄断企业的控制力状态，较行为救济更加彻底且降低监督成本。但是，无论是业务剥离、资产剥离还是功能分离，结构性救济对企业的利益损害较重，是非常严厉的救济措施。在数字经济时代，竞争行为纷繁复杂，还不断涌现新型反竞争行为，结构救济措施效果明显，主要反垄断执法当局更倾向于采用结构性救济措施。美国众议院在其《数字市场竞争状况调查报告》中也建议对互联网四大巨头采取“剥离有形资产，剥离知识产权、技术、数据等无形资产或者剥离相关权益”等结构性救济。①2020 年 12 月 9 日，美国联邦贸易委员会联合 40 多个州在华盛顿特区联邦法院起诉了脸书。②诉状中指控脸书通过收购潜在的竞争公司（包括收购 Instagram 和 WhatsApp）维持其市场支配地位，并实施限制措施，

① Nadler. J. David N. Investigation of Competition in Digital Markets, Majority Staff Report and Recommendations, https://www.competitionpolicyinternational.com/wp-content/uploads/2020/10/investigation_of_competition_in_digital_markets_majority_staff_report_and_recommendations.pdf.

② Cecilia Kang, Mike Isaac, U.S. and States Say Facebook Illegally Crushed Competition, The New York Times, De.9, 2020, https://ncfacanada.org/u-s-and-states-say-facebook-illegally-crushed-competition/.

不当地阻碍了事实上或潜在的竞争，诉请法院要求对脸书的违法行为提供九项救济，其中包括对脸书进行资产剥离、业务剥离或重组。在2020年到2022年的三年间，结构性救济措施在主要反垄断执法国家所占比例分别为61%、66%和62%。2022年在对Illumina/GRAIL的审查中，欧盟拒绝了行为性救济而坚持了结构性救济。欧盟层面，在2022年的12起案件中，欧盟委员会只接受了一起行为补救措施。在英国，这一比例为十八分之一。美国在2022年没有一起案件采用了行为救济措施。相比之下，中国、法国、西班牙、韩国则仍以行为性救济措施为主。①

### （二）拓展监管手段

1. 引入“守门人”制度

面对平台经济的快速创新和动态发展，传统反垄断法基于绝对垄断认定的事后执法规则存在适用障碍。平台经济所承载的多元价值也对垄断行为的违法性认定带来了更多的考量因素，加大了认定的复杂性。为此，作为反垄断法的补充，反垄断事前监管已经为各国反垄断执法机构普遍关注。“守门人”制度最早于2020年底由欧盟《数字市场法》(草案)提出，并于2022年11月《数字市场法》通过时正式生效。守门人制度通过明确守门人的认定标准，进而向守门人施加特别义务，一旦守门人违反法定义务就需要承担法律责任。这一制度越过了传统反垄断法进行相关市场界定和市场支配地位认定的困境，为数字经济平台反垄断规制提供了新路径。根据《数字市场法》，守门人的认定标准包括市场影响力、提供核心平台服务以及市场地位的持久性三个方面。如果平台满足下列具体标准，则会被推定为具有“守门人”属性：一是过去三个财政年度内，数字平台所属企业在欧盟境内的年均营业额达到或超过75亿欧元，或者其所属企业过去一个财政年度内平均市值或市场公允价值最低达到750亿欧元，并且至少为三个成员国提供核心平台服务；二是欧盟境内月活跃用户达到4 500万，其中包含本土和居住于欧盟境内的用户，或上一财政年度注册商户达到1万家；三是核心平台前三个财政年度终端用户和商户均达到第二个标准。②对于守门人违反法定义务的行为，欧盟委员会可处最高达其上一财政年度全球销售额10%的罚款。③如果再次实施同样或类似的违反义务行为，可以处上一财政年度

① Allen & Overy, Global Trends in Merger Control Enforcement, February 2023, p.11.

② Art.3, Digital Markets Act.

③ Art.26, Digital Markets Act.

全球销售额20%的罚款。对于持续性的违法可以处“日罚款”，最高额为其全球日平均收入的5%。[①]在“守门人”出现系统性违法的情况下，除了行为性救济，欧盟委员会还可采用结构性救济，即拆分企业或剥离其某些业务。[②]

2021年6月23日，美国国会众议院司法委员会审议通过六项反垄断相关法案：《终止平台垄断法案》《美国选择与创新在线法案》《平台竞争和机会法案》《收购兼并申请费现代化法案》《通过启用服务切换(ACCESS)法案》以及《州反垄断执法场所法案》。与《数字市场法》类似，这些法案主要针对超级平台。比如，根据《终止平台垄断法案》，市值超过6 000亿美元、在美国境内月活跃达到特定规模(5千万/在线平台；10万/传统平台)且被视为“关键贸易伙伴”的企业为超级平台。被法案覆盖的企业，需要承担特别的法定义务。美国符合这一要件的超级平台，仅包括谷歌、苹果、脸书和亚马逊四大科技巨头。[③]

在数据处理层面，《数字市场法》设定了保护个人数据和维护数据开放的义务，包括不得在未授权情况下处理个人数据；不得在除核心平台外的其他守门人服务中交叉使用相关个人数据；[④]不得在与商业用户的竞争中使用商业用户的非公开数据。[⑤]在数据可携带方面，应确保用户活动中所生成数据的可携带性。[⑥]在平台中立层面，《数字市场法》设定了守门人禁止自我优待[⑦]、禁止附条件提供特定服务，[⑧]应允许商业用户通过第三方在线中介服务向终端用户提供同样的产品或服务。[⑨]在互操作义务上，守门人应允许用户安装和使用第三方应用或应用商店，且该等第三方应用和应用商店能和守门人的操作系统相互兼容。[⑩]守门人应允许服务提供商和硬件提供商免费提供有效的互操作性。[⑪]在广告或出版商的透明性层面，《数字市场法》规定了守门人应根据广告商或出版商的要求，向其提供每一项相关广告服务所支付的价格、费用和报酬信息。[⑫]

---

① Art.27, Digital Markets Act.

② Art.16, Digital Markets Act.

③ 樊瑞、巩小凡：《美国打出六记反垄断重拳，会是高高举起，轻轻落下吗?》，载《财经E法》2021年6月30日。

④ Art.5(2), Digital Markets Act.

⑤ Art.6(1), Digital Markets Act.

⑥ Art.6(9), Digital Markets Act.

⑦ Art.6(4), Digital Markets Act.

⑧ Art.5(6), Digital Markets Act.

⑨ Art.5(2), Digital Markets Act.

⑩ Art.6(3), Digital Markets Act.

⑪ Art.6(7), Digital Markets Act.

⑫ Art.5(8), Art.5(9), Digital Markets Act.

2. 采取临时性措施

临时性措施是指在反垄断调查结束之前，为了避免无法弥补的损害或重大损害的发生，执法机构或法院可以依据初步证据采用临时禁令及时制止疑似的反竞争行为。该项制度最早在欧盟1951年《欧洲煤钢联营条约》中就规定了竞争法领域的临时性措施。该款授权“有关机关除可能适用39条第三段的规定外，采取或促使采取其认为必要的临时保护措施，以维护竞争企业和第三方的利益，除非法院有相反的判决”。[①]直到1980年，欧洲法院在相机护理案(camera care)中首次适用，并认为这是《第17/1962号条例》第3条赋予委员会采取临时性措施的默示权力。[②]2002年12月16日，欧盟理事会通过了《执行〈欧共体条约〉第81条和82条规定的竞争规则的第1/2003号条例》，第8条对临时性措施作了详细的规定。欧盟委员会可以依职权或依申请基于初步证据对竞争会有严重、无法弥补的损害且达到刻不容缓的案件采取临时性措施。此后，欧盟对临时性措施一直采取审慎适用的态度，严格审查“无法弥补的损害”与“刻不容缓”的适用标准。该项制度一直处于沉寂状态。2019年10月16日，欧盟委员会在对博通公司(Broadcom)滥用支配地位的调查中采取了临时性措施。这一举措让沉睡了多年的临时措施制度重新引发广泛关注，被认为是在数字时代开启全新的反垄断制裁手段的一种信号。[③]除了欧盟之外，英国竞争管理局在2019年发布的《解锁数字竞争》报告指出，“在反垄断案件需要数年才能解决的情况下，如有关行为对受其影响的企业会造成重大损害，CMA应实施临时性措施来限制涉嫌垄断行为”。[④]2020年9月17日，由于新冠肺炎疫情，英国竞争管理局在调查英国航空公司和美国航空公司关于向其他航空公司提供舱位的协议时，采取了保护英美航线竞争的临时措施，将“2010年承诺”的适用期限再延长3年至2024年3月。[⑤]英国在2021年《竞争法修订案》和2020年修订的《消费者保护条例》中都强调了数字环境下临时性措施的内容。[⑥]澳大利亚的竞争主管机关在对

---

① 1951年《欧洲煤钢联营条约》(现已废止)第66条第5款。

② 《第17/1962号条例》第3条第1款规定，委员会在发现违反本条例时，可要求当事各方停止这种违法行为。同时该条第3款还规定，委员会在作出正式决定之前，可就终止违法行为提出建议。

③ 王健、姜厚辰：《论数字经济时代的反垄断临时措施》，载《法治现代化研究》2022年第3期。

④ CMA. Unlocking digital competition: report of the digital competition expert panel. https://www.gov.uk/government/publications/unlocking-digitalcompetition-report-of-the-digital-competition-expert-panel.

⑤ https://www.concurrences.com/en/bulletin/news-issues/september-2020/the-uk-competition-authority-imposes-interim-measures-while-it-prolongs-due-to#:~:text=CMA%20acts%20to%20protect%20competition%20on%20UK-US%20airline, investigates%20an%20agreement%20involving%20BA%20and%20American%20Airlines.

⑥ The Consumer Protection(Enforcement) (Amendment etc.) Regulations 2020, article 218ZC.

谷歌、脸书等大型数字平台的执法中也采取了谈判和合同解决争端等非标准的执法方式。[①]我国也在2022年《反垄断法》的修订中引入了约谈制度。[②]经营者、行政机关和法律法规授权的具有管理公共事务职能的组织涉嫌违反《反垄断法》规定的，反垄断执法机构可以约谈其法定代表人或负责人，要求提出改进措施。2023年4月市场监管总局发布四部反垄断法配套规章，引入约谈制度。其中《禁止滥用市场支配地位行为规定》《禁止垄断协议规定》《禁止滥用行政垄断规定》对此都有提及，并在约谈的程序、列席约谈人员、约谈的公开情况、消除危害后果的改进措施和履行时限等方面作出了细化规定。[③]这种行政约谈作为一种行政指导行为，此前被广泛应用于环境保护、国土资源、金融监管等领域。从法律性质来看，约谈法定代表人或负责人，并要求提出改进措施，并非对案涉行为的定性，而是一种临时性、保障性的措施，旨在预防违法行为、消除风险隐患、防止危害后果产生或者持续扩大，具有警示告诫和教育指导的功能。约谈制度的引入一定程度上弥补了事前预防的漏洞，为数字经济背景下垄断行为的规制提供了良好支持。

虽然临时性措施具有及时制止违法行为以及针对个案手段灵活等优势，但是出于谨慎干预当事人权利和行为的出发点，其启动一直强调较高的适用门槛，即重大或无法弥补的损害。然而，由于数字市场的交叉网络性和生态系统属性使得行为所造成的损害具有快速传导性、更容易证成“重大而无法弥补的损害”以及制止损害扩散的迫切性，因此，部分国家在处理平台案件中开始重视临时性措施的使用。

### （三）完善规则体系

应对数字经济，德国在反垄断法修订上走在世界前列。2017年6月，《德国反限制竞争法》的第九次修订案就已经引入了适用数字经济的立法内容，包括引入评估平台和网络市场地位的新标准；[④]以及增加经营者集中申报的交易额标准，即规定经营者集中的交易额达到4亿欧元，就需要进行反垄断申报。

---

① 熊鸿儒、韩伟：《全球数字经济反垄断的新动向及启示》，载《改革》2022年第7期。

② 《反垄断法》第55条。

③ 《禁止滥用市场支配地位行为规定》第37条；《禁止滥用垄断协议规定》第36条；《禁止滥用行政垄断规定》第24—25条。

④ 比如直接和间接网络效应；并行使用多个平台；切换的可能性和用户的切换成本；用户行为；规模经济；访问用户数据的范围；以及创新潜力。Harald Kahlenberg，Lena Heim，https://www.lexology.com/Commentary/competition-antitrust/germany/cms/ninth-amendment-of-act-against-restraints-of-competition #：～：text=On%20March%209%202017%20the%20Federal%20Parliament%20adopted，in%20the%20liability%20for%20violations%20of%20competition%20law，2023年1月21日访问。

2021 年 1 月，《德国反限制竞争法》第十次修正案中，除了继续强调“获取竞争相关数据的能力”之外，还新增了对于“具有显著跨市场竞争影响经营者”的规定，积极回应了对超级平台“赢者通吃”的规制。该条被认为是专门针对互联网科技巨头的条款。在认定具有“显著跨市场竞争影响”的考量因素中，应特别考虑：经营者在一个或多个市场上的支配地位；其资金实力或者获取其他资源的能力；其垂直整合能力及其在其他相关市场上的活动；其获取竞争相关数据的能力；其市场活动与第三方进入供应和销售市场的相关性以及其对第三方开展业务的影响。①该法明确禁止“具有显著跨市场竞争影响”的经营者没有正当理由从事自我优待、阻碍竞争者进入市场，即使其不具有支配地位、设定市场进入壁垒、妨碍产品或服务的可操作性、限制数据的可携带性，不充分披露产品或服务的范围、质量和效果，以及获取不当利益等行为。②另外，本次修订还肯定了“滥用相对优势地位”并增加了“必需数据”的规定。即如果经营者控制了其他经营者开展自身业务必需的数据，那么其他经营者相对于该经营者具有依赖性。当该经营者拒绝以合理对价授权使用数据时，则构成不当阻碍。③

在欧盟方面，2022 年 7 月 18 日，欧洲理事会正式通过《数字市场法》与《数字服务法》对数字空间进行监管。《数字市场法》主要针对平台经营者的恶性竞争进行规制。该法案最大的特点就是引入了超级平台“守门人”制度，赋予了超级平台更多的法定义务。在法律责任方面，明确对不遵守规定的企业可以处以其最高全球营业额 10％的罚款，对于重犯者最高可能被处以其全球营业额的 20％，多次违反者还将面临业务拆分等严苛处罚。④2021 年，美国国会众议院司法委员会审议通过了前述六项反垄断相关法案。日本在 2019 年出台了《关于数字平台经营者在提供个人信息等的消费者的交易中滥用相对优势地位的指南》，以明确平台哪些获取消费者个人信息的行为会引发滥用相对优势地位，从而提升《反垄断法》的执行透明度和改进数字平台经营者的可预见性。⑤英国则在 2021 年出台了《并购评估指南》，围绕并购设定了较低的认定门槛以应对动态竞争带来的竞争损害。⑥

---

① 第 19a 条(1)。

② 第 19a 条(2)。

③ 第 20 条(1)。

④ Art. Digital Markets Act.

⑤ 李胜利：《关于数字平台经营者在与提供个人信息等的消费者的交易中滥用相对优势地位的指南》，载《竞争政策研究》2020 年第 1 期。

⑥ CMA. Merger assessment guidelines. https://www.gov.uk/government/publications/merger-assessmentguidelines.

2021年2月7日，我国国务院反垄断委员会印发的《平台经济领域反垄断指南》在多个方面回应了数字经济为反垄断执法提出的新要求。在相关市场认定上，需要结合平台经济的特点，进行个案具体分析。“反垄断审查通常需要界定相关市场”的表述也内涵了相关市场认定有时是非必要步骤。[①]在数据驱动型经营者集中对营业额标准的补充考量方面，增加了交易金额的考量。[②]2022年《反垄断法》修订案公布，新增了平台经济领域反垄断的多项条款。其中，《反垄断法》第1条增加了“鼓励创新”的立法目的。总则部分第9条增加了“经营者不得利用数据和算法、技术、资本优势以及平台规则等从事本法禁止的垄断行为”。在“滥用市场支配地位行为”部分，特别规定了“具有市场支配地位的经营者不得利用数据和算法、技术以及平台规则等从事前款规定的滥用市场支配地位的行为”。2023年4月，国家市场监管总局发布的《禁止滥用市场支配地位行为规定》也对平台经济领域反垄断制度规制进行了完善。首先，为落实2022年《反垄断法》，进一步明确了相关制度在平台经济领域的适用规则，新增了“具有市场支配地位的经营者不得利用数据和算法、技术以及平台规则等从事滥用市场支配地位的行为”的规定。其次，根据《反垄断法》精神，总结了执法实践经验，在认定平台经济领域经营者具有市场支配地位的考虑因素中增加了“交易金额”“交易数量”“控制流量的能力”。[③]最后，该规定还针对《反垄断法》中明确列举的六种滥用市场支配地位行为补充了平台经济领域细化认定规则。[④]随同《禁止滥用市场支配地位行为规定》一起发布的《禁止垄断协议》也增加了关于平台经济领域相关商品市场界定的相关规定；[⑤]同时充分考虑了数字技术和商业模式的特点，规定明确约定计算价格的“算法、平台规则”构成固定价格的垄断协议，关于分割销售市场和原材料采购市场的规定适用“数据”等要素；[⑥]还分别对经营者利用数据和算法、技术以及平台规则等达成横向和纵向垄断协议的方式进行列举，[⑦]更好地适应了数字经济背景下的反垄断执法需求。

---

① 《国务院反垄断委员会关于平台经济领域的反垄断指南》第4条。

② 《国务院反垄断委员会关于平台经济领域的反垄断指南》第18条，“在平台经济领域，经营者的营业额包括其销售商品和提供服务所获得的收入。根据行业惯例、收费方式、商业模式、平台经营者的作用等不同，营业额的计算可能有所区别。对于仅提供信息匹配、收取佣金等服务费的平台经营者，可以按照平台所收取的服务费及平台其他收入计算营业额；平台经营者具体参与平台一侧市场竞争或者发挥主导作用的，还可以计算平台所涉交易金额”。

③ 《禁止滥用市场支配地位行为规定》第12条。

④ 《禁止滥用市场支配地位行为规定》第14条至第19条。

⑤ 《禁止垄断协议规定》第7条。

⑥ 《禁止垄断协议规定》第10条。

⑦ 《禁止垄断协议规定》第13条、第15条。

## 三、数字经济下完善平台反垄断的对策

传统反垄断法对于垄断行为的分析范式在平台经济背景下遇到了前所未有的困境。反垄断法的分析框架已经不能很好地适用于平台经济下的垄断行为。芝加哥学派影响下的反垄断法以限制排除竞争的垄断行为为规制对象，并不特别关注市场主体的结构。也就是说，即便市场主体拥有了市场支配地位，只要其没有实施滥用行为就无需反垄断法予以规制。平台经济背景下，上述行为主义的分析框架遇到了明显的瓶颈。应对平台经济对于反垄断法提出的挑战基本上有两种路径：或者调整反垄断法的规制思路，或者引入新的规制路径。就平台经济的反垄断规制而言，我国有必要结合平台经济的特征适度引入守门人制度并同时完善反垄断法的实施。

### （一）引入平台主体义务的反垄断事前规制

1. 平台分级与超级平台主体义务

借鉴欧盟的守门人制度，我国在平台分级及其主体责任方面也进行了积极回应。2021 年 10 月，国家市场监督管理总局公布了《互联网平台分类分级指南（征求意见稿）》（以下简称《分级分类指南》（征求意见稿））和《落实主体责任指南（征求意见稿）》（以下简称《主体责任指南》（征求意见稿））。《分类分级指南》（征求意见稿）将互联网平台分为超级平台、大型平台和中小平台三级。超级平台是“同时兼具超大用户规模、超广业务种类、超高经济体量、超强限制能力属性的平台”。[①]超级平台指“在中国上年度年活跃用户不低于 5 亿、核心业务至少涉及两类平台业务、上年底市值（估值）不低于 10 000 亿元人民币、具有超强的限制商户接触消费者（用户）能力的互联网平台”。[②]大型平台指“平台上年度在中国的年活跃用户不低于 5 000 万；具有表现突出的主营业务；上年底市值（估值）不低于 1 000 亿元人民币以及较强的限制商户接触消费者（用户）的能力”。[③]《主体责任指南》（征求意见稿）针对超级平台和大型平台规定了超大型平台的主体责任。从公平竞争示范、平等治理、开放生态、数据管理、内部治理、风险评估、风险防范、安全审计、促进创新 9 个方面提出要求。其中包括“不使用平台内经营者及其用户在使用平台服务时产生或提供的非公开数据”，“不将使

①② 《互联网平台分类分级指南（征求意见稿）》3.3。
③ 《互联网平台分类分级指南（征求意见稿）》3.4。

用关联平台的服务作为其提供服务的前提条件”,“不实施自我优待”以及“提供服务的互操作性”等易产生竞争影响的平台行为。

然而,无论在主体义务承担者的选定上还是守门人主体的识别标准上,上述规定都有待完善。首先,在主体义务承担者的选定上,两份征求意见稿表明我国意图对大型平台和超级平台同时施加主体义务。考虑到我国平台经济发展的现状以及欧美国家设定门槛的标准,笔者认为,我国的平台主体义务应当仅限于超级平台。事实上,美国纳入平台主体义务监管的只有 4—5 家科技巨头,即谷歌、苹果、脸书、亚马逊、微软。而仅仅苹果一家公司的市值就已经是我国主流平台市值的总和。①考虑到我国平台经济的成长性以及对创新的激励,我国应当以超级平台为主要规制对象。因此,本文下面的论述以超级平台设定主体义务为讨论对象。其次,在守门人主体的识别标准上,目前的分级标准很难适用。征求意见稿中设定了三种形式标准:用户规模、业务种类、经济体量和一个实质标准:限制能力。(1)这种划分方式具有僵硬性。在认定用户规模时以“上年度”为判定时间,而对于业务种类则没有时间限制,对于经济体量则以“上年底”为认定时间点,这种要求三标准同时满足的形式标准,就出现如果上年度与今年度业务种类不同,以及经济体量在不同时间点处于变动的平台被排除在超大型平台之外,致使该平台脱离相应的平台义务。(2)这种划分缺乏时限性。现在的做法没有反映认定时间以及认定时限,即什么时候认定以及认定本身具有多长的效力。事实上,处于快速发展中的平台往往变化也是短期性、相当迅速的。因此,动态调整分级标准就成为科学分级的必备路径。依前述分析,平台经济的快速迭代与生态系统性使得平台主体的规模认定应当具有及时性和动态性。因此,笔者建议,现行的认定时间应当采取每年认定,一年至两年有效的制度。(3)形式上的划分往往会面临实践中的特例。现行要求同时满足四项的标准必定会忽略一些平台在某一个方面尤其是“限制能力”方面较大的竞争影响,使得认定结果偏离真实的市场力量。欧盟的《数字市场法》规定,对于未能达到“去年在欧洲经济区(EEA)内的年营业额达到 75 亿欧元、市值达到 750 亿欧元”和“每月至少有 4500 万终端用户,以及超过 10 000 个商业用户”的平台,授权欧盟委员会依据企业规模、用户数量、规模效应、网络效应以及企业整体结构等因素综合评估认定平台的“守门人”地位。②因此,我国《分类分级指南》

① 侯利阳:《平台反垄断的中国抉择:强化反垄断法抑或引入行业规制?》,载《比较法研究》2023 年第 1 期。

② Art.3(8), Digital Markets Act.

（征求意见稿）中缺乏一个兜底条款。即在没有达到形式标准，但是实质上具有较强的市场或行业限制能力，应当赋予平台分级主管机构在上述形式标准不满足的情况下，有权依据其他因素综合认定“守门人”的授权条款。除此之外，在认定结果上，还应当允许企业提出抗辩理由，给予当事人去除“超级平台”主体资格及其相应平台义务的权利。因此，完善我国的《分类分级指南》（征求意见稿）还需要增加赋予平台对分级结果认定的抗辩条款。

2. 超级平台数据开放义务

为了促进数据流动，保障数据价值的有效发挥，美国和欧盟的立法对于超级平台都设定了数据可携带和数据互操作等义务保障数据的开放与共享。根据美国《通过启用服务交换增强兼容性和竞争性法案》第 3 条，覆盖平台（covered platform）应维护一组透明的、第三方可访问的接口（包括应用程序编程接口），以实现向用户安全传输数据，或在用户明确同意的情况下，按照用户指示和第 6(c) 节的标准向商业用户以结构化的、常用且机器可读的格式安全传输数据。该法第 4 条规定，覆盖平台应维护一组透明的、第三方可访问的接口（包括应用程序编程接口），以促进和维护与竞争企业或符合根据第 6(c) 节发布的标准的潜在竞争企业的互操作性。根据欧盟《数字市场法》，“守门人”应根据最终用户和最终用户授权的第三方的要求免费向其提供由最终用户提供的或者通过最终用户在相关核心平台服务中的活动生成的数据，包括提供工具以便利这种数据携带的有效操作，以及提供对这些数据的连续和实时访问。①该法还要求守门人提供独立号码人际通信服务的互操作义务。守门人应在终端用户请求时，免费提供其与其他平台互操作的界面。②互操作性意味着允许不同设备、系统和应用产品的消息服务兼容。这种做法有利于中小平台解锁守门人平台的数据，增强消费者的选择。“守门人”承担保障数据互操作的义务，提供满足互操作性要求的终端用户的个人数据。③

数据可携带和平台的互操作是数据开放义务的核心内容。这一义务的设定有利于降低中小平台市场进入壁垒，增强市场活力。我国 2021 年公布的《个人信息保护法》第 45 条第 3 款明确了个人信息的可携带权，即“个人请求将个人信息转移至其指定的个人信息处理者，符合国家网信部门规定条件的，个人信息处理者应当提供转移的途径”。关于数据互操作性，《主体责任指南》（征求意见稿）第 3 条为超级平台设定了开放生态的主体义务，强调平台服务之间的互

① Art.6, Digital Markets Act.
②③ Art.7, Digital Markets Act.

操作性并且提供了正当理由抗辩。①对比上述欧盟和美国的规定，我国的规定原则性较强，缺乏可操作的细节。更重要的是，数据开放可能带来数据安全以及超级平台的商业秘密和商业模式保护的负面效应，因此，数据开放需要正确把握开放的“程度”和“范围”。对此，我国在实施数据开放和互操作义务时有必要明确数据开放的标准、条件以及数据开放的监督。具体而言，首先，在开放可携带的数据范围上，超级平台应当在经用户授权的情况下，向其他平台开放用户的个人数据。这类数据应当是个人提供或在平台使用中形成的个人数据。②同时，应当保障这类开放不会导致其他侵犯隐私或商业秘密等权益。其次，为降低数据互操作带来的风险和成本，监管主体应事先制定科学合理的互操作性标准，以一种结构化、通用的、可机读的方式便捷互操作。③美国在《通过启用服务交换增强兼容性和竞争性法案》中授权联邦贸易委员会制定、发布互操作标准。该法案同时要求联邦贸易委员会设立一个包括国家标准机构、平台企业、竞争对手、用户、专家学者等多方代表组成的技术委员会，来帮助制定互操作要求。④对此，我国可以考虑由国家市场监管总局牵头，结合不同的业务范围和经营模式，对平台的数据开放制定有针对性的标准。⑤最后，为了确保数据开放和互操作的实时访问和不间断，应当赋予市场监督管理部门明确的监督手段。

3. 超级平台算法评估义务

为了应对算法歧视和算法合谋带来的反竞争行为，单纯依靠反垄断法的事后执法已经无法适用平台经济的特征，有必要引入算法治理以及平台义务等多元策略。其中，对于超级平台施加算法公开的义务就是其中之必要的手段之一。我国现行立法已经在《个人信息保护法》以及《互联网信息服务算法推荐管理规定》中奠定了算法公开和算法解释的规则基础。根据《个人信息保护法》第24条，个人信息处理者利用算法进行决策应当保证遵守透明度原则，保证公平、公正，反对价格歧视和差别待遇。“自动化决策方式作出对个人权益有重大影响的决定，个人有权要求个人信息处理者予以说明。”根据《互联网信息服务算法推荐管理规定》，“提供算法推荐服务，应当遵循……公正公平、公开透明、科

---

① 《落实主体责任指南(征求意见稿)》第3条，“超大型平台经营者应当在符合安全以及相关主体权益保障的前提下，推动其提供的服务与其他平台经营者提供的服务具有互操作性。超大型平台经营者没有正当合理的理由，应当为符合条件的其他经营者和用户获取其提供的服务提供便利”。

② Article 20, General Data Protection Regulation; Article 29 Working Party Guidelines on transparency under Regulation 2016/679.

③ Article 20, General Data Protection Regulation.

④ ACCESS, Subsection7, item(b)～(c).

⑤ 王磊：《反垄断视角下促进大型平台开放数据的三重路径》，载《地方立法研究》2023年第1期。

学合理和诚实信用的原则”，[①]并且“鼓励算法推荐服务提供者……优化检索、排序、选择、推送、展示等规则的透明度和可解释性，避免对用户产生不良影响，预防和减少争议纠纷”。[②]上述规定对于算法歧视和算法合谋带来的反竞争行为的规制尚不完全适用。比如，对于算法歧视下垄断行为的认定，用户个人通常很难察觉侵权行为，也对于算法本身的知识缺乏认知，很难要求或及时要求商家提供算法解释。再比如，对于算法合谋尤其是自动化决策下的合谋，具有利害关系的竞争者并不适用《个人信息保护法》，消费者同样具有难以发现或很难证明个人权益受到重大影响的困境。因此，上述规定中的算法透明度原则和可解释规则都难以针对性地适用于垄断行为的认定与执法。尤其是考虑到算法对于平台的商业秘密、知识产权属性以及算法开发本身对于一些平台的发展具有创新与竞争意义，一旦公开，就会导致知识产权侵权或抄袭，给相关主体带来巨大损失的同时也并不一定能够实现防范算法滥用问题。[③]因此，算法公开应当充分考虑其必要性、可行性以及相关权益的保护问题。算法公开与算法解释通常应该是以存在损害或损害威胁为前提的事后执法。但是，对于超级平台而言，往往引领着行业内的算法规制，应当承担自我评估和自律监管的义务。美国《算法问责法案》对法案覆盖的个人、合伙和公司实体（即达到一定规模的覆盖平台）施加了对自动化决策系统和增强的关键决策过程影响的评估义务，并对违反该义务的行为予以问责。根据该法案第3条，该法案所适用的实体应当对其已部署的自动化决策系统或在其增强的关键决策过程中准备实施或使用的自动化决策系统，以及部署之前和之后的增强关键决策过程进行评估。适用实体应该每年向联邦贸易委员会提交一份持续评估的报告。在新决策系统部署之前需要向联邦贸易委员会提交一份初步报告。每个适用实体在进行影响评估时，尽可能地与相关的内部利益相关者（如员工、道德团队和负责任的技术团队）和独立的外部利益关系人（如受影响群体的代表和倡导者、民间社会和倡导者以及技术专家）以及顾问们（包括通过参与式设计、独立审计或征求或纳入反馈）进行必要地、经常地协商。每个适用实体应当及时消除或减轻增强的关键决策过程任何可能对消费者的生活产生法律或类似重大影响的重大负面影响。对此，笔者建议，我国对于超级平台应当引入类似的事前评估义务以更好地观测和监督超级平台算法决策的正当使用，更好地预防事后所产生的反竞争和损害行为。

---

① 《互联网信息服务算法推荐管理规定》第4条。

② 《互联网信息服务算法推荐管理规定》第12条。

③ 丁晓东：《论算法的法律规制》，载《中国社会科学》2020年第12期。

## (二)平台垄断行为的反垄断法规制策略

平台经济对于反垄断法提出的挑战也对传统反垄断法的适用提出了适度调整的需要。在传统反垄断法的思维模式下,平台行为很难适用市场份额认定的市场支配地位以及无法纳入已有的具体违法行为。对此,反垄断法有必要引入新的结构分析策略或称为结构主义的回归。①以平台为主要参与者的新兴行为无论是否得以最终认定为滥用市场支配地位行为,都必须首先进行市场结构分析。市场结构分析主要用以判断行为人的市场地位或市场支配力。因此,数字经济下,以平台为导向的市场支配力分析是反垄断法规制的必要前提。换言之,一定的市场支配力是平台行为产生竞争影响进而归入反垄断法规制的前提。

1. 平台市场力量评估的个案考量

评估行为人的行为效果离不开行为人市场力量的判断。行为人的市场地位越高,其行为的反竞争效果就越明显。在反垄断案件的审查中,除了市场份额、交易额等形式指标之外,平台市场力量的评估还需要结合不同类别的平台,综合特定业务领域的实际控制能力、限制能力以及消费者的依赖程度等实质指标具体案件具体分析。另外,数字经济背景下平台市场力量的评估还需要综合考量补充性资产、规模经济以及范围经济等因素。

根据我国《平台经济反垄断指南》第 20 条,考量平台经营者对市场的控制力可以考虑"经营者是否对关键性、稀缺性资源拥有独占权利以及该独占权利持续时间,平台用户黏性、多栖性,经营者掌握和处理数据的能力,对数据接口的控制能力,向其他市场渗透或者扩展的能力,经营者的盈利能力及利润率水平,技术创新的频率和速度、商品的生命周期、是否存在或者可能出现颠覆性创新等"。可以看出,用户与数据的价值已经纳入我国《平台经济反垄断指南》的考量因素。实际执法中,我国反垄断执法机构也适时地考虑了数据的因素。比如,阿里巴巴集团控股有限公司在中国境内网络零售平台服务市场垄断案②和美团在中国境内网络餐饮外卖平台服务市场垄断案。③值得注意的是,目前我国立法和执法对数据的考量主要集中在数据作为进入壁垒方面,即掌握和处理数据的能力以及对数据接口的控制能力。除此之外,制约数据功能发挥作用的补充性资产也应当给予必要的重视。④有报告指出,数据能否真正影响市场力量受

---

① Lina M. Khan, "Amazon's Antitrust Paradox", 126 The Yale Law Journal 564(2017), p.740.

② 《国家市场监督管理总局行政处罚决定书》(国市监处罚〔2021〕28 号)。

③ 《国家市场监督管理总局行政处罚决定书》(国市监处罚〔2021〕74 号)。

④ 韩伟、李子恒:《数字经济领域市场力量评估的新兴指标》,载《竞争政策研究》2022 年第 5 期。

到五个方面的影响:数据是否排他、数据自身的学习效应、数据是否汇集多种用户、补充性资产以及可竞争的商业模式。[①](1)补充性资产。补充性资产影响着处理大数据的能力。主要考虑的因素在于识别是否有任何资产可以作为数据的补充?也就是说,是否存在数据的替代品。数据中有用信息的提取一定需要其他资产或算法的分析予以配合。如果没有平台和算法的分析,数据本身并没有价值。因此,如果没有替代数据,控制算法或平台的公司就应当认定为具有市场力量。举例来说,一个可以获得谷歌搜索所有数据的数据代理能否与谷歌竞争,还需要谷歌算法或其他可以替代的算法才能提供与之竞争的服务。算法能力与大数据的处理能力呈正比。因此,算法本身也是市场力量的重要考量因素。另外,人力资本(例如,熟练的数据科学家)也可能是竞争优势的一个来源。竞争对手可以通过培训或招聘相关工作人员而获得类似的资源。[②]美团案中,我国反垄断执法机构已经将算法纳入了经营者控制力的考量范畴。根据行政处罚决定书,反垄断执法机构认定美团"具有控制平台内经营者获得流量的能力"。美团"通过制定平台规则、设定算法、人工干预等方式,可以决定平台内经营者及其餐饮外卖商品的搜索排名及平台展示位置,从而控制平台内经营者可获得的流量,对其经营具有决定性影响"。[③](2)规模经济。数据作为基础设施的优势地位和规模经济效应可能随着市场上出现可以购买的产品或工具而降低其市场支配力。比如,平台形成大数据的处理能力或基础设施需要巨大的成本投入,而潜在的进入者可能因此存在进入或投资障碍。此时,如果可以将数据的收集、存储与分析从市场上购买得到,则大大降低了其进入壁垒。数据占有平台也因此失去了其规模经济效应和数据垄断力量。[④]在执法实践中,欧盟委员会在谷歌安卓案中考虑了规模经济效应。欧盟委员会指出,谷歌在数据方面的规模优势加之其反竞争行为对这种优势地位的加固为一般搜索和专业搜索市场的进入增加了壁垒。谷歌除了在搜索和在线广告领域具有优势地位之外,谷歌收集的数据还使其在优化移动和电脑的服务(比如 YouTube 和地图)以及预测技术(比如谷歌 Now)等领域具有优势。例如,谷歌能够更清楚地掌握用户在其平台上安装或删除了哪些应用程序。[⑤](3)范围经济。平台的优势不仅受益于掌控大量数据的规模经济,还受益于能够对各种数据进行组合的范围经济。比如,脸书可以根据用户多个设备,包括电脑、手机上的个人资料进行整合。谷歌

① Harry van Til, Nicolai van Gorp, Katelyn Price, Big Data and Competition, 13 June 2017, p.26.

②④ Harry van Til, Nicolai van Gorp, Katelyn Price, Big Data and Competition, 13 June 2017, p.30.

③ 《国家市场监督管理总局行政处罚决定书》(国市监处罚〔2021〕74 号)。

⑤ See European Commission Case AT.40099 Google Android, para.458.

也可以将其获得的用户的地理位置数据与其谷歌地图进行匹配，向用户推荐和展示商店和餐馆等。数据的聚合可以提高平台的服务，这种改进对每个用户参与平台活动带来了更多的价值。①数字经济条件下，用户的注意力和数据在某种程度上具有高度的等值性和统一性。②在原有市场上占据优势地位的平台，特别是处于数字生态系统中的平台通过数据共享可以将在不相关市场以及多个市场中产生优势传导。德国《反限制竞争法》第十修正案就引入了“具有显著跨市场竞争影响的经营者”。换言之，虽然平台不可能在所有受影响的市场中占有重要的市场份额，但是凭借它们在核心市场中的市场力量及特定的市场结构，可能会对其他市场产生重大影响。在谷歌 Adsense 案中，欧盟委员会指出谷歌在线搜索广告服务的成功取决于其一般搜索服务所覆盖的范围和表现。一般搜索服务的用户数量越多，在线搜索广告与感兴趣的用户匹配并最终转换为点击率的可能性就越大。③在苹果公司滥用市场支配地位一案中，印度竞争委员会认为 iOS 应用程序构成智能手机的数字生态系统。这一生态系统的多面性和复杂性使得传统单一相关市场的分析并不适用。④

2. 数据垄断行为的个案认定

平台数据封锁行为能够适用数据“必需设施”理论可以考虑合理原则予以个案分析。首先，认定数据“必需设施”需要坚持合理原则。合理原则分析的最终目的就是认定一个行为是否构成反垄断法上的违法行为。也就是说，合理原则需要分析行为本身是否构成竞争损害；如果构成损害，是利大于弊还是弊大于利。在 Paladin Associates, Inc. V Montana Power Co 案中，法官就曾论述，如果该设施的存在对于有效竞争的影响并未达到“一旦拒绝开放就会消灭竞争”的地步，仅仅是阻碍竞争的话，那么该设施也不应当被认定为必需设施。⑤另外，从维护有效竞争的视角，如果数据开放后会导致行业可持续发展乏力或不利于行业创新，也不应认定为数据封锁并要求企业开放数据。或者如果数据的强制分享和开放会损害大型平台的投资意愿，并削弱相关数据市场的竞争，也不应认定为数据封锁而要求强制开放。其次，数据是否具备技术上的不可替代性需要个案分析。即数据本身构成技术壁垒，具有市场唯一性。如在欧盟的

---

① See OECD(2020), Summary of Discussion of the Hearing on Competition Economics of Digital Ecosystems, p.3, at https://one.oecd.org/document/DAF/COMP/M(2020)2/ANN5/FINAL/en/pdf.

② 袁嘉、兰倩：《数字经济时代传导效应理论与妨碍性滥用垄断规制》，载《东北师大学报（哲学社会科学版）》2023 年第 2 期。

③ See European Commission Case AT.40411 Google Search(AdSense), para.251.

④ See Competition Commission of India, Case No.24 of 2021, para.21.

⑤ Paladin Associates, Inc. V Montana Power Co., 328 F.3d1145, 1163.

IMS 医药案件中，法院认定获取相同或类似的设施在技术上是不可能的，原因在于原有的设施是由多个医药实验室与客户高度参与和合作建立的，而其他的市场主体科研技术差异很大并且想要重新激发客户的参与和合作意愿也很难。[①]最后，必需数据开放的可行性也需要个案分析。这种可行性也包括技术上的可行性、经济上的可行性以及法律上的可行性。就技术可行性而言，主要指数据开放后在平台之间是否具有兼容性。经济上的可行性指开放数据所带来的经济损失不宜过大。一方面，开放数据带来的经济损失应当小于其所带来的竞争福利或消费者福利收益。另一方面，就开放企业本身来说，数据开放的经济性不应当使其处于经济上的困境或难以维系。法律上的可行性指是否存在权利冲突或利益冲突。比如，如果数据本身构成知识产权、商业秘密或隐私，或涉及国家安全或公共安全，则不宜认定为数据封锁进而要求开放数据。

3. 新兴行为竞争损害的个案分析

平台经济下，许多新兴行为面临反垄断法违法认定的困境。在已经列举的垄断行为的具体表现形式中，类似自我优待、封禁行为、算法歧视等都很难对号入座。这是因为现行反垄断法的基本框架是基于传统实体经济的竞争行为而制定，与当今数字经济的特征很难完美匹配，也很难预测新兴平台行为进而穷尽列举违法的垄断行为。另外，数字经济下，经营者利用算法和数据等创新方式所带来的影响尚不明确。反垄断执法应当尽量识别数据和算法带来的利益与成本再来作出最终决定。[②]平台行为是否需要反垄断法来调整就越来越表现出具体问题具体分析。这种具体分析的思路更多集中在证成行为本身是否构成竞争损害以及是否存在正当理由上。

在竞争损害的考量上，主要从三个角度考察平台新兴行为的竞争损害以及正当理由：一是对消费者的损害；二是对竞争秩序的损害；三是对于创新的损害。关于消费者损害的认定上，反垄断法不仅关注经济效率更需要保障公平。这一点就决定了对于行为竞争损害认定的价值取舍。以个性化定价为例，在算法和大数据作用下，由于消费者偏好和认知的不对称，个性化定价可以最大化地促成每一笔交易。如果选取统一定价，那么当定价低于消费者的心理价位时，消费者会选择购买；当定价高于心理价位时，消费者则会选择拒绝，导致交易不成功。从交易成功所产生的经济效率来看，个性化定价提升了社会经济效

① 王磊：《必要设施视角下的搜索结果操纵行为管制——来自美国航空公司计算机订票系统案的启示》，载《东北财经大学学报》2013 年第 1 期。

② Paul A. Johnson, Should We Be Concerned That Data and Algorithms will Soften Competition? CPI Antitrust Chronicle, May 2017, p.5.

率，但是因消费者付出了更高的价格，因此消费者福利降低。对此，反垄断法应当认定因不公平而导致的消费者损失属于竞争损害。这里的竞争损害不单单指消费者因价格不同的经济损失，更多是选择权不同而导致的经济损失。后者也是竞争机制或竞争秩序损害的表现。关于创新与竞争损害的关系，一方面，对于创新的损害也是竞争损害的一种。优胜劣汰的竞争规则激励着企业不断创新才能立于不败之地。此时，创新意味着竞争，跟反垄断法的目标相一致。但是，如果企业的某项科技或所谓的“创新”使得竞争机制很难运行，遏制了可能的竞争或有效的竞争，则会认为有损于行业竞争和可持续地创新而具有竞争损害。例如，在IBM与AT&T的诉讼案中，法院认为“新产品的发明使互联通信变得更加困难和昂贵”。①当产品的不兼容性成为企业为了实施排除竞争而精心设计的圈套时，该行为因具有排他性而导致竞争损害。对于这点，法官并不是推测行为的意图，而是看其实施的行为。法官在考量创新行为时，不是仅仅考察创新行为本身，而是将相关行为一并考虑。例如，在Actavis案中，经营者推出新药的同时将旧药予以下架。法官依据证据得出被告此举只是为了掩盖其强迫消费者转用新产品的借口。②同理，对于算法和数据这类新兴科技的使用，同样需要个案考察其相关行为实施后是否造成竞争遏制或竞争损害。另一方面，创新也可以作为竞争损害的抗辩理由。正当理由是基于尽管存在竞争损害或限制消费者的选择权，但在反垄断违法认定之前，仍需要权衡其正当性，以确保裁判的公正性以及对创新保护的谨慎性。创新会对竞争对手产生伤害，但是良性的竞争可以提供给消费者以多样化的选择或更优质的产品，进而促进不断创新并提高市场效率。对于一项技术或创新是否会产生更好的产品更迭效应，执法者应当交由市场去判断。在联合整形外科一案中，法官认为，“一个现在看起来细枝末节的技术改进，未来可能有更大的进步”。“法庭没有一个可以用来判断究竟何为适度的创新的标准。”“似乎没有任何余地……来权衡产品的正面效应与其带来的反竞争效应……如果一个垄断企业的产品设计的确实现了优化，只要它没有在推介产品时以其他方式利用、滥用其垄断地位，那么通常情况下它不会违反反垄断法。”③

① Cal. Computer Prods. v. IBM Corp., 613 F.2d 727(9th Cir.1979); Ne. Tel. Co. v. AT&T, 651 F.2d 76(2d Cir.1981).

②③ Howard Morse David Burns:《重返聚光灯下——科技创新违反反垄断法的问题研究》，戴健民、邓志松译，载《竞争法律与政策评论》2019年第1期。

# 私人数字货币的本质、风险与治理

程雪军　李培园　温小乐①

**内容摘要**：近年来，随着大数据与区块链技术的日新月异，数字货币登上历史舞台并蓬勃发展，引发了学界的强烈关注和讨论。私人数字货币的兴起，具有超越传统货币的优势，即私人数字货币以区块链技术为架构核心、以分布式账本为交易前提、可以实现可控匿名性、有利于推进货币的国家化。虽然私人数字货币的发展，极大刺激了金融创新，为数字经济的发展注入强劲的动力。然而，私人数字货币在发展中面临着金融、技术以及法律层面的风险难题，对法律治理提出了重大的挑战。对此，本文以私人数字货币发展中的风险难题为导向，从而提出规制私人数字货币发展的治理路径。

**关键词**：数字货币　私人数字货币　金融风险　法律风险　金融治理

在区块链技术的驱动下，数字货币日益成为一种重要的金融创新产物。基于数字货币内在的技术特性，它有效提高了支付效率，降低了货币流通成本，刺激了金融创新。可以说，在某种程度上数字货币成为支付体系的补充。然而，数字货币的形式多样，根据信用基础与承载主体不同，可将其分为私人、机构与法定数字货币。在区块链技术的驱动下，私人数字货币以区块链技术 1.0 时代的比特币与 2.0 时代的以太坊获得快速发展。然而，私人数字货币在底层技术、金融以及法律层面上仍然存在一定问题。因为其具有较强的匿名属性，从实践经验来看，私人数字货币正在越来越多地被用于洗钱、恐怖融资等经济犯罪活动中，成为帮助犯罪分子逃脱追捕的帮手。同样，尽管在现有的国家司法体系中，已经有相关法律政策针对私人数字货币犯罪问题作出了一定规范，但由于私人数字货币仍处于高速发展阶段，有关私人数字货币相关地位的确定仍处于争论之中，对于私人数字货币相关的犯罪行为缺少判决先例与经验，致使实际执法过程中，

---

① 程雪军，法学博士、经济学博士，同济大学法学院助理教授、硕士生导师；李培园，上海大学法学院硕士研究生；温小乐，上海大学社会学院本科生。

本文系国家社会科学基金一般项目“我国互联网金融市场准入与监管法制重大理论与实践问题研究”(16BFX098)、中国社会科学院国情调研重大项目“关于互联网金融风险治理调研”(GQZD2020006)研究成果。

仍面临定性、定罪方面的难题。基于此背景,有必要开展对私人数字货币本质、风险与治理路径方面的综合性研究,以期解决私人数字货币相关的治理难题。

## 一、从历史演进解构私人数字货币的本质

### (一) 货币历史的发展演进:从大麦到数字货币

1. *从大麦到法定货币的历史演进*

货币的发展贯穿于人类社会之中。在货币出现以前,人们采取了简单的物物交换的手段交易商品。然而一般的物物交换存在明显的问题,即物品的存储不具有长期性,人们在交易时常常难以找到合适的时间交换最佳使用价值的物品。随着商品经济的发展,人们对于交易的需求逐步提高,自然地需要一个被广泛接受的、有长期实效性的一般等价物作为交易媒介。目前已知的最早的称量货币,为苏美尔人使用的大麦。由于人们对于粮食有生存方面的刚性需求,保证了大麦作为原始货币的信用;同时,大麦作为谷物的一种,其物理特性能够较好地以体积、个数等计量方式进行精确地计算。因此,大麦能够较好地承担一般等价物的流通手段的职能,同时具有一定程度的长效性,具有原始货币的属性。历史证明,苏美尔人"麦元"的产生,与其商业社会日渐发达、商品经济逐渐活络有直接关系。同样地,中国古代也经历了长期的商品货币时期,曾经以丝绢、珠玉充当过货币。[①]然而,大麦作为可流通的货币,其本身也存在部分缺陷。其一,由于此时的货币仍处于原始阶段,其交换价值与信用仍与其使用价值部分关联,而商品货币的单位价值较低,使得人们在进行大宗货物交易时成本居高不下,不具有便携性,无法满足交易需求。其二,大麦作为谷物,尽管相较一般食物储存期限较长,但仍然存在随时间陈化进而贬值的问题,无法承担贮藏手段的职能。因此,大麦货币被贝壳等货币取代。世界上的许多地方都曾使用过贝壳作为货币,比如我国三星堆文明便出现了大量海贝充当货币。[②]不过,贝壳同样具有来源不稳定、易损耗等问题,因此随着商品经济的进一步发展,贝币被金属货币取代。[③]

最初的金属货币主要为贵金属货币,由于其高度可分割、不易损耗、易于辨

---

① 高春平:《论中国古代信用票据飞钱、交子、会票、票号的发展演变》,载《经济问题》2007 年第 1 期。

② 程雪军:《央行数字货币对商业银行的影响与回应》,当代经济管理,http://kns.cnki.net/kcms/detail/13.1356.F.20220111.2033.002.html。

③ Glyn Davies. A History of Money-From Ancient Times to the Present Day[M]. Third edition, with revisions. Cardiff: University of Wales Press, 2002:34—65.

认的特性，迅速成为新的流通货币。此时的货币仍然停留于称量货币阶段，即交换时以货币重量为计量标准，实现价值尺度与流通手段的职能。然而称量货币存在重量这一物理属性，在交换时造成较大不便，随着铸币技术的发展，民间自发地开始铸币工程，金属铸币开始走入流通领域，货币由此走入数量货币的阶段。以中国货币史为例，西周时期，我国已经出现贵金属作为一般等价物的称量货币。直至春秋战国时期，铸币技术的成熟进一步催生了大量金属铸币。由于政治分裂与社会动荡，此时的金属铸币多为民间铸造，为典型私人货币，货币背后的信用为私人信用。由于该阶段国家动荡，主权信用往往低于私人信用，主权信用无法维持货币价值，市场自发地选择了私人货币作为流通领域的主要货币。①

随着秦始皇统一度量衡，货币实现了变革，原本形式各异的货币统一为半两钱。此时货币信用由民间私人信用转入主权信用。其根本原因是秦朝短暂地维持了主权的稳定，使得主权信用高于私人信用，主权货币更多地被市场青睐。然而随着秦朝的土崩瓦解，主权货币信用丧失，市场旋即转而选择了民间货币。相似的例子贯穿中国货币发展的历史。每当中央财政不足以维持铸币权之时，民间铸币就会大量产生，汉文帝时期由于财政匮乏，下令取消禁止民间铸币的法令，允许私人铸币，这使得西汉初期基本维持国家铸币与私人铸币同时存在的局面。宋元时期同样存在官方与民间货币并行的局面，②官方和民间分别通过发楮印钞、使用白银、短陌支付等方式应对铜钱危机。与南宋并立的金，货币流通更是纷繁复杂。经历了以钱为主、钱钞并行的时代，金的货币经济稳定发展。后来转变为以钞为主，开始铸造银币，钱、钞、银并用，货币运行体系日益复杂多变。宣宗之后，币制屡更，钞名数变，致钱钞不行，③民间多用白银，最终法币退出货币流通领域。④明朝时期，市场快速发展，货币需求巨大。在主权货币贬值的情况下，民间私钱盛行的情况同样存在，并有效地支持了市场的发展。⑤

随着市场经济的进一步发展，市场对货币提出了进一步的需求，纸币在这样的背景下应运而生。回观历史，最初的纸币并非由国家印发，而是由银行业发行。如东方最早的纸币（交子）出现于北宋前期；西方最早的纸币为由英格兰银行手写发行的银单。由于纸币有着轻便、快捷等物理属性，一经发行，迅速取

① 骆玉鼎：《交易货币化与货币的信用本质》，载《财经研究》1998 年第 9 期。

② 张燕：《试论宋代货币与钱币文化》，中央民族大学 2006 年硕士论文。

③ 裴铁军：《金代货币经济研究》，吉林大学 2016 年博士论文。

④ 王文成：《从“钱楮并用”到“银钞相权”——宋金元时期传统中国的市场结构与货币流通》，载《思想战线》2014 年第 6 期。

⑤ 万志英、王文成：《11—18 世纪中国的货币与货币政策》，载《思想战线》2012 年第 6 期。

代金属货币成为新的流通货币。然而纸币作为货币,相较金属货币,本身已不具有价值。其步入货币的高度特化的阶段,价值只用以衡量商品的价值,起着价值尺度的职能。同时,现代国家的出现、统一中央政府的形成,使政府为了促进经济社会的统一发展,稳定货币信用,将铸币权作为货币主权而由国家行使。[①]然而,由于纸币具有可轻易印发的特性,为防止政府大量印发货币,从民间掠去财富,同时为稳定纸币价值,维护货币秩序,防止币值震荡导致经济秩序紊乱,纸币背后以相对应量的贵金属作支撑,实行本位制,以避免大量超发纸币导致的恶性通货膨胀。由于主权信用一般而言高于私人信用,且纸币以贵金属作支撑,纸币作为主权货币的货币格局就此稳定。

通过以上论述,可以发现,市场对货币有着天然的需求,由于市场会自发地选择信用更好、交易能力更强、市场化程度更高的货币,民间私人货币与主权货币天然存在竞争关系。私人货币与主权货币之间,本质上是一种私有权力与国家权力之间的博弈。从历史视角看去,私人数字货币似乎可以为其他货币形式提供一种不同形式的有益补充。

2. 从法定货币到数字货币的惊险跳跃

数字货币是替代纸币的电子化货币。由于数字货币仍然是新兴产品,对其概念的内涵和外延,各国目前尚未形成统一的定义。狭义的数字货币,专指不需要物理形式载体的、数字化形式的货币;广义的数字货币则涵盖了一切电子形式的货币,是电子货币的同义概念。[②]

根据发行主体的差别,数字货币可被分为两种:法定数字货币与非法定数字货币。

其一,法定数字货币,或称央行数字货币,以中国人民银行发布的数字人民币为代表,其本质仍然是法币。数字人民币仍然由中国人民银行发行,具有法定数字货币地位,由中国人民银行做信用担保,仍然为主权信用货币,具有无限法偿性。[③]由于中国人民银行仍然采取了中心化管理模式,数字人民币与传统纸币相同,代表了中央银行对公众的负债,双方关系保持了传统货币形态中的债务债权关系。同样,由于中国人民银行仍然居于中心地位,数字人民币仍然遵循传统纸币模式下的货币政策的调控原则。[④]

---

① 崔洪健:《试论中世纪英国货币铸造管制——以铸币权为中心的考察》,载《历史教学(下半月刊)》2016 年第 6 期。

② 姚前、陈华:《数字货币经济分析》,金融出版社 2018 年版。

③ 穆杰:《央行推行法定数字货币 DCEP 的机遇、挑战及展望》,载《经济学家》2020 年第 3 期。

④ 徐忠、汤莹玮、林雪:《央行数字货币理论探讨》,载《中国金融》2016 年第 3 期。

其二,非法定数字货币。又称私人数字货币,可根据以数字货币是否具有稳定价值被划分为稳定数字货币与普通加密数字货币。其中,常见普通加密数字货币有比特币、以太坊、EOS 币等,其本质不再是法币,货币本身也并不锚定法币,其发行摆脱了中央信任机构,由民间发行并自由流通,故称其为私人数字货币。以比特币为代表,私人数字货币使用基于哈希算法等密码学理论保证其不可伪造性,通过 P2P 网络进行全球范围内的发行与流通,并基于区块链技术保障了交易时清结算的完整度与信任问题。由于无中央信任机构,使用以比特币为代表的普通加密数字货币进行交易时,不再需要传统银行业务中本质为债权转移的清结算,而是实现资产端到端的转移。同时,由于不再具有中央信任机构,且货币总量基于算法保证总量一定,货币政策难以对私人数字货币进行有效的宏观调节。①另外,由于货币政策难以有效抵达流通市场,私人数字货币面临着币值频繁震荡的风险。而稳定数字货币通过"锚定"某一链下资产,实现币值与该资产的价值相同,成功获得了币值的稳定属性。实践中,稳定数字货币可进一步被分为两类,其一为锚定链下资产的抵押稳定数字货币,其二为通过高度精密的算法进行即时供求关系调节的算法稳定数字货币。在稳定数字货币概念内部,以货币是否存在中心化的发行机构可被再度细分为中心化稳定数字货币与去中心化稳定数字货币。当发行机构为中心化,且币值与特定资产锚定时,该数字货币被称为中心化的稳定数字货币。法定数字货币由于具有稳定数字货币值与中心化的中央发行机构(即央行),与中心化稳定数字货币有一定的相似性。

由于近年来舆论关注度最高的数字货币聚焦于非法定数字货币范畴,对其进行风险考察及其治理研究,亟需深入探索与考虑。同时,由于私人数字货币的匿名性与犯罪活动高度紧密相关,其对金融风险防控、法律治理等领域提出了重大挑战。本文遂尝试分析私人数字货币的本质、风险与治理路径。

## (二)私人数字货币的本质与职能缺陷

### 1. 私人数字货币的概念厘定

目前并未对数字货币形成共识。谢平、石午光(2015)从基本原理、货币特征与争议、发展演变、支付创新与合法监管等角度深入剖析加密数字货币。②吴桐等(2020)认为货币会演化成一种社会共识下的数字货币。③与第三方支付应用平台采用中心化数据库账本技术不同,数字货币是去中心化区块链技术驱动

① 贾丽平:《比特币的理论、实践与影响》,载《国际金融研究》2013 年第 12 期。

② 谢平、石午光:《数字加密货币研究:一个文献综述》,载《金融研究》2015 年第 1 期。

③ 吴桐、李家骐、陈梦愉:《法定数字货币的理论基础与运行机制》,载《贵州社会科学》2020 年第 3 期。

下的产物，为激励区块链技术系统上的记账者，该系统会给记账者一定的数字货币奖励。[①]不过，由于某些数字货币（如比特币、莱特币）的供给总数有限，而市场对数字货币的需求巨大，这便形成了数字货币具有价值的共识基础。正因如此，国际货币基金组织（IMF）将数字货币界定为“价值的数字表达”。[②]

根据信用基础与法定属性的差异性（见下图1），数字货币可分为约定数字货币和法定数字货币两类。其中，法定数字货币包括央行数字货币（CBDC）与央行数字账户（CBDA），它是法定货币的数字化形式，亦是基于国家信用由中央银行发行的数字货币。从技术应用角度而言，法定数字货币既可以基于传统中央银行集中式账户体系，也可以基于区块链技术发行。其中，中国版法定数字货币被界定为数字人民币（e-CNY），它是由人民银行基于中央银行集中式账户体系发行的数字化形式的人民币。约定数字货币又可分为私人数字货币与机构数字货币，私人数字货币是基于私人信用、采用区块链技术而形成的数字货币，它包括比特币（BTC）、以太币（ETH）与EOS币等，机构数字货币基于机构信用（如商业银行、互联网集团等）、采用区块链技术而形成的稳定数字货币，它主要包括泰达币（USDT）与天秤币（Libra）等。

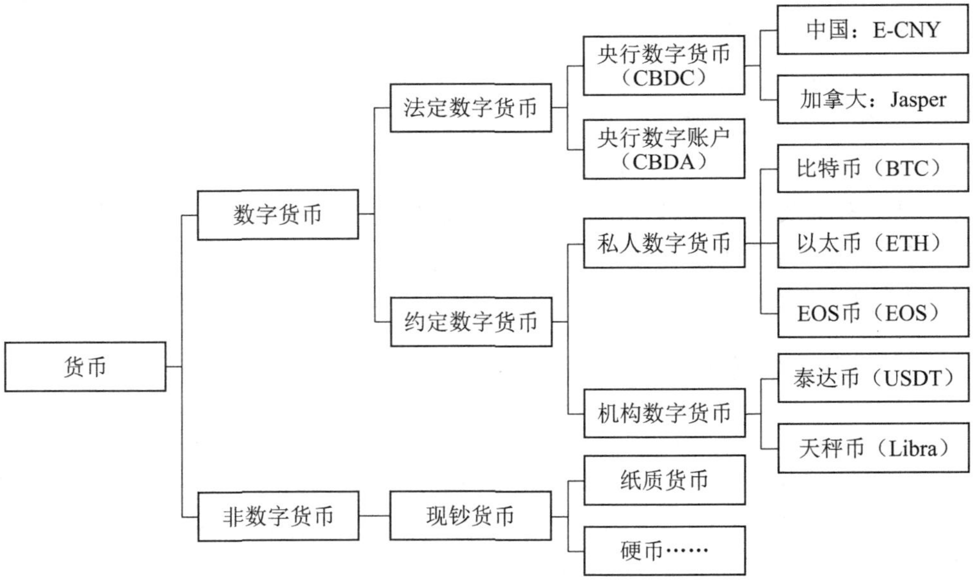


**图1　法定数字货币的外延边界**

资料来源：同济大学经济法治研究中心绘制。

① 赵越强：《公共和私有部门数字货币的发展趋势、或有风险与监管考量》，载《经济学家》2020年第8期。

② 齐爱民、张哲：《论数字货币的概念与法律性质》，载《法律科学（西北政法大学学报）》2021年第2期。

2. 私人数字货币不完全具备货币的全部职能

(1) 只能一定程度上实现价值尺度职能。私人数字货币的本质为基于密码学加密的数据信息,它本身并不具有内在价值,只能作为信用货币存在,进而无法起到价值尺度的职能。以比特币一类的私人数字加密货币为例,它既无固定价值也无锚定资产,本身并无内在价值;同时,尽管其去中心化的特性为人青睐,然而其在摆脱中央信任机构的同时,同样摆脱了稳固的信用与价值支撑,从而在一定程度上排除了其作为信用货币的基本属性。而对于稳定数字货币而言,尽管其抵押稳定数字货币采取抵押债仓的方式,锚定了链下资产,但是其货币本身只不过是作为一种交换中的价值媒介,对价值尺度的标定仍然来源于链下抵押资产而非稳定数字货币。而对于依赖算法调控供需的算法稳定数字货币,其通过弹性供应机制所锚定当前的消费价格指数,更是通过其他商品的价格弹性改变价值,也就更无法承担价值尺度的职能。由于私人数字货币没有资产价值做本位支撑,现行阶段私人数字货币的价值稳定仍然高度依赖传统货币与市场期望,其价值尺度职能的实现实际上需要传统货币作为过渡,无法独立地承担起价值尺度的功能。

(2) 无法完全实现流通手段与支付手段职能。私人数字货币摆脱了中央信任机构,跃出了国家限制,在世界范围内流通。因为私人数字货币的新兴性与复杂性,其往往不具备也难以获得法定地位,处于灰色地带,导致私人数字货币不具备法偿性,其流通范围高度受限。同时,由于私人数字货币难以解决信用问题,其认可度不高,多数市场参与者仍然处于观望态势,使得私人数字货币难以在合法市场领域顺畅流通。而且,由于私人数字货币存在使用门槛,较为依赖对私钥的记忆和管理,具有不可找回性,潜在覆盖人群相对狭窄。只有在对匿名性高度依赖的灰色领域,由于其摆脱监管的特性,存在对私人数字货币的需求。

(3) 无法完全实现贮藏手段与世界货币职能。对于传统贵金属货币所具有的贮藏手段的职能,私人数字货币并不具备。首先,由于信用来源不稳固,私人数字货币价值受信度不高,存在兑换风险,实践层面,贮藏效果并不理想,并且私人数字货币存在信息层面缺陷。基于区块链的算法现阶段保证了私人数字货币的发行量固定,然而一经其货币信用崩塌,保证其网络安全的算力壁垒将不复存在,货币价值将连锁式崩溃。同时,由于其交易过程高度依赖网络等信息手段,尽管比特币网络安全可靠,但交易平台却脆弱易受攻击,影响私人数字货币作为贮藏资产兑换时的安全性。而且由于私人数字货币并不具备法定地位,无法对交易平台的资质进行有效监管,冒牌、伪劣的交易平台大行其道,持币者难以分辨交易平台资质，劣质平台导致兑换的风险性直线上升，持币者无法安全地兑换贮藏数字货币的价值。最后，对于那些去中心化的私人数字货币，由于缺乏中央调控机构，价格往往易频繁发生震荡、易发生炒作行为，币值难以保持稳定；中心化的稳定数字货币，则仍然面临中心机构的信度问题。而对于那些锚定法币的稳定数字货币，储存数字货币的本质等同于储存其锚定的链下资产。贮藏链下资产具有高度的可偿行，市场会自发地抛弃抵押稳定数字货币而选择贮藏被锚定的资产。综上所述，私人数字货币不具备贮藏手段职能的客观条件。

当前行使世界货币职能的货币主要为黄金与特定信用货币（如美元、欧元等）。其中，黄金由于本身具有价值，在各国作为货币储备，具有无限法偿性，被广泛且高度接受。且国际交易的结算部分使用黄金，使得黄金可以在国家间自由输出与输入。而基于国际贸易发展需要与少数国家实力雄厚之现实，特定信用货币作为世界货币，有国家主权作信用保障与货币背后贵金属支撑，同样具有较好的认可度。而私人数字货币由于无资产支撑、无主权信用担保，①难以受到主权国家的认可。同时，因其不具备法偿性地位，市场为规避风险，难以接受以私人数字货币为媒介的交易，流通手段与支付手段难以实现，使其流通范围严重受限，难以取代黄金与特定信用货币，实现世界货币职能。

## 二、私人数字货币的发展动因：具有超越传统货币的优势

### （一）私人数字货币以区块链技术为架构核心

1. 采用全程数字化，具有交易成本低、速度快、效率高等优点

私人数字货币本质作为信息数据，其交易的过程基于无需信任中介参与的P2P交易，不依赖网络以外的任何实体，因而可以在物理层面削减交易成本。因为私人数字货币无中央信用机构，省去了传统银行的介入管理，可以极大地降低中介费用，只需付少量的货币给挖出区块链的“矿工”。同时，由于私人数字货币的交易基于P2P网络，不需经过传统银行中介的响应与审核，只需将信息传递给全球的账本终端，即可完成交易，相较于传统银行的长周期审核，私人数字货币可以在数分钟内完成交易，降低了交易的时间成本。

① 林广维：《数字货币探究》，载《合作经济与科技》2021年第23期。

2. 对现代科技的高度依赖性,推动区块链及相关数字技术进步

由于私人数字货币高度依赖哈希算法加密与区块链技术实现防伪与去中心化,其交易过程依靠网络平台实现,基于数字货币的研究势必大量涉及区块链技术与哈希加密算法。当下数字货币公司大量出现,在推动数字金融不断创新的同时,间接发展了密码学与互联网技术,不断改进哈希算法,提高碰撞阻力。同时,对区块链技术的不断创新,推动了区块链技术与新业态的融合,催生出加密货币外的新兴产品。如基于 NFT(非同质化代币)的出现,其不可分、唯一性的特点,解决了比特币等私人数字货币可分性的问题,与艺术品行业高度结合,生成互联网模式下的新型资产模式,创造出具有高保值性的数字资产概念。

## (二) 私人数字货币以分布式账本为交易前提

1. 交易中介扁平化:有利于加强直接监管

基于区块链技术的私人数字货币大多采取分布式账本的去中心化发行模式,其相关交易信息储存于不同的区块上。由于私人数字货币采取分布式账本,交易时无需经过中央机构,交易过程在公链记录,数据信息可达性佳,真实性有高度保障,在底层技术上有效避免了通过修改数据进行的经济犯罪。自下而上、扁平化的交易中介通过提高信息数据的利用效率与质量,为市场监管提供数字支撑,有效实现及时准确的数据收集,降低政策制定与执行的滞后性缺陷。自上而下,相较于立体复杂的交易中介架构,中心化的货币政策调控通过扁平的作用路径,可以直接高效地作用于数字货币领域,增强政策起作用的实效性。同时,交易架构简洁,利于调控政策直达痛点,提高金融领域治理能效。

2. 能够对交易进行实时流态监管,减少监管的套利空间

监管套利是市场主体为了降低成本,基于监管差异转移交易市场,从而规避监管、超额获利的理性行为。监管套利的成因可大致分为国际间监管理念和体制差异,与国内各业态监管主体多元分散。[①]由于分布式账本要求私人数字货币交易时需要同时向其他账本发送数据信息,对交易的监管可以做到实时同步。信息数据的实时传递将建立动态数据流,监管方可以实行流态监管,提高处理交易信息能力,实现监管范围的高度覆盖,使国际范围内的协调合作成为可能,建立适用更广的统一市场监管规则体系,减少国际市场监管差异所致的

① 时辰宙:《监管套利:现代金融监管体系的挑战》,载《新金融》2009 年第 7 期。

套利空间。同时，数字货币交易中介扁平化的特点与基于信息流的高效流态监管使得统一监管主体成为可能，监管主体可抛弃原有的“分业多头”的监管体系，建立统一的监管中心对接扁平化交易中介，将交易形式高度统一，有效避免监管制度对待实质相同但形式不一的交易时行使不同的对待方式，消除监管重叠与监管真空的出现，从源头避免监管体制所致的市场主体套利空间。

### （三）私人数字货币可以实现可控匿名性

私人数字货币可被二分地划分为中心的数字货币与去中心的数字货币。两者都具有高度的匿名性。

中心化的数字货币系统可被分为Chaum、Juels、Foteini三种，其中Chaum与Foteini系统基于对硬币进行盲化签名而具有完全匿名性，具有高度的隐私保护优势，即无论如何也无法在用户与钱币之间建立联系，在保护用户隐私的同时存在监管困难的问题。而Juels系统引入了“信任标识”，通过引入信任第三方，弱化了系统匿名性，可以通过第三方追溯用户身份与硬币所属者，实现了可控匿名性。①

对于去中心化的数字货币系统，往往引入P2P网络架构，具有高度的开放性的特点，任何人都可以随时加入数字货币网络中。同时，数字货币基于公钥与私钥签名和验证实现交易，并可以不实名地创建任意数量的地址，因而可以满足假名性的需要。使用去中心化的私人数字货币系统进行交易时，公开信息只有交易面额、输出与输入地址，因而私人隐私信息可以被较好的保护。然而，由于基于P2P网络架构达成交易，所有交易都被公开，通过分析找零地址与服务商，并结合不具有假名性的互联网信息，可以分析并寻找到地址间的联系，进而还原用户真实信息。②这一过程虽然相当复杂且颇具难度，但可以实现链接用户信息。因而，去中心化数字货币系统仅具有假名性而非匿名性，监管主体可以通过链接相关信息数据，实现对用户的追查，达成有效监管，实现匿名可控。③

### （四）私人数字货币有利于推进货币的国际化

1. 加速货币国际化道路，推动货币早日实现世界货币的职能

私人数字货币通常基于P2P全球网络架构，用户可以在全球任何地方使用

① 付烁、徐海霞、李佩丽、马添军：《数字货币的匿名性研究》，载《计算机学报》2019年第5期。

② 高峰、毛洪亮、吴震、沈蒙、祝烈煌、李艳东：《轻量级比特币交易溯源机制》，载《计算机学报》2018年第5期。

③ 邢尧：《比特币交易网络的去匿名化技术研究》，东南大学2017年硕士论文。

数字货币进行交易，互联网地址在物理属性上摆脱了空间的限制，客观上具有跨国使用潜力。实践经验也证明，尽管仍集中于灰色地带，现存私人数字货币在跨国交易领域发挥了巨大作用，弥补了世界货币职能的缺失。去中心化的货币系统，有利于其跳出国际政治力量的博弈，摆脱国别的限制，成为国家地理空间区域之上的国际货币。同时，由于私人数字货币并无中央发行机构，其天然具有反货币霸权的特征，符合部分国家对公平公正的国际货币体系的诉求，具有较好的需求基础。随着跨国数字货币的渐渐兴起，国际货币的理念将深入人心，一定程度为货币的国际化道路奠定了群众基础。

2. 推动国际数字货币体系的建立，提升数字货币的国际话语权

私人数字货币在疫情背景下的迅猛发展，一定程度上带动了各国的金融创新，相继发行了各式各样的数字货币。发行主体、网络架构、加密手段的不同填补了数字货币领域的空白，有利于推动数字货币走向国际化、体系化，将数字货币的理念深入人心，并以新兴优势强势抢夺传统货币在货币领域的话语权。这有利于打破布雷顿森林体系后的美元霸权体系，[①]消除国际金融体系下全球经济失衡的不稳定因素。[②]传统主权信用货币行使世界货币职能存在重大系统性风险，缺乏国家信用产生危机时的反制手段。私人数字货币的公开性、去中心化、总量固定，能够消除对“币权”的国家之争，[③]有效规避中心化的发行机构为敛财进行的超印与超发货币，保护其他国家金融主权安全，防止世界货币的主权国将本国经济失衡的风险通过货币政策不断转嫁给其他国家，避免最终导致国际金融危机与经济失衡。

私人数字货币的存在将不断影响货币体系，成为促使改革的重要推手，推动其向着更加公平公正的方向不断发展。

## 三、私人数字货币在发展中面临的风险难题

### （一）金融风险：私人数字货币引发的金融风险与监管漏洞

1. 私人数字影响法定货币发行量确定，引发通货膨胀风险

私人数字货币发行或基于去中心化的发行结构或采用弱中心化的联盟链发行结构。自天秤币 2019 年 6 月发行以来，私人数字货币全球化加快，业务变

① 李向阳：《布雷顿森林体系的演变与美元霸权》，载《世界经济与政治》2005 年第 10 期。

② 何帆、张明：《国际货币体系不稳定中的美元霸权因素》，载《财经问题研究》2005 年第 7 期。

③ 兰永海、贾林州、温铁军：《美元“币权”战略与中国之应对》，载《世界经济与政治》2012 年第 3 期。

得更加繁杂且难以监管。我国无法限制或者影响其超主权发行,也难以通过现有监管确定其在我国境内的使用情况。从国际范围内来看,无论是比特币、以太币还是天秤币,其发行不与一定国家或地区的经济活动总量挂钩,其发行不断膨胀且无法准确估计。各主权国家在增发货币时,对于私人数字货币一定时期的发行量无法考量,也不应考量(否则,增发货币的收益将由私人占有)。而私人用来购买数字货币的法定货币不会被冷却而是从私人数字货币生产者或原持有者中流入社会。买家购买的私人数字货币同时也流入社会,用来兑换与其所"认定"的交换价值相当的商品。实际上私人数字货币的"铸造"并未消耗相应的社会生产力。因此,社会中的货币的总量总体大于整个社会的生产能力,从而导致通货膨胀。

近些年来,因私人数字货币发行缺乏治理、野蛮生长的乱象,已经引起了一定程度的通货膨胀。此外,私人数字货币可能会从货币供应量、基础货币、货币流通速度、利率政策、货币政策传导机制等方面影响我国中央银行货币政策的制定和运行。[①]我国的现有监管体系不足以监测与协调应对私人数字货币带来的金融风险,原有数字货币政策或将导致调控偏差,亟待应对新形势的政策革新。

2. 冲击国家的外汇管制,具有国际收支失衡与货币汇率波动风险

从私人数字货币的兑换动因来讲,新一代私人数字货币稳定数字货币的冲击中,天秤币以锚定一篮子主权货币,相较于比特币等不稳定数字货币对货币市场更具有吸引力,在主权货币面临弱势或是币值不够稳定时,天秤币等稳定数字货币的持有率、使用率仍可能在严格管控下逆势增长。另外,国内一些不法分子或因转移赃款,或因资本外逃等种种因素,也有将资产或是赃款转移国外的需求。而私人数字货币可不经第三方完成匿名兑换,兑换隐蔽、便捷,易可大量控制。从私人数字货币的获取对象方面,其既可利用虚假身份直接从不规范的国外数字货币交易所或者线上直接购买,也可无须提供任何身份证明直接从本地挖矿者或者外来游客手中直接购买。来华旅行和工作的人群也都有能力将其持有的私人数字货币带入我国境内并与相关需求方完成交易。在完成交易后,私人数字货币可直接带逃国外兑换为外币或者直接用于消费。这给现有外汇管理制度带来巨大挑战,在私人数字货币的影响下,我国不排除出现大量资本外逃、货币汇率波动强烈的可能,对于私人数字货币投资炒作的抵御能

① 李真、刘颖格、戴祎程:《Libra稳定币对我国货币政策的影响及应对策略》,载《西安交通大学学报(社会科学版)》2020年第3期。

力也可能会被削弱。

## （二）技术风险：私人数字货币发展时间短，技术成熟度低

1. 计算机病毒、黑客攻击、系统崩溃等技术问题威胁财产安全

私人数字货币的实际使用高度依赖计算机科学与网络。由于计算机硬件基础的不完备，私人数字货币面临着硬件层面的风险。数字货币要求用户记忆私钥，而私钥的高度复杂性和不可找回性驱使用户往往高度依赖数字货币钱包软件存储私钥，难以在物理层面留存使用。数字货币的假名性导致私钥为唯一的使用数字货币钱包的手段，不具有其他身份验证工具。任何持有私钥的人都可以使用对应账户下的数字货币。因此，存储私钥的数字货币钱包就成为实际使用中的一大弱点。当用户遭遇计算机病毒或硬件问题时，有极大概率遭遇私钥难以找回的风险，致使资产损失。同时，网络黑客可以利用软件的 bug 进行攻击，窃取用户私钥，轻而易举地转移资产从而逃脱惩罚。私人数字货币的交易高度依赖网络，基于全网所有账本的对比要求使得交易无法离开网络。尽管数字货币的产生、发行过程十分安全，交易时也能够较好地防止双花产生。但其交易时需在中介所进行的特点，使得黑客可针对中介所进行网络攻击，从而影响数字货币交易的安全性。中介所系统的稳定性与网络安全程度，同样影响了数字货币的交易安全性。由于数字货币的不可找回性，中介机构为数字货币链条中风险较大的一环。

尽管数字货币的唯一性识别技术基于哈希算法下的加密技术，但哈希算法内部同样存在迭代，针对哈希算法的碰撞破译仍然存在。数字货币的唯一性识别码由哈希算法生成，可与其他账本处进行比对，保证数字货币的唯一性。哈希算法 MD5 具有“数字指纹”特性，是目前应用最广泛的一种文件完整性校验和算法。[①]然而，哈希算法在技术底层无法避免碰撞数的产生，现阶段针对 MD5 的碰撞攻击已经成为可能并正在发生。数字货币广泛使用的“安全哈希”只能保证较低的碰撞概率。尽管对哈希算法的迭代正在进行，[②]随着计算机性能的发展与量子计算机技术带来的算力呈几何爆炸增长，数字货币底层技术加密算

① Monika Parmar and Harsimran Jit Kaur. Comparative Analysis of Secured Hash Algorithms for Blockchain Technology and Internet of Things[J]. International Journal of Advanced Computer Science and Applications(IJACSA), 2021, 12(3).

② Information Technology-Data Integrity; Researchers at University of Technology Baghdad Report New Data on Data Integrity(A Novel Improvement With an Effective Expansion to Enhance the Md5 Hash Function for Verification of a Secure E-document)[J]. Journal of Mathematics, 2020:660.

法的安全性遭到了挑战。

2. 数字货币对数字技术高度依赖，研发成本、系统维护成本较高

数字货币作为计算机技术高度整合的产物，具有较高的知识壁垒。数字货币高度依赖密码学底层技术与计算机软件的发展。针对数字货币的研发，相应需要大量具有专业化知识与技能的复合型人才。同时，数字货币作为传统货币与前沿科技融合的产物，即将成为经济社会的重要组成部分，具有重大战略意义，因此针对数字货币的研发往往需要考虑多方因素，使得其各维度成本居高不下。较高知识壁垒导致相关区块链人才的稀缺，也造成了数字货币系统后期维护成本较高。

### （三）法律风险：私人数字货币发展中凸显出法律规范不足

1. 数字货币交易没有相应的税收政策，存在偷税漏税风险

尽管我国出台了一系列政策文件试图排除自身成为私人数字货币的市场，但是私人数字货币作为一种仅靠掌握信息就可以控制的资产仍然在我国盘踞着，并被用来滋养各种地下交易或跨国贸易行为，但我国对此仍然缺乏相应法律规制。

具体来说，其一，我国对于通过挖矿或者其他权益证明取得数字货币的行为并没有征税的规定。其二，我国对于利用数字货币兑换商品以及用商品来兑换私人数字货币的行为没有征税的规定。其三，我国对于企业以及个人通过经营或者其他方式使其数字货币资产增多的行为没有征税规定。另外，我国的国际防逃税监管可能出现税收监管缝隙。由于私人数字货币排除中心化机构跨国界使用，以及点对点匿名交易性等特点，降低了贸易监管和协调成本，加快了交易速度，非常适合用来进行跨境贸易。但也正是因为私人数字货币的这些特性给执法部门在监测交易记录、识别交易方面带来很大困难，私人数字货币成为国际偷逃税的工具。我国与其他国家订立有关于关税协定以及打击偷逃税的协定，但在私人数字货币在世界上许多国家合法化的背景下，我国需要重新梳理、填补因缺乏其他国家的协助而产生的税收监管缝隙。

2. 数字货币中的洗钱、恐怖融资活动层出不穷，存有洗钱风险

以比特币为代表的私人数字货币天然具有匿名、超主权范围支付兑换等特点，对于洗钱、恐怖主义融资活动有着天然的支持，私人数字货币加剧了监管之于犯罪难度的不对称，使得犯罪愈加方便，监管愈加困难。

首先，私人数字货币所具有的匿名性、难以追溯的天然属性符合犯罪分子藏匿以及筹集犯罪资金的需要，易被犯罪分子用来隐瞒和转移犯罪所得或进行

恐怖主义融资。由于私人数字货币的设计机制不需要验证用户的身份信息，仅需要交易双方的付款、收款地址即可完成资金的转移。即使是在需要实名认证的中心化的交易机构，由于这些交易机构本身就为盈利性质的，其更可能疏于实质审查，纵容不法分子冒用他人身份进行注册。其次，私人数字货币的法律性质和责任尚不明确，如我国相关规制文件中将私人数字货币定义为“虚拟货币”，该概念不属法律概念，不利于对洗钱恐怖融资犯罪的追诉。国内制定的管理办法，规范的效力等级低，规定不够细致，在具体的执行层面操作困难。最后，洗钱、恐怖主义融资呈现国际化趋势，而各国缺乏对防范利用加密私人货币进行洗钱的国际间协定。私人数字货币的各种基础设施分布在多个国家，犯罪分子能够将私人数字货币转化为法定货币，且还能通过跳跃位于不同法域的数字货币基础设施来规避反洗钱和反恐怖主义组织的监管政策，从而达到规避法律制裁的目的。

3. 私人数字货币及其衍生品交易面临诈骗与赌博投机风险

私人数字货币的技术特性革新了各式破坏经济社会秩序犯罪的方式方法，相较以往更具社会危害性。

数字货币持有者、交易者等众多利益相关方的宣传为不法分子提供了诈骗的土壤。数字货币作为一种信用“货币”需经推广以与公众建立信任。这就导致了数字货币的持有者、交易者等利益相关方有强烈的内在驱动力以各种形式进行宣传来满足数字货币信任度的需要，但是技术方面存在的天然缺陷又打击了他们对于数字货币存在风险阐明的积极性。这两种动因加剧了这种技术群体与非技术群体的信息不对称，造成了公众的危机认知偏差。不法分子趁虚而入顶着区块链技术、去中心化私人货币的帽子，借助利益相关人群的宣传，通过线上电信诈骗，线下拉拢、骗取投资者财物，为庞氏骗局、传销等传统违法犯罪行为披上了新技术外衣。这种私人数字货币推广者所建立的信任被不法分子消费，成了私人数字货币发展的阻碍，也使得自称“信用货币”的私人数字货币因为缺乏公众的信任而变得难以发展。

区块链所具有的去中心化和匿名的特点以及数字技术的复杂性，使得社会公众接触业务实质的门槛加高，人们对于各种纷繁复杂的数字货币及金融衍生品缺乏实质判断力。在实际缺乏内在使用价值而仅作为信用符号的各类数字货币、金融衍生品应用竞相角逐的背景下，区块链 3.0 时代俨然成了区块链网络上的“全民赌场”，金融消费者以法定货币作为“赌场筹码”，以数字货币的价值波动作为“赌博游戏”，或者以比特币、以太坊等升值币或是天秤币等稳定数字货币作为“赌场筹码”，以基于区块链网络上的各种金融衍生品应用为“赌博游戏”，蒙面加入眼前的豪赌。而作为各种数字货币交易所，区块链金融衍生品应用开发者的“庄家”以及作为“赢家”的少数技术极客和投资受托人、筹码“矿工”却赢得盆满钵满。区块链3.0时代的金融衍生品开发乱象不仅破坏了数字货币的成长生态，也严重扰乱了金融秩序乃至社会秩序。

私人数字货币的不可追索性、不可回溯性特征，使得受害者维权困难，甚至无法挽回损失。因为区块链去中心化、匿名性、时间戳、分布式存储等数据难以篡改的技术特征，交易数据一旦录入链上区块交易便无法撤销，这也造成了基于区块链技术的私人数字货币的不可追索性、不可回溯性特征。金融消费者一旦将数字货币发送到另一方地址，或者放进智能合约之中运行，便不能撤销交易，也无法中止合约的执行。受害者一旦权益受损，数字货币就如泥牛入海，损失几乎无力挽回。

新型破坏金融秩序、社会秩序罪在区块链加密性、匿名性、传统互联网跨国界性特征下陡然升级，我国相关法律在应对私人数字货币在洗钱、逃税、恐怖主义融资犯罪、金融诈骗等破坏金融秩序犯罪与组织赌博等破坏社会秩序犯罪方面却没有相应的法律层面的明确规定，造成了司法管辖困难、责任主体或犯罪主体确定困难、受害人举证与罪证固定困难，以及胜诉后的执行困难和挽回损失困难等诸多难题。

## 四、我国私人数字货币的治理路径

### （一）中外私人数字货币的发展与治理比较

私人数字货币的起源是从比特币开始的。2008年10月31日，中本聪在“metzdowd.com”网站中发了一个帖子——《比特币：一种点对点式的电子现金系统》。2009年1月3日，中本聪在比特币区块链网络中发布了首个区块，得到50个比特币奖励，这一区块也被称为“创世区块”。①2014年，名为Vitalik Buterin的程序员缔造了区块链2.0时代的代表性数字货币以太坊，②其基于一个图灵完备的新型公链，而且与比特币工作量证明激励机制不同，以太坊适宜用户设定智能合约并采取权益证明机制发行以太币。2015年，美国泰达公司推出首个稳定数字货币——泰达币，它克服了比特币、以太币币值不稳定的缺陷，

① ［美］凯文·沃巴赫：《信任，但需要验证：论区块链为何需要法律》，林少伟译，载《东方法学》2018年第4期。

② 朱婉菁：《区块链作为治理机制的内在逻辑、风险挑战与政策因应》，载《探索》2020年第4期。

以美元作为储备资产，以 1∶1 的比例锚定美元来维持其货币币值的稳定性。[①] 2019 年，脸书公司主导的数字货币天秤币上线测试，这是一种锚定美元、日元、欧元等“一篮子”法定货币的稳定数字货币，与以比特币为代表的私人数字货币相比，天秤币在价值基础、货币供应量和普惠金融三个方面存在重大改进，天秤币致力于成为新的全球支付系统与金融基础设施。天秤币的发行受到世界各国的普遍关注。此后，私人数字货币数量暴涨，根据 cryptocurrencies 网站提供的数据，截至 2021 年 6 月 26 日，全球交易的私人数字货币种类共计 5 460 种，在全球 20 445 个交易平台上 24 小时不间断交易，交易总额达 1.29 万亿美元，每日交易额超过 935 亿美元。[②]随着私人数字货币的井喷式增长，各种风险凸显，私人数字货币被用于洗钱、恐怖主义融资、偷逃税等一系列违法犯罪活动。各国针对私人数字货币从法律定位、监管方式、征税以及洗钱等犯罪预防等方面为我国提供了多种监管范式。

第一，美国。在对私人数字货币的法律定位方面，不同的执法部门对于不同私人数字货币在不同场景下存在差异化定义。金融犯罪执法网络将比特币等私人数字货币定义为“可转化虚拟货币”，国税局认定比特币等可兑换私人数字货币为“应税资产”。而美国商品期货交易委员会认为其属于“大宗商品”。在私人数字货币的发行、流通监管方面，受美国政治体制影响，美国采取联邦与州的二元监管模式。根据证券法，进行 ICO 的公司不满足豁免条件则须在证券交易委员会登记。数字货币交易服务提供商除了在证交委登记外，还须接受州层面的实质审查并申请牌照发放。州政府层面，各个州分别制定自己的数字货币监管规则，政策相对独立，监管方式多样。[③]在对私人数字货币税收政策方面，美国国税局将私人数字货币与法定货币的兑换、不同私人数字货币之间的兑换以及私人数字货币与商品或者服务的交易以及将私人数字货币作为收入的事项规定为应税事项，并发布了 2014-21 号、2019-24 号等征税规定。但在实际执行过程中遇到诸多阻碍：私人数字货币的种类繁杂、业务繁杂，纳税人对于纳税政策难以把握，不能进行有效申报；私人数字交易的隐蔽与监管的不周延，纳税人不想进行有效申报。在私人数字货币的反洗钱等犯罪预防方面，美国将数字货币交易所等管理服务商作为反洗钱监管重点，要求这些中心化服务管理机构遵守金融犯罪执法网络的各项政策、规定，对客户进行尽职调查，并对其交易记

---

① 冯怡：《虚拟货币洗钱风险及其控制研究》，载《金融理论与实践》2021 年第 8 期。
② 陈伟光、明元鹏：《数字货币：从国家监管到全球治理》，载《社会科学》2021 年第 9 期。
③ 伍旭川、刘学：《The DAO 被攻击事件分析与思考》，载《金融纵横》2016 年第 7 期。

录进行监测、存档必要时及时向监管部门汇报。

第二，德国。在对私人数字货币法律地位的确定方面，德国于2013年赋予了比特币以合法地位，将其列作官方记账单位之一。德国对不同类型的私人数字货币做了法律性质上的区分。第一种是将私人数字货币认定为支付工具，即支付型数字货币，例如比特币。第二种是将其认定为一种特殊的证券，即证券型数字货币。第三种是功能型数字货币，其并不属于金融监管的范围。在对私人数字货币的监管体系与适用法律方面，德国依照现有的机构设置、既有的法律对私人数字货币进行分类型监管。德国的金融监管机构主要为联邦金融监管局，监管所依据的法律上，通过《银行法》和《反洗钱法》来对支付型数字货币进行监管，通过《欧盟金融工具市场法》《资本投资法》《证券交易法》来监管证券型数字货币。总体上是针对不同数字货币的应用特点和业务场景对数字货币进行实质分析、差异化监管。现阶段德国尚未针对金融科技设立专项监管法规，而是基于以业务行为为对象的监管模式进行监管，其金融监管领域立法具有全面性和系统性等特征，基本上涵盖了所有金融行为。完善的金融监管体系为德国私人数字货币等金融工具的发展营造了健康良好的环境。[①]另外，德国也对私人数字货币交易所以及数字货币钱包管理商实施牌照许可制。任何数字货币交易所或数字资产托管机构运营都须得到联邦金融监管局批准。业务开展可以分为三种形式，第一种是成立实体公司并申请牌照。第二种就是与有牌照的托管机构合作，第三种就是与许可证的提供商协调灵活营业方案。在对私人数字货币的课税方面，在德国的税法当中，将比特币界定为财产，财产的转让需要缴纳增值税，德国财政部也明确了比特币的交易要缴税。比特币作为商品或财产被购买时，卖方需要缴税，个人使用比特币作为支付的工具时，则无须缴纳。在对私人数字货币的反洗钱犯罪方面，将数字货币的使用纳入了反洗钱监管，根据欧盟反洗钱5号令将私人数字货币定义为非央行信用的兑换货币，私人数字货币钱包管理服务商与私人数字货币交易所被纳入反洗钱监管义务主体。德国于2019年11月通过针对欧盟的《第四条反洗钱指令》修正案，该修正案对于私人数字货币经营、交易进行了进一步的放宽，允许金融机构在获得许可证后无需再托管第三方机构而直接可以自行管理，该修正案被认为能够有效加强反洗钱与反恐怖组织融资的监管。

第三，日本。在对私人数字货币的法律性质认定方面，2016年2月，日本国会审议通过将数字货币定义为具有贮藏、支付、结算等功能的类似于主权货币

① 高洪民、李刚：《金融科技、数字货币与全球金融体系重构》，载《学术论坛》2020年第2期。

的一种"资产",确认了私人数字货币在日本的合法地位。2017 年 4 月 1 日,日本在《金融结算修正案》中对于私人数字货币的法律性质做了进一步明确。在对私人数字货币发行和流通的金融监管方面,日本最早在 2016 年《资金结算法》中就规定了私人数字货币可以作为支付手段,对数字货币交易商实施营运牌照管理,在 2017 年《金融结算修正案》将金融服务局正式确定为监管主体并制定了包括数字货币交易平台注册批准、内控检查、记录留存、客户身份了解等多重监管措施在内的监管体系,2019 年,日本颁布了《ICO 规则与指导意见》,对新币的发行以及数字货币交易合规进行了规范。在对私人数字货币的税收方面,日本免除数字货币交易税,但对通过私人数字货币产生的利润课税。对私人数字货币所得税的征收在一个自然年度内,个人所得超过 20 万日元则需要适用超额累进税率。20 万—195 万日元之间按 5%征税,195 万—900 万日元之间按 10%征税,900 万—1 800 万日元之间按 33%征税,1 800 万—4 000 万日元之间按 40%征税,4 000 万日元以上按 45%征税,再加上居民税 10%,最高达 55%的税率。此外,日本国税厅正在讨论数字货币的税收问题,拟颁布《虚拟货币的收益及其他所得》,实施对数字货币的税收监管。[①]在私人数字货币的犯罪防范方面,日本进一步修订了《犯罪所得收益防范法案》,加强了反洗钱监管。2018 年,日本修订《支付服务法》,明确了私人数字货币交易所要对客户进行尽职调查,并对身份信息及交易信息进行存档,对于可疑交易及时报告监管部门。交易所须隔离分设自有账户及客户账户,对于交易数据进行实时监测,规定监管部门要定期审查的义务,进一步强化了反洗钱监管的力度。

第四,中国。在对私人数字货币的定义上,我国在《关于防范 BTC 风险的通知》《防范 ICO 融资风险的公告》《进一步防范和处置虚拟货币交易炒作风险的通知》等规范性文件中将私人数字货币定义为"虚拟货币",并禁止其发行与流通,禁止各金融机构、支付机构从事相关业务。在私人数字货币的税收层面,早在 2008 年曾出台过关于虚拟货币征税的批复文件,即国税函〔2008〕818 号,规定对虚拟货币转让获利行为进行征税。但是其发布时间早于比特币的诞生时间,可见其并非针对比特币等私人数字货币作出的规定,税收属于法律的相对保留事项,后出台的将私人数字货币定义为"虚拟货币"的规定,因为效力层级低而不能认作对私人数字货币的征税的依据。在私人数字货币犯罪防范层面,并未出台法律层面的专门规定,也未出台相应的司法解释或指导性案例。

---

① 杨东、陈哲立:《虚拟货币立法:日本经验与对中国的启示》,载《证券市场导报》2018 年第 2 期。

## (二) 私人数字货币稳健发展的治理路径

1. 革新外汇管制，维护数字货币的币值稳定，防止通胀风险

私人数字货币的发行不与社会经济活动总量相对应，有积聚通货膨胀的风险。在经济全球化与私人数字货币超主权发行结构的背景下，现有的宏观调控政策初现乏力，金融风险在全球范围内积聚，不排除因私人数字货币爆发金融危机的可能。就我国自身应对来讲，有两种手段可以选择。一种是“硬手段”，倾之以极大监管代价来进行私人数字货币的财产信息阻击，并利用刑法手段来对使用甚至持有私人数字货币的人进行严厉打击，以遏制私人数字货币在境内的使用泛化，使私人数字货币维持在一个相对较低的保有率和使用率上。另一种是“软手段”。将私人数字货币的数字货币钱包管理商、数字货币交易所等中心化运营管理机构，通过银行、证交所等现有金融机构进行业务垄断以增强对于私人数字货币交易市场甚至发行市场的控制力，垄断第一手私人数字货币信息交易数据流为国际反逃汇协作提供筹码，并通过对数字货币外汇兑换、私人数字货币交易税收政策来影响私人数字货币交易价格。本文认为，前者将会在缺乏国家协作的情况下，承受巨大的监管压力，不适宜作为长期手段。先期建议优化我国的货币政策，增强价格型货币政策，适当地弱化数量型货币政策，提高利率调控在货币政策中的地位。对于货币政策的影响，我国应该给予充分的重视，提前制定相关预案，并考虑适当优化当前一些相关政策措施。另外，我国应积极开展私人数字货币的封闭实验，积极开展国际间私人数字货币发展对话，及时了解私人数字货币发展的新动向，预判私人数字货币发展可能带来的风险与机遇，参与私人数字货币的全球治理。

2. 支持国内机构研发私人稳定数字货币，规制货币发行与流通

第一，孵化本土私人稳定数字货币，把控私人数字货币发行权。主权数字货币具有国家权力的特征，相较于私人数字货币向其他国家的业务扩张更易招致其他主权国家抵制和防范，而私人数字货币则可以与跨国企业发行的私人数字货币展开对等竞争。我国可借鉴泰达公司所发行的泰达币、脸书公司发行的天秤币，支持国内主要金融实体研发锚定“一篮子”国际主要经济体主权数字货币的稳定数字货币，与比特币、以太坊、泰达币、天秤币等私人数字货币展开跨国企业联盟铸币权竞争。一方面，对于国内金融实体机构发行私人稳定数字货币，我国可通过对于国内金融实体机构的监管政策获得新一手数字货币交易流信息，为我国的货币政策提供数据支持，减小人民币被兑换为稳定数字货币造成大量资金流出的风险。另一方面有助于国内金融企业通过这种新型金融工

具走向国际而不至于被束手脚以致在国际私人铸币权之争中落败。

第二，趋中心监管，规制私人数字货币交易、流通。对于交易主体来说，一般包含数字货币交易的个人用户，以及为数字货币交易提供服务的商事主体，数字货币个人用户可以排除中心化的交易所直接进行交易。对于这类主体来说，实施准入制度较为困难，因此应当将监管的重点落在数字货币的中心化服务或管理机构。数字货币交易所基于数字货币账户管理的防丢失、高效、便利以及多样化交易需求，能够为用户提供多元化数字货币交易服务，但在实践中因其疏于管理广为各国监管机构诟病。对于数字货币交易服务商，应当按照商业银行的标准实施严格准入制，未经申请注册并经国家金融监管机构发放牌照，不得从事数字货币的交易活动，在必要时，也可考虑由国有金融机构进行行业垄断，以协助贯彻国家的涉私人数字货币金融政策。

3. 警惕“技术中心化”，加强电信网络监管和信息保护

私人数字货币的去中心化并非完全的去中心化，而是排除国家货币发行垄断的“技术中心化”，这就意味着技术将会取代包含人的主体而成为唯一责任承担者。社会财富以数字技术的形式暴露于信息网络之上时，对于掌握了大量数据，甚至私钥的数字货币交易所或其他数字货币从业组织来说，其不仅要面临各种掌握技术黑客的犯罪集团的觊觎，还要面临自身内部的安全问题。科技迭代迅速，各种拥有超级算力的计算机层出不穷。在比特币生产的诱惑下，众多庞大的算力机器已然握在“算力寡头”手里，而在比特币开采完毕之后，这些庞大的算力机器有可能会被用为掳掠私人数字货币的犯罪工具。私人数字货币仍处于不成熟的阶段，兼具崩溃与革新风险，其底层技术的研究突破与安全性及时补强将是一项长期工作。

对于私人数字货币技术风险防范须以数据保护为切入点，以个人与管理服务商两种主体为保护对象。一是要智能合约录入前进行法律审核与技术代码审核；二是要警惕自然、战争大事件下算力塌方引发的算力洗劫；三是及时更新私人数字货币所应用的底层技术；四是加强个人私钥数据保护与管理服务商数据保护内控；五是加大网络巡查力度，及时发现并打击钓鱼网站；六是利用新型金融监管科技追赃。利用区块链技术、大数据挖掘、云计算、人工智能等新型金融监管科技对区块链链上交易进行链上追赃。

4. 健全私人数字货币的反洗钱、反恐怖融资、反逃税的规制

第一，加大反洗钱的监管力度：遵循国际准则，切实履行反洗钱监管义务。金融行动特别工作组分别于 2015 年和 2018 年发布了《关于虚拟资产与虚拟资产服务商的以风险为本方法指引》和《金融行动特别工作组建议》，确立了反洗

钱和反恐怖主义融资的国际标准以及各国在反洗钱和反恐怖主义融资中的国际义务。[①]一是制定切实可行的风险防范措施，防患于未然。二是切实履行对于客户的尽职调查。三是切实履行记录与报告可疑交易的义务。在此标准下推动反洗钱和反恐怖主义融资工作可减少与其他国家间的监管摩擦。此外还需要增强私人数字货币管理商、私人数字货币交易商、金融机构的内部控制和风险管理，密切关注数字货币发展的新形势，及时与其他国家制定新一步的监管合作计划。2019 年 12 月，全国人大常委会已启动《反洗钱法》的修订工作，中国人民银行已将《反洗钱法》的修订作为 2021 年重点工作任务，建议将数字货币纳入反洗钱的监管范围，并对监管主体、职责内容、监管内容、监管程序、监管对象作出明确的规定。

第二，加大反恐怖融资打击力度，制定刑法修正案，严厉刑罚。对于利用私人数字货币进行恐怖主义融资有必要用最为严厉的制裁手段。根据罪刑法定原则，法无明文规定不为罪，法无明文规定不处罚。因此，需要在刑法修正案中对利用数字货币进行恐怖主义融资的行为规定为犯罪，同时还应规定利用各个法域的监管缝隙组成完整恐怖主义融资行为的行为以及各个法域中有关数字货币交易商、管理商的协助行为构成犯罪，并且根据犯罪的形势，必要时规定数字货币交易商、管理商的过失犯罪。数字货币比传统金融产品具有更高的内在风险，它放大了恐怖主义融资的风险，对社会具有更大的社会危害性，根据罪刑相适应原则，可以对利用数字货币进行恐怖主义融资的行为规定为情节加重犯。

第三，加大反逃税监管力度，积极参与国际数字货币反逃税协作。因为区块链的点对点支付与匿名性，私人数字货币业务及其风险的跨国界性以及我国人口众多、人员密集的特点，即使我国已经对其采取了“一刀切”的政策，但我国仍有可能成为国际私人数字货币的重要市场，并且我国也将会直接或间接承担私人数字货币所带来的各种风险。在国际反逃税层面，已经出现了新的形势。一方面，税收利益争夺和税收竞争已经在国际间展开，各国或是为税收做长期准备或是已经对其开征各种税目。另一方面，各国为了统一有效应对数字货币的税收管理，也在积极凝聚共识，试图通过国际标准制定、国际间协助来破解私人数字货币国际化发展的税收管理难题。在新形势下，我国应积极参与国际间关于私人数字货币征税标准、征税政策的协定，在不弱化我国税收主权的情况下与各国达成一定共识。在新的共识之上继续加强协同涉数字货币反逃税监

---

① 兰立宏、庄海燕：《论虚拟货币反洗钱和反恐怖融资监管的策略》，载《南方金融》2019 年第 7 期。

管，建立税收信息共享系统。此外，我国应配套革新反逃税立法，在法律框架内治理利用数字货币进行逃税的行为。在我国税收管理法和刑法中明确利用数字货币进行偷逃税的行为模式，并尽快出台配套司法解释，并由税务和海关部门在治理逃税实践的基础上出台典型的行政处罚案例，由最高人民检察院会同最高人民法院发布指导性案例以统一起诉、裁判标准。

5. 统一金融监管机构，加强私人数字货币的关键基础设施建设

对于私人数字货币的金融监管，各监管部门的具体监管职责划分尚不明确，而职责不清的多元化治理就会产生监管空隙，从而为私人数字货币的生长余留空间。数字货币使用与流通不受地域限制的属性加持以在世界上诸多国家合法化甚至是政策大力支持下，数字货币或将转为地下货币，成为国内各类经济犯罪甚至暴力犯罪的基础设施，我国将承受巨大的监管压力。从我国的政策来看，可能会与世界其他国家在数字货币治理中存在分歧。将“一刀切”政策作为短期治理能够使得我国过热过乱的数字货币市场短暂冷却，有效遏制 ICO 及私人数字货币交易带来的金融乱象，也为我国私人数字货币治理筹划争取时间和借鉴他国治理的余地，但若考虑将其作为长期治理方式则值得商榷。

现阶段，我国已经形成了以国有控股金融企业为主，银行、证券、保险和其他非银行金融机构相结合的金融体系，并形成了以机构监管为特征、以合规监管为重点的分业监管体制，但长期以来，中国人民银行与银保监会、证监会存在着监管职责不清、协调合作、资源共享、信息交流不足的突出问题。而在金融科技的发展，尤其是私人数字货币快速繁荣的大环境下，传统金融环境出现了新的特点。一是各种传统金融业务随着区块链金融的发展相互渗透，金融机构经营也日益综合化、多元化，金融衍生产品不断创新，产品结构体系越来越复杂，金融服务边界日渐模糊。二是金融市场全球化加快。全球贸易、投资、货币、资本流动格局发生重大变化，金融机构活动日益国际化。近年来频繁凸显的金融风险表明，现行监管框架存在着不适应我国金融业和金融市场发展的体制性矛盾。

本文建议将银保监会与证监会整合到新组建的金融监督管理总局，形成以中国人民银行—国家金融监督管理总局为中心的“一行一局”的监管结构，以适应全球金融一体化、金融业务一体化的特点。同时，可考虑试点“私人数字货币监管沙盒”，并在“一行一局”的新监管机制下开展实验，明确数字货币从业机构的进入、“沙盒试点”的测试主体的标准和业务范围，规定数字货币交易商、管理商在试点沙盒中需要履行的监管义务和所应担负的法律责任。在监管实践中检验新监管机制的协同性与有效性，权衡金融创新与金融稳定，针对沙盒

试点出现的情况及时调整监管方式并以法律的层面厘清中国人民银行与金融监管总局之间的职责分配，同时合理借鉴其他国家（地区）监管沙箱的实践管理经验，最终在数字货币监管领域探索出符合我国实际的、包容审慎的监管范式。

另外，国家应当利用自身的优势技术与信息网络资源推动数字货币基础设施建设，包括支持或影响数字稳定、数字货币发行或由中国人民银行—商业银行等金融机构垄断去中心化发行的数字货币钱包管理、数字货币交易所等关键数字货币基础设施的建设。利用私人数字货币交易所后台大数据信息，对区块链账本数据进行交叉对比验证以确定用户身份。[①]联合世界上其他国家，进行注资、交易节点认证实名制，对用户身份信息进行实质审查并录入数字货币数据库，监测主流数字货币的交易所报价数据，监测、抓取、记录、追踪主流私人数字货币交易数据流，建立私人数字货币大数据库，积极与世界各国进行协同治理私人数字货币，建立信息共享机制，防范可能由私人数字货币引发的金融风险、洗钱、逃税、恐怖融资等犯罪风险。

## 五、结　　语

纵观我国货币发展历程，从最初的大麦形式到当代的数字形式，货币跟随人类社会商品经济发展几经变革，内在经济价值逐渐退化，由商品货币转向了信用货币，由实物货币转向了信息货币。不仅货币的形式发生巨大变化，在新型数字技术—区块链技术的支持下，国家的货币垄断发行权受到挑战：以技术背书的去中心化私人数字货币、以私人组织信用背书的联盟稳定数字货币（例如天秤币）、以国家信用背书的法定数字货币三者之间展开激烈竞争。私人数字货币以其匿名、难以篡改、不可复制、点对点交易等突出特点深受市场青睐，并为货币走向世界统一提供了现实可能。但由于监管的滞后性，通过这些优点所锻造的社会信用被不法分子消费，私人数字货币裹挟金融风险、技术风险、法律风险对我国的监管制度形成巨大冲击，再加上区块链技术的天生缺陷，以及无主权信用背书、无内在经济价值等缺陷，私人数字货币法律地位饱受质疑。面对私人数字货币渗透性强、隐匿性强等特点，以及各主要经济体将私人数字货币作为一项重大的金融科技创新予以支持的态度，我国必须审慎对待私人数

① 袁磊、耿新：《私人数字货币与资本流出——以比特币为例的研究》，载《国际金融研究》2020年第6期。

字货币：借鉴各国对于私人数字货币的治理经验，革新货币政策与外汇管制，支持国内金融实体机构研发私人稳定数字货币，规制私人数字货币发行与流通，健全“三反”规治、统一监管机构，利用国家优势资源建立数字货币数据库，积极应对私人数字货币的挑战。

# 中央银行数字货币的发展逻辑与国际镜鉴

程雪军①

**内容摘要：**近年来，区块链技术深度介入货币金融行业，驱动了数字货币的快速演进，并形成了私人、机构与法定数字货币的分化发展。其中，中央银行数字货币作为法定数字货币的重要构成，因其具有技术创新下货币物理形态发展的客观性，充分发挥货币政策与宏观调控的稳定性，维护货币主权并推进货币国际化的迫切性，成为众多国家大力发展的货币载体。然而，央行数字货币在发展中同样面临货币发行权、法偿性、金融风险防范、个人信息保护等难题。通过采用比较研究方法，从理论层面剖析为何全球出现三条不同的央行数字货币发展路径，并充分借鉴其实践的共识经验，进而提出促进我国央行数字货币稳健发展的建议。

**关键词：**央行数字货币　发展逻辑　国际经验　数字人民币　中央银行

## 引　言

在次贷危机后，为应对传统中心化的货币金融风险，中本聪于 2007 年提出比特币的创新理念，②因其具有内在的技术优势，数字货币获得了快速发展。从法律权利与信用属性看，数字货币可分为法定数字货币（中央银行数字货币、数字账户等）与非法定数字货币（私人、机构数字货币等），③后者普遍采用去中心化的区块链技术并以非政府信用为背书，因其长期游离于货币当局的监管体系之外，常成为违法犯罪的助推剂，④各国对其金融监管态度不同，我国监管态度从开放包容向严令禁止转变。⑤对于中央银行数字货币（以下简称为央行数字货

① 程雪军，法学博士，同济大学法学院助理教授、硕士生导师。

上海市社会科学基金项目“金融科技公司算法风险的系统治理研究”（2022JG008-EFX799）研究成果。

② Nakamoto S. Bitcoin: A Peer-to-Peer Electronic Cash System[EB/OL]. https://bitcoin.org/bitcoin.pdf.

③ 程雪军：《区块链技术驱动下私人数字货币的发展风险与系统治理》，载《深圳大学学报（人文社会科学版）》2022 年第 3 期。

④ 刘津含、陈建：《数字货币对国际货币体系的影响研究》，载《经济学家》2018 年第 5 期。

⑤ 李晶：《“监管沙盒”视角下数字货币规制研究》，载《电子政务》2020 年第 11 期。

币,CBDC),它以政府信用为背书,纠正了非法定数字货币在金融市场价格反复、诈骗横生的无序化与无信化局面,所以多数国家认同央行数字货币并纷纷加大研发力度。中国自2014年以来便积极研发数字人民币(e-CNY),旨在实现法定货币的数字主权与金融安全。

纵使央行数字货币具有众多内在优势,但它还是发展初期阶段的创新金融产物,尚存诸多发展难题,这值得学术界深度探讨。学术界对央行数字货币的发展问题做了相关研究,不过更多的是从央行数字货币的发展动因①、发展机遇②、发展挑战③等层面研究,而不是以发展难题为导向,深度剖析不同国家央行数字货币发展的国际经验及其共识,从而提出促进我国央行数字货币稳健发展的可行性路径。对此,本文通过深度剖析央行数字货币的发展逻辑与难题,在参考典型国家(委内瑞拉、新加坡、日本)央行数字货币发展的国际经验基础上,对我国央行数字货币的稳健发展提出综合建议。

## 一、央行数字货币的发展逻辑与难题

### (一)从货币理论对央行数字货币界定

货币理论主要包括货币金属论、货币名目论、自由货币论与社会共识论。货币金属论将货币与贵金属联系在一起,主张货币的价值取决于其贵金属的价值,认为“金银天然不是货币,但货币天然是金银”。④货币名目论认为货币并不具有普通商品属性且没有实际价值,主张货币是国家通过法律规定的符号,购买商品或清偿债务的任何物品都可视为货币,⑤其代表学说包括尼古拉斯·巴本的货币国定说、詹姆斯·斯图亚特的货币职能说等。自由货币论又称货币的非国家说,⑥主张任何一种货币只要币值稳定、发挥交易中介作用、准确衡量商品价值,便可以作为通货。哈耶克认为“健全货币”使得市场资源有效利用,“健全货币”应该是“非国家化的”,但他深知政府不可能放弃货币垄断权,因此提出自由货币运动。最后,社会共识论认为货币的表现形式和内容并非一成不变,

---

① 彭绪庶:《央行数字货币:发行动因与原则遵循》,载《经济学家》2021年第10期。

② 宋敏、徐瑞峰:《央行数字货币创新研究新进展》,载《经济学动态》2022年第5期。

③ 杨碧琴、何绍福:《数字经济背景下推行央行数字货币的挑战及其应对》,载《中州学刊》2022年第3期。

④ [德]马克思:《资本论(第1卷)》,人民出版社1975年版,第100页。

⑤ 弗雷德里克·S.米什金:《货币金融学》,机械工业出版社2011年版,第42页。

⑥ 杨延超:《机器人法:构建人类未来新秩序》,法律出版社2019年版,第235—239页。

货币的价值源于社会公众和组织约定的共同标准，社会共识赋予了货币作为衡量其他商品价值的标准。

根据不同的发行主体与信用属性，数字货币可分为非法定与法定数字货币（见下表1），前者包括私人与机构数字货币，它在形式上具有相对共识，但其交易费用与共识成本在纳什均衡下无法实现最优选择，因此它并非基于政府信用与民众共识的真正货币；①后者主要包括央行数字货币与央行数字账号，其交易费用更低、社会共识更广、信用基础法定，应当认定为货币。不过，学术界没对央行数字货币统一定义，国际货币基金组织将其定义为由中央银行发行并具有法偿性的以数字形态表现的货币；国际清算银行从发行主体、形式、通用性与转移方式视角对央行数字货币定义，并根据用户不同将其分为基于服务机构客户的批发型和基于服务公众的零售型央行数字货币。②对此，本文认为央行数字货币的本质是法定货币，它是以政府信用为背书、拥有无限法偿性、采取数字化形式发行的法定数字货币。

**表1　央行数字货币与相关货币的比较分析**

| 货币维度 | 非数字货币 | | 数字货币 | | |
|---|---|---|---|---|---|
| 货币种类 | 现钞货币 | 电子货币 | 私人数字货币 | 机构数字货币 | 央行数字货币 |
| 发行主体 | 货币当局 | 金融机构 | 私人主体 | 企业机构 | 货币当局 |
| 发行数量 | 货币当局决定 | 法币决定 | 比特币2 100万枚 | 不限 | 法币决定 |
| 货币价值 | 与法币对等 | 与法币对等 | 与法币不对等 | 与法币挂钩 | 与法币对等 |
| 货币保障 | 政府信用 | 政府信用 | 私人信用 | 机构信用 | 政府信用 |
| 交易安全性 | 高 | 较高 | 低 | 较低 | 较高 |
| 交易成本性 | 高 | 较高 | 低 | 较低 | 较低 |

## （二）央行数字货币快速发展的理论逻辑

1. 技术创新下货币物理形态发展的客观性

从历史演进看，货币的物理形态从商品货币发展至金属货币，并进一步演变至纸质货币与数字货币。如今，随着数字信息技术的深化，以比特币为代表的非法定数字货币大量出现。然而，缺乏法律监管的非法定数字货币导致诈骗横生，各种空气币、山寨币与首次代币发行（ICO）等问题屡见不鲜，严重威胁了

① 姚前：《共识规则下的货币演化逻辑与法定数字货币的人工智能发行》，载《金融研究》2018年第9期。

② Bech M., Garratt R. Central Bank Cryptocurrencies[R]. BIS Quarterly Review. 2017:55.

人民财产安全和国家金融稳定。因此，由国家推出央行数字货币并出台法律政策来引导数字货币发展具有必要性。

各种技术条件日益成熟，促使央行数字货币兴起成为可能。中央银行需要控制央行数字货币的发行量，避免超发造成经济动荡，同时还需要加强对央行数字货币的流通监管，因此需要对其实行中心化的控制措施。现阶段，央行在技术上采取中性立场，将技术选择权下放于商业银行及货币服务机构，把 e-CNY 的产品技术研发置于充分的市场竞争中，利用市场自动择优机制选出普适性与性价比最高的央行数字货币发行和流通的技术路线。最后，安全技术、交易技术与可信保障技术构成了央行数字货币的技术内核，从而确保 e-CNY 平稳与安全运行。截至 2021 年底，央行已有 117 项数字货币专利，涵盖了数字货币运行与管理的方方面面。随着央行数字货币试点工作的圆满完成和后续评估，央行数字货币有望在国民经济体系中平稳落地，发挥我国数字经济催化剂的助力作用。

2. 充分发挥货币政策与宏观调控的稳定性

近来，传统法定货币并未及时跟上数字信息技术，致使其支付功能存在某些缺陷，落后基于互联网平台而发展起来的第三方支付，依赖于第三方金融服务机构的补充支付功能，让渡部分银行存款货币和电子货币的发行权。层层堆叠的私人服务机构加剧了法定货币的数字壁垒和监管鸿沟，致使央行的金融监管负担加重、监管效果的透明度降低。同时，第三方金融服务机构的银行存款货币和电子货币对流通中现金带来了不利影响，加剧了货币需求函数的不可预测性，致使央行的货币政策面临失效风险。

不过，发行央行数字货币能有效解决以上问题，对货币政策及宏观调控起到稳定的作用。央行数字货币无需与银行账户绑定，货币对第三方金融服务机构的内生依赖性大大降低，中央银行对央行数字货币的监管透明度和穿透性得以提升，能更好地掌握货币金融市场上流通现金的数量与速度，从而相机决策制定出更切合实际的货币政策与宏观调控政策。其一，传统法定货币政策在多年实践中出现货币政策传导不畅、政策反应时效性差、资金流向日趋“空心化”等不良现象，严重削弱了货币政策在宏观经济层面的调控作用。央行数字货币的数据追踪能够增强对货币资金流向的实时监测，及时准确地传达货币政策调控，减少货币政策传导的时滞性，从根本上改善货币政策和宏观调控的灵敏性效果。其二，通过借鉴传统货币与电子货币的宏观经济管理经验，①央行数字货

① Stigliz J.E., Marco-economic Management in an Electronic Credit/Financial system[R]. NBER working paper No.23032. 2017.

币可采取计算机编程实现前瞻条件触发机制。如果央行数字货币满足了某些时间或经济指标，便会触发央行数字货币的定向投放和流动，避免资金空转，从而提高货币的利用效率，强化货币政策和宏观调控的有效性。

3. 维护货币主权并推进货币国际化的迫切性

第一，加速人民币国际化进程。国际清算银行于2020年对全球60多个国家中央银行调研，发现80%以上的国家正在推进央行数字货币，其中推进央行数字货币实验研究的国家高达60%，对央行数字货币开发试点的国家超过10%。[①]这表明，世界主要国家都希望在央行数字货币竞争中抢占先发优势，避免本国货币主权受到冲击和威胁。此外，Facebook开发的机构数字货币作为一种“超主权货币”，意欲将人民币排除在其价值锚定范围外，也暗示了央行数字货币将在激烈的国际竞争中生存，我国应加强推出央行数字货币、维护国家货币主权并推进人民币国际化的紧迫感。

第二，推动国际数字货币体系的建立。在旧有国际货币体系下，美国利用环球银行金融电信协会（SWIFT）和经济联盟长期垄断世界货币地位，攫取因货币垄断而带来的经济霸权和金融红利，全球苦美元霸权久矣。央行数字货币的出现，冲击了国际货币体系的既有平衡，有利于打破美元霸权与控制地位。央行数字货币之争，本质上是国家货币主权与货币国际化地位的竞争。在数字经济打破货币流通边界的背景下，全球逐步形成一个互联互通的经济共同体。虽然各国货币国际化程度差距较大，但是数字技术给不同央行数字货币创造了同步竞争的空间和后来者居上的可能性，数字技术使央行数字货币能够超越时空在全球范围内流动，有利于重塑国际贸易结算与跨境支付体系，构建公平公正的国际数字货币体系。

### （三）我国央行数字货币在发展中面临的难题

1. 央行数字货币的发行权与法偿性

货币发行权是一个国家主权的重要体现，指国家根据经济需求和政策要求等决定发行货币的面值、种类、数量与程序的权力。《中国人民银行法》将货币发行权授予中国人民银行，规定发行人民币、管理人民币流通是人民银行的主要职责之一；《人民币暂行管理条例》规定“人民币是指中国人民银行依法发行的货币”。尽管《中国数字人民币的研发进展白皮书》指出数字人民币是法定货

---

① Boar C., Holden H., Wadsworth A. Impending Arrival—A Sequel to the Survey on Central Bank Digital Currency[R/OL]. [2022-10-17]. http://www.bis.org/publ/bppdf/bispap107.htm.

币的数字形式，但其法律位阶较低，而且其上位法《人民币管理条例》明确规定“人民币包括纸币和硬币”，并不包含以其他形态表现的人民币，即不包括数字货币，这在法律上还需调整。另外，《中国人民银行法》规定人民币由中国人民银行统一印制、发行，可见人民币的制作方式是印刷和制造，但央行数字货币作为一种依赖算法运作的数字货币，既不同于现行纸币与硬币的外在形式，也不同于硬币和纸币的印刷制作形式。倘若我国希望央行数字货币具有人民币同等的法律地位，那么人民银行需重点解决央行数字货币发行的法律依据问题，明确法定货币的表现形式和制作方式。

央行数字货币是否具有无限法偿性？法偿性是货币的根本属性。所谓货币的法偿性，是指为保障法定货币在公私债务支付中的普遍效力，以法律强制力赋予法定货币的“不可拒收性”。法偿性根据是否具有绝对支付能力，可分为无限法偿和有限法偿。其一，《中国人民银行法》规定以人民币支付中国境内的一切公共的和私人的债务，任何单位和个人不得拒收，明确了人民币的无限法偿性。而《人民币管理条例》明确指出人民币仅包括纸币和硬币，并不包含目前已经试运行的央行数字货币。央行数字货币在前期推行中如若没有法律保障，势必存在一定阻力，社会公众基于安全性等因素的考量，可能对新型货币持观望态度，不可避免地导致央行数字货币拒收的现象产生。其二，央行数字货币与现钞货币不同，对交易双方的终端设备和网络技术水平的要求较高。央行数字货币基础设施影响其应用场景，倘若不具有良好的基础设施，那么就难以具备绝对的支付能力，难以实现法律赋予的无限法偿性。

2. 央行数字货币的金融风险防范

当前，《反洗钱法》和《金融机构反洗钱规定》等构筑了以人民银行为中心、金融机构为辅的反洗钱反恐怖融资等监管制度。不过，央行数字货币深度嵌入各种场景，可能导致传统反洗钱反恐怖融资监管体系变化。Foley 以比特币为例，发现 23%的持有者利用 49%的持有量从事相关非法活动。①央行数字货币与主流数字货币在技术路径与风险属性上相似，央行数字货币应用场景的扩展，同样可能被犯罪分子用于洗钱恐怖融资活动：其一，反洗钱、反恐怖融资等义务主体将发生改变。在传统货币金融下，以商业银行为代表的金融机构承担客户尽职调查、交易信息保存、大额交易报告、可疑交易报告等反洗钱反恐怖融资义务。央行数字货币采用账户松耦合技术实现可控匿名，不可避免地让渡了

① Foley S., Karlsen, J.R. and Putnins, T.J., Sex, Drugs, and Bitcoin: How Much Illegal Activity Is Financed through Cryptocurrencies? Review of Financial Studies, 2019(05):1798—1853.

金融机构对客户信息的合规使用权限，届时金融机构的反洗钱反恐怖融资义务主体可能弱化，并可能产生新的义务主体，但法律监管层面并没有明确相关的义务主体。其二，智能合约的嵌入及新应用场景的扩展，将给现有货币金融体系带来更多不确定性，致使现行金融监管与监测手段可能无法开展有效监管。

央行数字货币可能产生潜在的投资骗局与金融监管套利。区块链技术催生了非法集资、虚假代投、恶意操纵价格等问题，带来了潜在的货币金融风险。一方面，针对数字货币给投资者带来的巨大损失，为遏制非法定数字货币的疯狂肆虐，肃清其不规范交易带来的金融风险，我国法律规定"虚拟货币不具有法定货币等同的法律地位""虚拟货币相关业务活动属于非法金融活动"，将非法定数字货币定义为虚拟资产，排除其交易的合法性，对此我国亟待推行央行数字货币，挤压非法定数字货币的发展空间，有效整顿数字货币市场与防范金融风险。另一方面，在数字技术与货币领域交融后，传统货币从"分业经营"向"混业经营"发展，各种央行数字货币的交叉应用层出不穷。我国 e-CNY 与 74 家场景平台合作，这既涉及发行端的人民银行，也涉及运行端的商业银行等机构，还涉及场景端的各类消费场景，具有明显的"混业经营"属性。倘若我国依然采取传统金融监管框架与"分业监管"模式，那么它将难以适应央行数字货币的"混业经营"趋向，解决其金融监管空白和套利风险。

3. 央行数字货币的个人信息保护

不同于传统现钞货币，大多数央行数字货币依赖大数据与分布式账本等信息技术，实现由中央银行发行、交易与存储货币的数字化。目前，个人数据信息保护制度在很多国家依然存在诸多不足。一旦央行数字货币全面推广，金融服务机构作为运营机构，将直接掌握海量用户信息，可能衍生个人信息侵害与安全问题。

数字人民币作为我国央行数字货币，其体系架构为"一币两库三中心"：一币为央行数字货币，即数字人民币；两库为中央银行与商业银行数据库；三中心为认证中心、登记中心与大数据中心，认证中心管理机构及用户信息，登记中心负责对央行数字货币的权属信息进行登记并记录其从发行到销毁的全流程，大数据中心负责支付行为与监管调控指标分析等。该运营体系的架构繁杂，涉及的商业机构众多，存在数据信息泄露与侵害的风险。而且，央行数字货币还面临来自系统外的黑客攻击以及系统内的技术缺陷导致的数据信息泄露与侵害的风险，严重影响央行数字货币的个人信息权益保护与安全，这迫切地需要完善相应的法律规范与技术设计，从法律制度与技术规范等层面强化各类主体行为的监管，从而保障用户个人数据信息的安全。

## 二、央行数字货币发展的国际经验及其共识

根据 Eswar Prasad 的研究，众多经济体的央行货币与 $M_2$ 占比下降。自 2003 年以来，欧元区的央行货币与 $M_2$ 比率下降了 3%，中国下降了 5%，印度下降了 7%。[①]传统货币的重要性下降，其主要原因是移动支付与区块链技术对传统货币支付的冲击。[②]为维护本国货币主权，众多国家开始向央行数字货币变革。国际清算银行在 2020 年对 60 多个国家的中央银行调研，超过 80%的中央银行正从事央行数字货币的研发工作，并呈现出三条不同发展路径。

### (一) 央行数字货币三条不同国际发展路径

1. 已发行央行数字货币的国家：以委内瑞拉为代表

委内瑞拉在 2018 年率先推出全球首个央行数字货币——石油币(Petro)，该国原有法定货币(玻利瓦尔，Bolívar)与石油币在委内瑞拉共同使用。Petro 被引入委内瑞拉经济体系。自 Petro 发行后，委内瑞拉将 Petro 指定为石油买卖和护照办理事项的唯一支付方式。同时，委内瑞拉为 Petro 配置了一系列法律监管，出台了《关于加密主义和主权加密货币的联合法令》，该法令包括 12 个篇章，厘定了关于在委内瑞拉境内推动石油币等加密资产流通的法律监管依据，承认 Petro 为法定货币，总统享有石油公司的发行管理权和运营组织权。

委内瑞拉长期以石油开采和出口为主，是个极其依赖自然资源的国家，石油产业是国内生产总值占比最高的支柱产业，该国通过向其他国家输送石油换取外汇，购买外国商品，但忽视了本国产业的发展，制造业、农业、服务业均十分落后，造成了“丰盛悖论”的悲剧性局面。因经济政治等方面的原因，委内瑞拉国内经济一蹶不振，政府信用几近坍塌，企图推出“石油信用”摆脱美国的经济制裁，拯救国内崩溃的经济体系。然而，随着全球石油资源日益紧张，委内瑞拉境内的石油资源已被过度开采，同时各种层出不穷的清洁能源替代性作用不断增强，导致“石油信用”是否牢固仍有待考究，所以构建于“石油信用”基础上的央行数字货币 Petro 并没有达到预期的发行目的，最终以失败告终。

---

① Eswar Prasad. Central Banking in a Digital Age: Stock-Taking and Preliminary Thoughts[R]. Brookings Institution Working Paper, 2018(04).

② 姚前、陈华:《数字货币经济分析》，中国金融出版社 2018 年版，第 292—293 页。

2. 有发行央行数字货币规划的国家：以新加坡为代表

2016 年 11 月，新加坡金融管理局(MAS)与 $R_3$ 公司联合建立了 Ubin 的概念验证项目，目的是将区块链技术应用于跨银行机构结算。目前 Ubin 项目已进行至利用区块链技术建立支付网络的实验研究，并有效评估该网络所具备的商用化可能性和商业价值，下个阶段的目标是研究基于区块链技术支持的交易结算过程，推动 Ubin 项目商业化。关于 Ubin 项目的运行架构(见下图 1)，它由分布式账本系统(DLTS)与电子支付系统(MEPS＋)构成，其中实时全额结算系统(RTGS)被整合在 MEPS＋中，负责资金的实时全额支付/结算；DLTS 支持各类参与者(用户等)钱包之间的存托凭证(DR)转移。

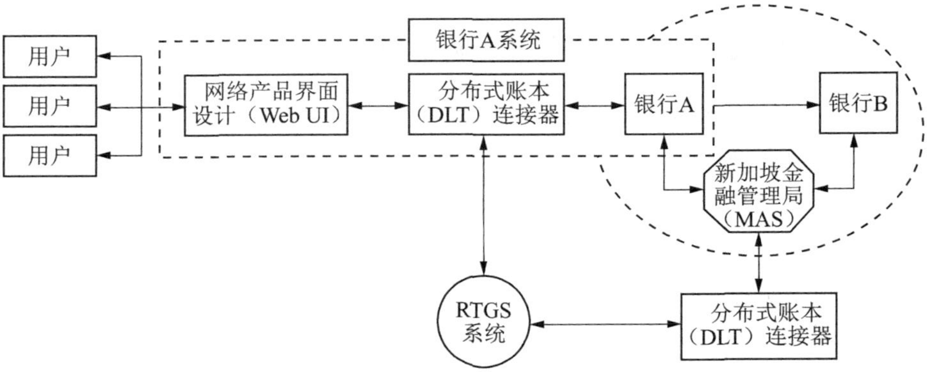


**图 1　新加坡 Ubin 项目的运行架构**

MAS 对 Ubin 项目发展持乐观态度，认为 Ubin 项目具有宏伟的目标，通过共同学习和实验改善金融生态系统，而不是惧怕甚至阻止央行数字货币等技术应用的发展和实验，监管机构不应害怕区块链实验而应率先了解其可能性。Ubin 项目不是一个被监管和规范的商业项目，MAS 愿意为 Ubin 项目研发做出妥协和让步，为其创造足够的发展空间。由于不同司法管辖区对央行数字货币的数据标准等有不同的识别和监管要求，难以形成统一且标准化的监管框架，所以 Ubin 项目反映出某些监管顽疾。不过，Ubin 项目将助推新加坡建立跨司法管辖区的统一监管框架，制定第三方机构参与央行数字货币的准入制度，实行激励性监管政策。

3. 从明确反对到开展验证性测试的国家：以日本为代表

2016 年，作为一个与欧洲中央银行合作的实验项目，日本银行作为本国的中央银行，开展了 Stella 的项目研究，目标是试图通过区块链技术更新法定货币跨境支付系统，但是日本银行曾透露该国短时间内没有推出央行数字货币的现实预期。随着央行数字货币的全球性竞争日趋白热化，加之疫情对国内经济带来巨大冲击，日本对央行数字货币不再是绝对消极的态度。2021 年 4 月，日本中央银行宣布决定开展研究客体为法定数字货币的概念验证性（Proof of Concept）测试，从明确反对向验证性测试转变。

2019 年，日本银行对央行数字货币发展与监管问题开展了相关研究，该研究重点指出：第一，通过立法手段对央行数字货币的法律性质和地位作出说明。因为日本现行法律没有规定现钞货币以外的法定货币，故而需要通过立法明确央行数字货币的法币地位。第二，在私法层面，对伪造、复制与丢失数据的行为规范进行修订，并建立适当的程序。第三，在刑法层面，通过《刑法》重新规定伪造货币犯罪，将伪造或复制央行数字货币的行为纳入刑罚范围；通过《反洗钱和反恐怖主义融资法案》将利用央行数字货币洗钱和恐怖主义融资行为纳入法律框架中，扩展反洗钱和反恐怖主义融资的适用范围。第四，通过修订个人信息保护法，有效保护央行数字货币下用户个人信息和交易信息的安全。

### （二）央行数字货币的国际发展共识与经验

1. 央行数字货币需要明确的中心化组织结构

非法定数字货币不依赖于特定的货币发行机构，而是通过盲签名和分布式账本实现了非对称加密和去中心化。由于通过加密数字货币进行的交易完全匿名，不被任何组织和个人追踪和监控，带来了巨大的金融和犯罪风险，所以大部分国家对非法定数字货币保持高度警惕，排除非法定数字货币的货币属性，大力推进央行数字货币的研发应用。大部分国家对央行数字货币采取中心化的组织架构，从发行到流通强调政府监管，需得到政府批准或牌照。

央行法定数字货币以政府信用为背书，相较于建立在“机器信用”和“用户信用”基础之上的私人数字货币和以企业信用为基础的机构数字货币，利用国家政府信用作为担保的央行数字货币能够为国民带来更安全可靠的担保及更稳定的金融秩序。

2. 采取先试点后推广、稳步推进的监管路径

央行数字货币是一种发展的新生事物，对于央行数字货币的落地需要在综合考虑国内经济发展实际国情和准确把握国际金融形势的基础上稳步推进，谨慎谋划央行数字货币的总体发展战略，有针对性地推出配套政策举措和法律监管。在充分的理论研究和论证的基础上，借鉴监管沙盒的模式，采取先试点后推广的落地方针。其中，新加坡与加拿大等创新沙盒监管模式，逐步扩大央行数字货币的试点范围，不断拓展央行数字货币的现实应用场景，加强对央行数

字货币的实时反馈和动态监管，及时防范化解金融风险，确保央行数字货币的平稳发展，促进其在国民经济体系中发挥稳定作用。

倘若不稳步推进，那么委内瑞拉石油币(Petro)是个典型反例。为应对法币疯狂通货膨胀、国家经济体系崩溃的险境，打破美国经济制裁的困局，数字技术和法律监管并不发达的委内瑞拉政府率先推出了世界上首个央行法定数字货币 Petro。然而，因 Petro 的前期理论验证和实验不足、配套的流通和监管框架缺失，Petro 的匆忙推出并未在国内引起足够反响，民众对 Petro 缺乏信心，使用率和普及度都很低。由此可见，如果央行数字货币不具备坚实的理论基础和试点实践而匆忙推出，只可能浪费资源与破坏政府信用。

3. 强化金融风险管控，实现数字货币体系的稳定

第一，克服技术风险，实现央行数字货币的稳定性。目前，由于数字货币技术不完善，区块容量有限，在大量交易同时发生时，平台很容易发生网络拥堵，给交易安全带来较大风险。此外，非法定数字货币的资产储存存在漏洞，由于技术问题或技术人员监守自盗，用户储存在数字货币服务机构的数字资产发生过恶劣的“盗币”事件，许多用户的损失没能得到赔偿。对此，各国政府主导的央行数字货币通过吸取非法定数字货币的失败教训，利用国家资源支持数字技术研发升级，为央行数字货币流通提供足够的网络容量并保持高速畅通，对央行数字货币数字支付系统进行持续的技术维护，强化其数字技术支撑，通过开展有效的合规监管以规避技术风险。另外，央行数字货币钱包在技术上实现了资金和用户的分层分类管理，配备了严格可靠的防火墙制度，确保社会公众的财产安全。最后，政府部门不同于私有部门，它具有非营利性，所以其研发的央行数字货币可在反复的技术验证基础上推出，降低金融动荡风险，维护国家数字货币体系乃至经济体系的稳定。

第二，强化金融风险管控，规避商业银行挤兑危机。央行数字货币的推出，将对流通中的现金产生替代效应，央行数字货币的便捷性和灵敏性使得社会公众对其流动性偏好显著提高，相应地，各商业银行中的银行存款数量可能出现规模化减少的负面现象，这将对商业银行信贷产生直接影响，可能导致商业银行挤兑风险。银行能够为社会公众和企业提供的贷款资金来源缩减，恐将对其资金链造成不利影响，增加经济下行压力。所以，国家金融监管机构应当增强相应的风险监测和预警管控，当流通中的央行数字货币运行规模和速度达到一定指标时采取谨慎的熔断机制，给央行数字货币适度“降温”，防止商业银行的运转资金大量流失，确保法定货币的再创造能力，避免流动性危机掏空商业银行的信贷能力；同时，通过立法规范商业银行等机构的代理行为，提高央行数字

货币用户支付流程进展的透明度和交易信息传达的及时性，规避金融结算风险。

4. 广泛开展国际合作，推动全球监管体系联动

新加坡央行数字货币 Ubin 项目借鉴了加拿大 Jasper 项目经验，在支付网络构建等方面与加拿大开展国际合作。同时，MAS 对私人机构的参与持开放态度，区块链公司 $R_3$ 在 Ubin 项目中贡献了区块链技术支持。为了降低机会成本，与世界先进央行数字货币技术接轨，日本银行积极寻求与欧洲中央银行合作，从而推动日本央行数字货币 Stella 项目得以提速。

除了与其他国家和技术公司开展技术层面的合作，政府部门还应当在法律治理和制度构建层面建立联动机制，跨越国界和地域壁垒，打通全球金融监管治理架构，推动建立高效的央行数字货币全球治理框架；在打击跨国洗钱犯罪、恐怖融资犯罪和货币造假犯罪等方面开展国际刑事司法合作；最后，世界各国还可以在央行数字货币政策实施、利率水平调整和外汇管理等领域加强交流，推动全球监管体系联动，构建世界数字经济共同体。

## 三、促进我国现代中央银行数字货币稳健发展的建议

在新兴技术背景下，央行数字货币对国家把握货币发展趋势、发挥货币政策与宏观调控、维护货币主权并推进国际化具有重要作用，应当建立前瞻性的央行数字货币稳健发展路径。

### (一) 完善央行数字货币的发行依据和无限法偿性

1. 从法律制度上完善央行数字货币的发行依据

首先，修订《中国人民银行法》和《人民币管理条例》，明晰中国人民银行的法定数字货币发行权。由全国人大常委会对《中国人民银行法》立法解释，将人民币扩大解释包括数字人民币，从立法层面确立央行数字货币的法币地位，为人民银行发行央行数字货币提供法律保障。由国务院对《人民币管理条例》进行修订，将其第 2 条修改为“本条例所称人民币，是指中国人民银行依法发行的货币，包括纸币、硬币和数字货币”，将央行数字货币纳入条例管理范围；对条例第 8 条修订，授予人民银行具有指定专门企业为发行和维护数字人民币提供技术支持的权力，解决央行数字货币发行法律制度与发展实践的矛盾。

其次，坚持国家货币发行权，采取“双层”架构发行货币。“双层”架构由两个层级和两个中心元点组成：第一层级是人民银行的上级发行行为，其将数字

人民币投放给商业银行，人民银行为一级中心元点；第二层级是商业银行的下级发行行为，由其将数字人民币投放给社会公众，商业银行为一个二级中心元点。人民银行遵循原有的存款准备金制度，对商业银行的数字人民币兑换申请按照1∶1的比例批准执行，商业银行再将央行数字货币兑换给公众，这既能巩固人民银行在央行数字货币的中心地位，强化央行数字货币对社会公众的负债角色，也能保持一定的灵活度，由各级商业银行基于具体业务实施情况进行运营性调整，最大化释放商业银行金融基础设施和用户群体优势，减轻央行负担并分散系统性风险。

2. 推动国家立法赋予央行数字货币无限法偿性

央行数字货币的定位是替代流通中现金，我国应通过立法规定境内主体不得拒绝接受数字人民币支付，赋予央行数字货币无限法偿性，保证央行数字货币的无条件使用和兑换。同时建议在央行数字货币自由流通的同时，按照不同的匿名性程度划分央行数字货币的使用范围和交易额限制，对个人的数字货币钱包进行分类：对于实名认证程度较高的用户，其央行数字货币钱包无余额和交易额的限制；对于匿名性程度较高的用户，则应当被限制钱包余额和交易额，确保央行数字货币的法偿性合规流通。

我国需要从技术上完善央行数字货币基础设施，助力其无限法偿性的实现。此外，我国不应让央行数字货币承担货币职能之外的其他职能，以保持其无限法偿性的法律地位，①并注意加强审慎的宏观调控手段，制定合理的货币政策，以维护央行数字货币的币值稳定，防范与制止潜在的通货膨胀风险：第一，次贷危机后，许多国家宏观经济受创，导致货币贬值与通胀严重，这启示我国需采取审慎的货币政策。替换流通中的现金并实现纸钞互换是央行数字货币的发行目标，我国可以通过央行数字货币实现纸钞转换，因为其转换过程更平稳、性质更稳定。而且，央行数字货币仍属于中央银行负债的范畴，对现有货币政策体系的冲击较小。第二，人民银行需强化宏观调控功能，保持相对稳健的货币政策，避免央行数字货币的推出导致市场经济过热，维护央行数字货币币值稳定并防止通胀风险。

### （二）创新金融监管，推动央行数字货币风险防范与稳健发展

1. 加强央行数字货币的反洗钱等金融风险防范

央行数字货币采取账户松耦合模式，这促使交易双方能脱离银行账户体系

---

① 谢平、石午光：《数字货币新论》，中国人民大学出版社2019年版，第204—207页。

直接点对点交易，且没有跨境网络条件的限制，为洗钱等行为提供了犯罪与套利空间。因此，有必要加强央行数字货币的全流程金融监管，发挥其对金融市场的风险遏制和肃清作用。

首先，扩大央行数字货币的刑事管辖范围，开展打击洗钱、恐怖融资活动犯罪的国际刑事合作；增加相关的法律拟制条文，对同时触犯其他货币犯罪的行为实施数罪并罚，严厉打击央行数字货币的洗钱与恐怖融资等行为；增强刑事立法的前瞻性，细化洗钱与恐怖融资等金融风险行为的技术认定标准，完善反洗钱、反恐怖融资等立法体系。

其次，建立央行数字货币的交易主体准入制度，排除不合格的用户主体，确保用户群体的绿色和纯净合规。具言之，我国应当对参加央行数字货币交易活动的经营者与消费者加以适当的限制：在市场经营者适格性层面，任何数字货币交易平台必须取得国家行政机构的批准并取得相应的营业执照才能经营相关的数字货币服务，未获得牌照擅自经营的数字货币交易平台将构成非法经营罪承担刑事责任，如果对用户财产造成过错损害，那么其必须承担相应的附带民事赔偿责任。在消费者适格性层面，建立健全个人征信体系，对信用状况较差的个人限制央行数字货币的使用和消费，全面强化金融风险防范。

2. 创新金融监管框架，助力央行数字货币稳健发展

为实现对央行数字货币金融风险有效监管与防范，建议重构金融监管框架体系，建立“一行一局”金融监管结构，明晰现代中央银行的监管权责。我国金融监管框架很长时间秉持“一行三会”（中国人民银行、银监会、证监会与保监会）模式。随着市场经济的发展，分业监管模式已难以适应金融发展的需要。银监会与保监会于2018年合并，开启了新时代重构金融监管框架体系的变革之窗，推进了“一行两会”的金融监管。在同为大陆法系国家的德国与韩国，这两国在金融监管上结合统一化趋势，分别成立了德国金融监管总局（BaFin）与韩国金融监管局（FSS），与其中央银行形成了“一行一局”的创新金融监管框架。我国可有条件地吸收其金融监管经验，有序地推进契合央行数字货币发展的金融监管框架（见下图2）：在国务院金融稳定发展委员会的协调与领导下，将中国银保监会与中国证监会合并，组建国家金融监管总局，下设中国银监局、保监局与证监局；中央银行负责宏观审慎监管并统筹沙盒监管，与国家金融监管总局构成“一行一局”的监管结构，强化金融监管协调与宏观审慎监管，解决金融监管空白和监管不到位等难题。同时，我国应当明晰各职能部门在央行数字货币发行、流通领域的监管权责，增强各金融监管机构的执行能力与效率，通过落实监管机制、健全信息分享机制适应“混业经营”，完善央行数字货币流通去向的

实时监控，防范因央行数字货币发展而导致的金融风险。

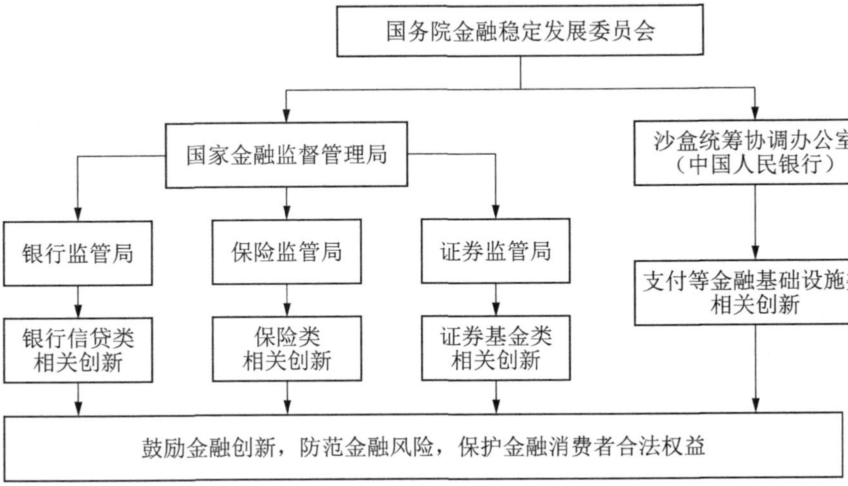


**图2 创新中国央行数字货币监管框架**

## （三）加强央行数字货币的个人信息保护与可控匿名

一旦央行数字货币全面发行，金融服务机构将掌握海量个人信息。如果金融服务机构存在合规与道德问题，将给原本不完善的个人信息保护制度带来压力。因此，我国应当加强法律制度与技术规范制定，完善央行数字货币的个人信息保护与可控匿名。

首先，在法律制度设计上，通过立法保证中央银行拥有读取和使用用户基本信息和交易行为信息的权力。换言之，我国应当只有中国人民银行可读取和使用用户基本和交易行为信息，而且人民银行提取个人隐私信息必须事先征得用户的同意，符合"告知—同意"的要求，全面保护个人知情权。在数字人民币使用过程中产生和收集的用户个人信息，必须通过立法明确应当承担个人信息保护责任的主体与责任范围，明晰电子认证服务中心对大数据信息进行保密的责任，对存储、使用数字货币中产生的隐私信息的泄露和滥用风险作出禁止性规定。此外，我国应坚持"预防为主，打击为辅"原则，加强对泄露和滥用用户个人信息行为的法律惩戒，明确其刑事责任和民事赔偿责任。

其次，在技术规范设计上，我国应完善相应的技术标准，促进数字人民币可控匿名，保障个人与国家信息安全。随着信息保护与安全意识的逐步提升，用户逐步具有匿名支付与交易的实际需求，但除了现钞货币，目前主流电子货币无法摆脱银行账户体系，无法满足用户个人信息安全与匿名需求。如果采用基于去中心化区块链技术的非法定数字货币，虽然它具有完全匿名的特性，却无法满足国家信息安全要求。对此，我国在推行数字人民币时，需通过可控匿名方式最大化满足个人信息安全与匿名需求，但同时需要对通过 e-CNY 匿名性违法犯罪保留必要的核查手段，在个人信息保护与国家信息安全之间保持相对平衡。比如，我国可以对 e-CNY 交易的行为特征而不是具体的交易内容进行智能识别，e-CNY 交易是匿名的，但可通过大数据与人工智能方式识别交易行为特征，从而判断 e-CNY 交易是否涉嫌违法犯罪。一旦识别其交易违法犯罪，便可通过技术方式开展用户身份比对，从而确定具体的个人。

### (四) 深化央行数字货币应用，促进货币主权与国际化

当前，国际货币竞争日益激烈，美元霸权的危害逐步加强。我国应牢牢把握技术革命下货币发展趋势，利用技术转型机会，全面深化数字人民币的应用，促进货币主权与国际化。

首先，通过国际大宗商品交易实现央行数字货币的规模化结算，构建数字人民币的数字货币区，增强国际影响力和话语权。美元之所以成为世界货币，因为国际大宗商品普遍采取美元结算，大宗商品普遍是用于工农业生产与消费的商品，具有高频率、高价值的战略意义，故而反向增强了美元的使用与结算。在新兴技术革命与数字货币背景下，e-CNY 需牢牢把握时代趋势，结合某些大宗商品的资源禀赋优势，在稀有金属、煤炭、农产品等方面采取 e-CNY 结算，待相关条件成熟后，再逐步拓展更多国际大宗商品交易的规模化结算。

其次，深化数字人民币与各类消费场景的合作，拓展其支付的使用空间。e-CNY 在多个城市试点推行，但由于没有第三方支付的众多应用场景，导致其发展规模较小：在用户规模上，第三方支付的用户规模达到 8.72 亿人，而 e-CNY 的个人用户钱包仅为 2 087 万个；在交易规模上，第三方支付的交易规模接近 150 万亿元，而 e-CNY 的交易规模仅为 345 亿元；在应用场景上，第三方支付深入融合了便民生活、购物娱乐、财富管理、教育培训、公益事业等消费场景，而 e-CNY 只连接了 74 个知名的线上消费场景。数字人民币作为我国高信用水平、高隐私保护、支付即结算等优势的央行数字货币，需要加强与成熟互联网平台合作，从全场域消费场景切入，实现其支付业务全面发展。

最后，利用“一带一路”和“自由贸易试验区”的跨境支付渠道，促成数字人民币的海外应用场景落地。因传统货币在跨时空上具有物理阻隔，缺乏双边与多边合作机制，导致人民币国际化进展缓慢。如今，信息技术突破了时间与边界流动性问题，只要双边与多边合作机制完善，e-CNY 便可以实现高效的快速

流通，提升其货币可得性与普惠性。对此，我国可利用“一带一路”和“自由贸易试验区”的跨界支付渠道，提升国际应用场景：一方面，我国需要从政策上逐步鼓励数字人民币的跨时空、跨边界流通与场景合作，但需要在合法合理的基础上，谨防出现不必要的法律风险；另一方面，我国需要从技术上提升数字人民币跨境支付的快速通道，使其从技术上率先具有世界货币的属性与能力，比其他世界货币在交易与支付等层面具有明显的技术与效率优势，逐步推动 e-CNY 的国际化进程。

# 香港、新加坡、伦敦金融监管特点及启示借鉴

刘功润　蒋雪云①

**内容摘要**：香港、新加坡、伦敦的金融监管模式各具特色，本文研究了三种监管模式的内涵，总结了其经验及对中国内地金融监管模式构建的借鉴意义。

中国特色的金融监管模式充分考虑了中国的国情与金融发展的阶段性特征，又充分借鉴了国际的先进经验，能够确保中国从金融大国走向金融强国。

**关键词**：国际金融监管特点　启示借鉴　中国金融监管模式

从国际经验看，主流的金融监管大致分为三种模式：分业监管（又称“伞形”模式，Umbrella Supervision）、综合监管（或称“统一”模式）和“双峰”监管（Twin Peaks）。实践推进中，监管架构的改革主要随金融机构混业经营和金融控股公司的发展而从分业监管转变为综合监管，或者沿着金融产品和服务的功能方向向机构整合乃至综合监管的方向展开，以及通过对金融监管目标进行重塑、划分为审慎监管和行为监管并向双峰监管方向展开。监管改革往往受到既有金融体系、法律制度、发展阶段等因素的制约，主要是在原有监管模式上调整监管权力配置、明晰监管主体职责，从而形成与各国相适应的金融监管模式。

本文以香港、新加坡和伦敦的金融监管模式为观察样本，梳理了其监管机制特点，以之为对照，进一步分析我国内地本轮金融监管体制改革实践的特色。作为一种具有中国特色的金融监管制度设计，我国内地当前“一行一局一会”的监管格局本质上是一种过渡性监管革新的产物，对其形成与发展的理解须充分考虑中国社会经济转型变迁的现实背景。未来，我国的金融监管制度将在充分考虑本国特点、金融市场发展实际、全球最佳实践的基础上不断优化，持续提升金融监管的效率效能。

① 刘功润，中欧陆家嘴国际金融研究院副院长、研究员；蒋雪云，中欧陆家嘴国际金融研究院助理研究员。

## 一、香港：典型的分业监管

分业监管模式迄今仍是全球最常见的金融监管制度，[①]香港便是采取这种模式的典型代表，即按金融机构和产品功能作专责监督，由不同的监管机构监察银行、保险、证券以及强制性公积金业务。香港在分业监管模式下，进一步强化行为监管和信息披露。不过，其核心的监管思路仍是确保在尽可能少的监管干涉下，努力使市场开放、公平且有效。

1. 完善的法律制度

金融监管是涉及法律体系、监管架构、经济政策和监管成本等诸多方面的系统工程。香港的繁荣稳定有赖法律框架下稳健的法治，在普通法的制度下，香港拥有完善的现代法律制度，法律架构灵活透明，可以较大限度地维持市场公平及具有较高效率，有利于金融创新和发展。法律也赋予香港监管部门较高的监管自由度，每个监管部门都可以依据明文规定的授权，在职责范围行使职权，一般不会受到政府的干预。

2. 功能监管的良好实践

香港的牌照管理制度及采用前线监管机构的模式监察跨业业务，有助于减少监管真空、监管套利和防范创新业务风险。香港证券期货业务牌照管理制度，即"持牌人"制度，是功能监管体制下的一种典型安排。香港将证券期货业务划分为十二类牌照，业务牌照界定明确，持有牌照即可从事相应业务，无牌照经营即属犯罪。在功能监管框架下，持牌公司/人士开展受监管业务均受香港证监会监管，该监管方式实现了同类业务同等监管，减少了监管套利。

3. 健全的协调合作机制

香港自2002年12月起采用前线监管机构的模式监察跨业业务。负责监管某金融机构主要业务的监管机构，亦代表另外3个监管机构监察该金融机构的其他金融业务。以银行业为例，金管局亦负责根据证监会、保监局和积金局各自制定的整套规则，监管本地银行的非银行金融服务（如证券、投资相连保险及退休基金）。为了"尽量减少规管重叠或漏洞"，香港各监管部门之间建立了健全的协调合作机制，4个监管机构不仅签署了一系列谅解备忘录，还透过两个跨业沟通平台，即金融监管机构议会和金融市场稳定委员会（两者皆于2003年2

① 国际清算银行2018年的一项研究显示，在研究涵盖的79个经济体中，仍有38个（占48%）采用分业监管模式。2019年采用综合监管模式的有23个国家，占29%。

月成立)讨论监管事宜。此外,当发现市场有新的金融业务模式、某机构某类业务突然发生较快增长等情况时,金管局会与相关机构进行交流,探讨内部风险管理机制等,在金管局认为还没有对相关问题完全明了前,一般不会断然要求停办业务。

4. 与国际高度接轨

参与国际及地区财务组织,以确保香港的监管制度与最新颁布的国际标准一致并推动全球金融监管改革的发展。香港积极参与包括金融稳定委员会、巴塞尔银行监管委员会、国际证券事务监察委员会及保监联会组织国际保险监督联会,亦是亚洲基础设施投资银行、亚洲开发银行及亚太经济合作组织的成员。香港还是少数设有符合相关国际标准的跨界别处置机制①的地区之一。处置机制有助于提升香港金融体系抵御金融震荡的能力,主要包括两个方面:一是通过赋予处置机制当局权力以有序地处置金融机构,处置机制减缓了具有系统重要性的香港金融机构一旦不可持续经营时对香港金融体系的稳定及有效运作构成的风险;二是通过让该机构的股东及债权人承担亏损,降低了使用政府资金的风险。

5. 政府监管与行业自律并重

在香港的监管体系中,行业协会的作用较为突出。银行业、证券业和保险业的行业自律机构分别是香港银行公会、香港交易所和香港保险业联会。政府在金融监管中担当管理者的角色,行业自律机构则重在内部风险的控制和审查。政府监管及行业自律的两级监管模式,使得政府和行业自律机构合理分工,各尽其职,从而形成了香港自律与他律相结合、多形式、多层次的金融监管体系,有利于监管当局在维持有效监管的同时,发挥行业和市场的积极性,保持市场的活力。

## 二、新加坡:机构集成下的综合监管

新加坡由单一机构新加坡金融管理局承担货币政策、宏观审慎和主要微观监管职能,新加坡央行(新加坡金融管理局)是金融稳定的"集大成者"或"超级央行"。

1. 以金管局为核心的综合监管,采用分业监管、持牌经营的监管方式

金管局作为新加坡的中央银行和综合金融监管机构,将金融机构分为银行

① 根据《金融机构(处置机制)条例》(第628章)设立的金融机构处置机制于2017年7月7日起生效。

业、证券业、保险业和支付业四类，并制定针对性的牌照准入门槛和具体监管要求。金管局有权审批新加坡各类金融牌照的公司设立申请，并监督新加坡持牌金融机构的日常经营。以银行业为例，金管局根据业务领域、展业范围等标准将银行分为全面银行（Full Bank）、商业银行（Merchant Bank）、批发银行（Wholesale Bank）、金融公司（Finance Company）、信用卡/收费卡发卡机构（Credit/Charge Card Issuer）以及银行业金融控股公司（Financial Holding Company（Banking））。设立银行业机构需向金管局申请许可，并满足金管局关于风险管理、审慎监管、公司治理、反洗钱等领域的监管要求。2022 年 4 月，新加坡议会通过《金融服务与市场法案》，加强了金融业的监管和执法架构，以及应对金融市场数字化和转型所带来的新监管挑战，包括可以对不适合在金融行业中担任关键角色、活动和职能的人实施禁令等，使得金管局在新加坡金融监管体系中的重要性进一步增加。

2. 积极鼓励新兴金融业态，但继续沿袭持牌经营监管思路

以金融科技监管为例，近年来，金管局鼓励金融机构设立创新实验室，培育创新文化，加强金融科技跨国合作，举办金融科技节，组织金融科技交流创新活动，以引进世界各地金融科技企业落地新加坡，促进金融科技发展。不过，新加坡仍将金融科技企业置于现有的分业监管框架下，根据金融科技企业的业务性质分别适用银行、证券、保险、支付四类传统金融行业的准入门槛和监管要求。

3. 推出监管沙盒制度

金管局为无法完全满足持牌所需的资本要求和监管要求的申请机构提供了常规沙盒（Sandbox）和快捷沙盒（Sandbox Express）两个选项，并提供沙盒PLUS（Sandbox Plus）作为额外选项为申请机构提供资金支持。2016 年，MAS首次推出金融科技监管沙盒计划，即常规沙盒；2019 年 8 月推出“金融科技快捷沙盒监管机制”，旨在尽快将创新的金融服务或产品推向市场进行测试，整个审批流程可能缩短至 21 天内；2022 年 1 月推出了沙盒 PLUS，申请企业将有机会在沙盒测试期间和测试结束后得到上限为 50 万美元的补助。

## 三、伦敦：双峰监管模式受到追捧

伦敦一直是全球领先的国际金融中心，其金融监管架构也一直作为全球典范受到追捧，为伦敦巩固国际金融中心地位增添助力。在 2016 年英国公投脱欧的部分影响下，其全球排名在 2018 年从首位降至次席。从监管模式上来看，伦敦是唯一自 20 世纪 90 年代以来先后采取过分业、综合和双峰三种监管模式的全球金融中心。英国的双峰监管模式已实施近 10 年，尽管期间出现过欧洲

债务危机和英国脱欧等事件，但总体表现稳健。这或可归因于其对审慎监管和金融体系整体稳定性的加倍重视，以及更严格的全球金融监管。目前，英国的双峰监管模式主要有以下特点：

1. 目标明确的专门化监管机构

新的监管制度将过往英国金融行为监管局的宏观审慎和市场行为监管进行了分拆，责任分明、权职明确，针对特定目标运用合适的专业知识。

2. 审慎监管优先，注重降低系统性风险和维护整体金融稳定

双峰模式下，英格兰银行拥有了更多的监管权力，因此，其可在金融体系面临潜在系统性风险时，强制实施额外监管或推翻金融行为监管局的决定。

3. 审慎监管局是其主导监管机构

根据审慎监管局与金融行为监管局签订的谅解备忘录，对于同时受两个监管机构监管的金融机构，审慎监管局是其主导监管机构。两局共享监管信息，必要时可成立工作小组以缓解个别机构的金融风险，较少进行联合监管。此外，两家监管必须至少每年更新一次谅解备忘录以掌握市场最新发展。

## 四、启示：监管互有长短，没有“完美模式”

2008 年全球金融危机以来，各国和地区都不同程度地推进了金融监管体制改革。主流的金融体制改革的核心依据是事前、事中监管与事后危机救助。经过多年实践，已取得重要的成效。突出表现在两个方面：

首先，更加突出央行核心地位。危机前原有金融监管体制注重金融机构个体稳健的微观金融监管，缺乏对宏观经济及系统性金融风险的监测、评估和管理，危机后，各国和地区纷纷以法律形式明确中央银行具有监督管理金融体系的职责。

其次，金融监管覆盖面不断扩大，更多系统重要性和非系统重要性机构纳入监管体系。金融危机后，各国和主要经济体都扩大了中央银行监管范围，甚至将全部监管权力并入中央银行(新加坡)，这使得更多的重要性金融机构和系统重要性非金融机构均纳入监管范围，保证了金融创新的秩序和金融的稳定。

“伞形”模式最初是说美国金融控股公司监管，只是在中文语境下常常拓展至整个金融监管层面，而从整个金融监管层面看，将“伞形”模式称为“分业监管”模式更加恰当。美国 1999 年《金融服务现代化法》第 307 条规定美联储作为“伞形监管者(Umbrella Supervisor)”，负责监管金融控股公司，必要时才会对金融控股公司旗下的银行、证券、保险子公司进行有限制的监管；对后者而言，主

要按照业务领域分别由美国证券、保险等监管机构予以监管，形成了监管架构上的伞状形态。《金融服务现代化法》同时规定，各具体业务监管机构若认为美联储对金融控股公司的有限监管措施不当，可优先适用其自身制度。

"双峰"模式的概念由英国经济学家 Michael W. Taylor 在 1995 年提出。Taylor 指出，金融监管有两个主要目标，一个针对系统性风险进行审慎监管，维护金融体系稳定；另一个则针对金融机构的机会主义行为进行行为（合规）监管，保护金融消费者。为此，Taylor 提出"双峰"模式，即一个机构负责审慎监管，另一个机构负责行为监管。有时人们会形成一种误解，认为"双峰"模式中一个是负责货币政策，另一个是负责审慎监管，其实货币政策并不在"双峰"之列，不属于金融监管体制范畴。实践中，"双峰"模式又演变为英国式的二元"双峰"与澳大利亚式的三元"双峰"。前者由英国央行履行（宏观和微观）审慎监管职责、英国金融行为监管局履行行为监管职责；后者则由澳央行履行宏观审慎监管职责、澳大利亚审慎监管局履行微观审慎监管职责、澳大利亚证券与投资委员会履行行为监管职责。

"综合"模式将金融系统中所有金融机构、金融产品和金融市场纳入同一个监管机构的监管范围。该机构既负责所有金融机构的审慎监管，也负责所有金融服务的行为监管。"综合"监管模式始于 20 世纪 80 年代的挪威、丹麦、瑞典等北欧国家。21 世纪初，日本将所有金融业态置于日本金融厅的监管之下，既负责维系金融市场稳定，确保金融协调，又负责监管金融机构行为，保护金融消费者。

全球金融监管体制机制处于动态调整之中，随着外部经济社会环境的变化而不断演变，是一个在持续博弈与优化的过程中寻求监管效率和安全的平衡过程。特别地，2008 年国际金融危机对全球金融体系带来了深刻影响，主要发达市场在危机后都或多或少对金融监管体制机制和技术方法进行了改革。由于"双峰"架构国家在金融危机中表现稳健，许多国家均尝试在不同程度上予以借鉴。

当前，发达市场金融监管体制已呈现融合、趋同迹象，新"双峰"＋"伞形"（主要体现为统一的行为监管机构下设分行业监管机构）金融监管架构似乎正在形成。例如，2008 年以来美国财政部、联邦政府先后公布的《美国金融监管体系现代化蓝图》与《金融白皮书》，均建议设立审慎金融监管局专司审慎监管职责；德国作为传统的统一监管模式国家，危机后向"双峰"模式转变的特征也愈发明显，德国央行与德国金融监管局在金融稳定委员会的协调下，金融稳定方面的合作更多，审慎监管与行为监管的职责分工也更加明确。

纵观全球，各种监管模式互有长短，没有适用于所有国家的“完美监管模式”。金融监管框架改革既不应墨守成规，也不应过于激进照搬别国模式，必须结合各国实际。伦敦是唯一一个在不足30年内实行了上述三种主要监管模式的国际金融中心，但在所有监管模式中，包括实施双峰监管以来的近十年，金融从业人员的不当行为或中介机构的不当销售仍时有发生。

## 五、对我国内地本轮金融监管改革的观察思考

当前，我国内地金融监管体制时隔五年再迎重大调整，各界对本轮金融监管体制改革高度关注。目前舆论多倾向于认为我国内地改革后的监管模式是一种“双峰”监管，实际从严谨意义上说，该种监管体制尚有别于标准的“双峰”监管模式，故称其为中国特色的“双峰”监管模式更为合适。

我们认为，本轮金融监管体制改革是在中国金融转轨大背景下的一种过渡性监管革新，由此构建的金融监管架构既不同于传统意义上的“伞形”“双峰”或“统一”监管模式，也并非未来全球金融监管体制演化的趋势目标，而是当下中国特定约束条件和发展特征下的现实选择。

1. 本轮改革特征

长期以来，我国金融领域主要是以审慎监管为核心的分业监管机制，虽引入行为监管理念，但仅仅是作为审慎监管框架下内部分工的组成部分。2023年3月，党的二十届二中全会通过了《党和国家机构改革方案》，方案明确在银保监会的基础上组建国家金融监督管理总局，统一负责除证券业外的金融业监管，统筹负责金融消费者权益保护，央行恢复省级分行，证监会调整为国务院直属机构。此次调整后，“一行一局一会”的金融监管架构即将形成，功能监管、行为监管得到强化，并将逐步形成中国特色的准“双峰”监管模式。

其一，由“伞形(分业)”向新“伞形”演化。包括我国在内的许多国家和地区历史上均有过向欧美国家金融制度广泛学习的经历，无论是我国2003年开始建立的“一行三会”体制，还是2018年构建的“一行二会”体制，神形均与“伞形(分业)”模式高度一致。本轮改革后，金管总局几乎承担除证券业之外的所有金融机构行为监管及投资者保护职责。参考银保监会现行内设机构设置，有理由相信未来金管总局也将内设细分金融行业监管部门，叠加承接央行对金融控股公司的监管职能，从而在行为监管层面呈现新“伞形”特征。然而，金管总局不承担对作为最重要金融行业之一的证券业的监管职责，则又区别于相关国际经验。

其二，并未形成标准“双峰”格局。一方面，审慎监管包括宏观审慎监管和微观审慎监管两个方面，二者虽在政策工具上高度重叠，在逻辑起点、政策目标、监管重点、政策反应上却大相径庭。如果“双峰”之其中“一峰”主要指向微观审慎监管，则在银保监会基础上组建的金管总局必将继续同时承担微观审慎监管与行为监管的双重职能，从而并未形成国际上标准的“双峰”格局。另一方面，如果“双峰”之其中“一峰”主要指向宏观审慎监管，则虽然履行宏观审慎监管职责的央行可作为“一峰”，但是在行为监管层面，金管总局由于并不负责证券业的行为监管，因而未在行为监管的层面形成“另一峰”。实际上，“双峰”监管涉及的审慎监管应当兼顾宏观审慎监管和微观审慎监管，由金管总局同时承担行为监管和微观审慎监管职能与标准“双峰”格局尚有距离。

其三，证监会剥离投资者保护职能。保护投资者利益在理论和实践中都是证券监管机构的核心职责。国际证监会组织发布的《国际证监会组织证券监管目标和原则》指出，证券监管主要有三项目标，首先便是保护投资者利益。美国证监会(SEC)明确指出其首要工作目标是投资者保护，中国证监会在多个场合也有类似表述。根据危机后出台的美国《多德—弗兰克华尔街改革和消费者保护法案》，美国成立了消费者金融保护局，但其无权就SEC的监管对象实施任何权力。因此，我国内地本轮金融监管改革实践中，将投资者保护职责从证券监管机构剥离在世界范围内是比较特殊的。

综观之，我国内地本轮金融监管改革后形成的“一行一局一会”监管格局，与传统的三大金融监管模式均不尽相同。虽然从2018年原银监会、保监会合并与金管总局职责扩张的角度看，本轮金融监管改革在一定程度上体现出全球金融监管体制演化的部分特征，但又与全球金融监管酝酿中的新“双峰”+“伞形”模式有所区别。作为一种非常具有中国特色的金融监管制度，“一行一局一会”监管格局本质上是一种过渡性监管革新的产物，对其形成与发展的理解须充分考虑当前中国社会经济转轨变迁的大背景。

2. 现实基础与约束条件

过渡性的金融监管体制根植于我国金融体系转型。我国正从中低收入国家向中高收入国家迈进，经济发展模式正从低效粗放向高质高效转型，产业链正向高附加值、高技术领域攀升，融资模式正从间接融资为主向直接融资转变，金融行业聚焦服务实体经济等。我们认为，中国金融监管体制改革面临独特的现实基础与约束条件：

一是制度建设需要过程。假如以《美国金融监管体系现代化蓝图》设想的监管体制为目标，那么组建央行和金管总局之外的微观审慎监管机构需要整合现有“一行二会”分散的微观审慎职能，新机构的磨合及管理成本、监管制度设计成本都将过高。整合所有金融业务的行为监管也面临监管制度的系统性重塑，短时间内难以高质量完成。实际上，即便整合狭义的制度规则，本轮改革也带来了相当的工作量。例如，我国《金融控股公司关联交易管理办法》自 2023 年 2 月正式发布不久，便需要根据本轮改革予以修订。

二是各方利益均需照顾。本轮金融监管体制改革并非小修小补，而是继原银监会、保监会合并后的再度重塑。发改委企业债发行审核职责划入证监会、证监会作为国务院直属机构、证监会系统投资者保护职能并入金管总局，都可能涉及大量岗位、编制、人员的变更与调动，可以预见大量的不同利益诉求将同时涌现。如果期待一次到位整合行为监管、整合微观审慎监管、整合债券市场，利益碰撞必将更加剧烈，从而极有可能造成改革本身的迟滞甚至停滞。

三是路径依赖影响显著。2003 年，中国内地正式确立了中国人民银行、原银监会、原保监会、证监会组成的“一行三会”分业监管体制。与之相对，2001 年日本确立了以金融监督厅为主导的统一监管体制，运行至今尚无系统性变革；美国自 1999 年确立了“伞形(分业)”监管模式，受制于其国内各种制约，虽然早在 2008 年美国财政部就提出了充分借鉴“双峰”模式，由美联储负责宏观审慎监管、审慎金融监管局负责微观审慎监管、商业行为监管局负责行为监管的建议，但金融监管体制至今只有局部变革。中国内地金融监管体制改革的基础在于国内金融综合经营发展趋势，以及债券市场、资管行业分割带来的监管套利、投资者保护不力等问题，但这些问题已通过强化金控公司监管、颁布资管新规等措施得以部分修正，客观上强化了旧有金融监管体制的路径依赖。

四是证监会剥离投资者保护职能在世界范围内属于极具中国特色的举措。然而，如果注意到中国资本市场在当前阶段聚焦服务实体经济、支持科技创新、助力解决“卡脖子”问题等方面的特殊使命，叠加中国证监会较之于美国证监会而言的相对薄弱监管资源，该等选择又不失为当前现实基础和约束条件下的合理做法。

3. 对未来金融监管体制改革的建议

一国监管模式和机制的设计与调整需要根据本国监管的历史沿革和宏观环境、金融业发展现状的客观实际进行设计，并非对国际经验的单纯借鉴。作为一种金融转轨下的过渡性监管革新，本轮金融监管体制改革后的“一行一局一会”监管架构也需要在未来充分考虑本国特点、金融市场发展实际、全球最佳实践而不断优化，不断提升金融监管效率效能。我们提出如下政策建议：

一是组建央行下设的微观审慎监管机构。英国等许多国家在央行内部设立专门微观审慎监管部门，以强化宏观、微观审慎监管与货币政策的协调，提升审慎监管效率，该等设置实可借鉴。

二是组建金管总局下设的金融消费者保护机构。危机后，美国、英国等国家都强化了金融消费者保护，并为此设立了专门机构。然而，金融消费者保护是行为监管的重要目标之一，由一个机构统筹效率更高。上海率先在地方金融监管立法中提出维护“金融消费者”权益，并于 2018 年成立全国首家金融法院，积极探索“以监管促行业规范、以监管防金融风险、以监管优化营商环境”的地方金融“双峰监管”实践，保障国家赋予上海的金融改革创新任务，营造更加优良的金融法治环境。同时，鼓励金融科技、监管科技及“沙盒监管”创新，在监管手段上也推出了系列举措。

三是证监会的行为监管职能并入金管总局后，亟需进一步完善行为监管机制。

四是上海金融服务业迈向更高发展水平，对金融市场的监管能级提出了更高要求，金融的制度型开放需要更适配的金融监管架构。一方面，实质性健全中央金融管理部门与上海地方金融监管的统筹协调机制至关重要。目前，央行设立上海总部以提升上海金融市场的监管能级，不少机构也积极在上海设立“二总部”，但由于缺乏国家层面的统筹设计，这些总部型驻沪机构的实际监管功能作用有限，相对纽约而言，上海金融市场的监管事权明显偏弱。另一方面，上海的金融创新和混业经营态势明显，实行分业监管可能导致监管失灵和低效，所以需要对各类金融实践落实功能性、综合性监管。

五是关于“地方政府设立的金融监管机构专司监管职责，不再加挂金融工作局、金融办公室等牌子”，上海有其特殊性，在剥离地方金融监管机构的地方金融业发展政策规划等相关职责时，是否剥离及如何进一步加强上海国际金融中心建设的有关职能亟待进一步论证、设计。

# 民法典中保证金的法律性质及效力

李阿侠①

**内容摘要**：金融机构收取的保证金因具有履约担保功能，其法律性质须根据合同约定与履行情况而定。在符合定金要件时，可将其视为定金；在保证金账户符合“特定化＋实际控制”要件时，可将其视为金钱质押。除此之外，应将其归入非典型担保范畴。在合同因出现严重履行障碍而陷入终止时，以保证金抵充债务最能实现其担保目的且利于债务清理。在合同对如何抵充债务缺乏约定的情况下，可参照担保物权规则及债务抵销规则处理。抵充时点应为合同终止日；抵充范围包括实现债权的费用、利息与租金债务；抵充顺序应遵循“先费用，后利息，最后主债务”的先后顺序。

**关键词**：保证金　金钱质押　非典型担保　抵充债务

在金融商事活动中，金融债权人（商业银行、证券公司、金融租赁公司等金融机构）从债务人（借款人、投资者、承租人等）处收取保证金作为债权的担保手段可谓司空见惯，如商业银行在办理贷款、承兑汇票、保函等业务时收取保证金；证券公司在融资融券业务中要求投资者必须先在保证金账户中存入所购证券价值一定比例的初始保证金用作担保；金融租赁公司在融资租赁业务中从承租人处收取履约保证金等。2021 年 1 月 1 日开始实施的《民法典》的一大遗憾之处在于未对保证金问题作出专门规定。但这一遗憾在与《民法典》同步施行的《最高人民法院关于适用〈中华人民共和国民法典〉有关担保制度的解释》（以下简称《担保制度解释》）中得以弥补，值得关注。为回应金融行业的重大关切，《担保制度解释》第 70 条对保证金问题专门作出规定：“债务人或者第三人为担保债务的履行，设立专门的保证金账户并由债权人实际控制，或者将其资金存入债权人设立的保证金账户，债权人主张就账户内的款项优先受偿的，人民法院应予支持。当事人以保证金账户内的款项浮动为由，主张实际控制该账户的债权人对账户内的款项不享有优先受偿权的，人民法院不予支持。在银行账户

① 李阿侠，法学博士，天津市高级人民法院民二庭金融审判合议庭法官。

下设立的保证金分户，参照前款规定处理。当事人约定的保证金并非为担保债务的履行设立，或者不符合前两款规定的情形，债权人主张就保证金优先受偿的，人民法院不予支持，但是不影响当事人依照法律的规定或者按照当事人的约定主张权利。”不难看出，上述规定对保证金的法律性质、效力采取了两种不同的处理模式：一种模式下债权人可主张对保证金行使优先受偿权，另一种模式则不能。然而，前一种模式下债权人主张优先受偿权的理论基础并不清晰，保证金究竟是金钱质押还是账户质押仍可能存在争论。而后一种模式下保证金的法律性质以及如何“依照法律的规定或者按照当事人的约定处理”亦有待明确。上述问题需要从《民法典》和最新司法解释的逻辑体系中寻找答案。基于此，本文根据最新立法和司法精神，试图对保证金的法律性质、效力及处理等问题进行探讨，既为法院处理保证金争议提供思路，也为金融机构合法规范开展保证金业务提供参考。

## 一、保证金的担保功能

保证金包含“金钱”与“保证”双重含义。保证金合同一般是通过特定的金钱得丧规则使债务人产生心理压力从而促使其积极履行债务。例如，买卖合同中的质量保证金有担保货物符合交付标准的功能。[①]建设工程施工合同中的工程质量保证金具有担保建设工程质量符合标准的功能。[②]保证金的担保功能主要体现在以下三个方面：一是保证金为债压力手段，保证金返还请求权丧失约定即具有震慑违约之效。如有的合同约定“债务人为保证履行本合同，应于合同签订时将保证金交付债权人，此项保证金于债务人依约履行后，无息返还；债务人若违反本合同任何条款或有违约情形时，债务人丧失保证金返还请求权”。[③]据此，债务人一旦违约，就要面临保证金损失风险。二是债权人对保证金

① 《最高人民法院关于审理买卖合同纠纷案件适用法律问题的解释》第15条规定：“买受人依约保留部分价款作为质量保证金，出卖人在质量保证期未及时解决质量问题而影响标的物的价值或者使用效果，出卖人主张支付该部分价款的，人民法院不予支持。”

② 《最高人民法院关于审理建设工程施工合同纠纷案件适用法律问题的解释(一)》第17条规定：“有下列情形之一，承包人请求发包人返还工程质量保证金的，人民法院应予支持：(1)当事人约定的工程质量保证金返还期限届满；(2)当事人未约定工程质量保证金返还期限的，自建设工程通过竣工验收之日起满二年；(3)因发包人原因建设工程未按约定期限进行竣工验收的，自承包人提交工程竣工验收报告九十日后当事人约定的工程质量保证金返还期限届满；当事人未约定工程质量保证金返还期限的，自承包人提交工程竣工验收报告九十日后起满二年。发包人返还工程质量保证金后，不影响承包人根据合同约定或者法律规定履行工程保修义务。”

③ 参见深圳市中级人民法院(2012)深中法商终字第828号民事判决书。

享有优先受偿权。有的债权人与债务人签订保证金质押协议，并开立专门的保证金账户且实际控制该账户。债权人以质权人的身份主张对账户内的资金享有优先受偿权。三是保证金具有备用金性质，可同于抵销债务。债务人将保证金存储于双方当事人指定的账户上或者债权人的账户上，以备债务人未及时或如数付款时债权人有权以保证金抵扣债务。[①]债权人有权不经债务人申请或同意，自行决定将保证金抵作到期债务，以保障合同继续履行，防止合同履行中断。据此，保证金的担保功能应予肯定。

从新近国际立法情况来看，现代动产担保立法的趋势是扩大担保(物)权的范围。一方面，大陆法系的物权法定主义日趋缓和，可创设担保物权的"法"的范围有扩张解释之势；另一方面，基于功能主义的一元化担保立法在英美法系产生重大影响。《美国统一商法典》第9编采行功能主义立法模式，将债权人在担保物上设立的具有担保功能的权利统称为"担保权"。受功能主义影响，《联合国国际贸易法委员会动产担保交易立法指南》亦建议将约定在动产上的设定的旨在担保债务履行的一切权利统一类型化为"动产担保(物)权"(security right)。不论交易的形式和当事人使用的合同术语如何，只要交易的实质起着担保功能，均应适用统一的担保规则。我国亦有学者提出，我国立法规定的担保类型并不具有封闭性，当事人可在法定的典型担保类型之外通过合同创设新的非典型担保类型。[②]

非典型担保的效力在我国司法与立法中均获得肯定。通说认为，非典型担保只要不违反法律、行政法规的强制性规定，其债法上的效力应得到承认。[③]最高人民法院2019年出台的《全国法院民商事审判工作会议纪要》亦提出"要充分发挥担保对缓解融资难融资贵问题的积极作用，不轻易否定新类型担保、非典型担保的合同效力及担保功能"，该会议纪要第66条同时规定："当事人订立的具有担保功能的合同，不存在法定无效情形的，应当认定有效。虽然合同约定的权利义务关系不属于物权法规定的典型担保类型，但是其担保功能应予肯

① 崔建远：《保证金刍议》，载《河北法学》2008年第1期。

② 高圣平：《担保法前沿问题与判解研究——最新担保法司法政策精神阐解(第四卷)》，人民法院出版社2019年版，第295页。

③ 刘贵祥：《物权法关于担保物权的创新及审判实务面临的问题(下)》，载《法律适用》2007年第9期。曹士兵：《对非典型担保的司法态度》，载《人民法院报》2005年8月31日。高圣平：《金融担保创新的法律规制研究》，法律出版社2017年版，第343页。王闯：《民商事审判实务若干争论问题——以合同法和担保物权法为中心》，载最高人民法院民二庭编：《商事审判指导(总第29辑)》，人民法院出版社2012年版，第103页。

定。”这一规则在《民法典》中亦得到充分体现。我国《民法典》在物债两分的体系架构下将具有担保功能的非典型担保一并纳入担保合同范围，体现了典型担保与非典型担保的融合、体系主义与功能主义的融合。[①]《民法典》第 388 条依功能主义思路扩大了担保合同的范围，规定“担保合同包括抵押合同、质押合同和其他具有担保功能的合同”。对于“其他具有担保功能的合同”的范围，立法者虽未一一列举，[②]但通过文义理解，此属开放性法律概念。凡当事人缔结的旨在提供担保的无名合同均可归属于担保合同之中，保证金合同亦不例外。保证金合同作为非典型担保合同，应按债权规则确定其合同效力，只要不存在法定无效情形，其合同效力应予肯定。[③]

## 二、保证金的法律性质辨析

从广义上理解，除担保物权外，其他任何能够合法督促债务人履行债务进而保障债权实现的方式，都属于担保。[④]仅从是否具有担保功能看，定金、违约金、金钱质押、债权质押均有担保功能。由此带来的问题是，保证金担保是否属于上述担保之一种？司法实践中对此问题亦存在争论，存在“定金说”“违约金说”“保证金质押说”“非典型担保说”等诸多观点，有必要加以辨析。

### （一）“定金说”及其评析

“定金说”的观点认为，在合同约定债务人违约，债权人有权没收保证金时，因此种约定与定金罚则类似，故可认定保证金为定金。

笔者认为，保证金与定金虽有相似之处，但也存在明显区别。

定金是我国立法明定的典型担保方式之一，是指依照法律规定或者合同约定，由一方当事人在合同履行之前预先支付给对方当事人的一笔金钱或替代物。[⑤]根据《民法典》第 586 条第 1 款“当事人可以约定一方向对方给付定金作为

---

① 最高人民法院民法典贯彻实施工作领导小组主编：《中华人民共和国民法典物权编理解与适用（下）》，人民法院出版社 2020 年版，第 995 页。

② 根据全国人大常委会副委员长王晨在十三届全国人民代表大会第三次会议上所作的《关于〈中华人民共和国民法典（草案）〉的说明》，“（草案）扩大担保合同的范围，明确融资租赁、保理、所有权保留等非典型担保合同的担保功能，增加规定担保合同包括抵押合同、质押合同和其他具有担保功能的合同”。

③ 徐化耿：《保证金账户担保的法律性质再认识——以〈担保法司法解释〉第 85 条为切入点》，载《北京社会科学》2015 年第 11 期。

④ 程啸：《担保物权研究（第二版）》，中国人民大学出版社 2019 年版，第 25 页。

⑤ 马俊驹、余延满：《民法原论（第四版）》，法律出版社 2010 年版，第 568 页。

债权的担保”之规定,债权担保为定金的原始功能。可见,二者均具有债权担保功能。而且,二者的支付方式亦趋于一致,均为债务人向债权人预先支付的一笔金钱。然而,保证金担保与定金担保存在明显差异:根据定金罚则,给付定金一方违约的,无权要求返还定金,接受定金一方违约的,应双倍返还定金,故定金具有双重担保性。[①]而保证金为单方担保。保证金合同大多约定当债务人违约时债权人可以没收保证金,但并未约定如债权人违约时是否应向债务人双倍返还保证金。定金罚则对保证金难以适用。此外,定金数额不得超过主合同标的额的20%(《民法典》第586条第2款),超出部分无效,而实践中保证金的数额可由当事人任意约定,并无法定最高额限制。

因而,不可一概而论将保证金视为定金。保证金是否构成定金,要依据当事人意思表示和合同全部条款的关联性来认定。[②]《最高人民法院关于适用〈中华人民共和国担保法〉若干问题的解释》(以下简称《担保法解释》)第118条即有意将保证金与定金进行区分:“当事人交付留置金、担保金、保证金、订约金、押金或者订金等,但没有约定定金性质的,当事人主张定金权利的,人民法院不予支持。”《担保法解释》虽已被废止,但其对于如何区分保证金与定金仍具有重要的借鉴价值。[③]据此,在合同明确约定保证金为定金,或者虽没有作此约定但约定适用定金罚则,比如有“债务人违约债权人不返还保证金,债权人违约时应向债务人双倍返还保证金”等类似意思表示的,可将保证金认定为定金,否则,不宜推定保证金为定金。

### (二)“违约金说”及其评析

“违约金说”的观点认为,保证金与违约金均是用于弥补债权人因债务人违约造成的经济损失。而且,在债务人违约时债权人有权没收保证金这一约定还具有一定的惩罚性,与惩罚性违约金接近,故可将保证金理解为违约金。

笔者认为,保证金虽具有担保合同履行的功能,但其与违约金存在本质区别。若仅从担保功能这一点来看,保证金与违约金确实存在一定的相似之处。

---

① 郭明瑞、房绍坤、张平华:《担保法》,中国人民大学出版社2006年版,第234页。

② 崔建远:《合同法(第四版)》,北京大学出版社2021年版,第243页。

③ 《担保制度解释》起草人认为,《担保法解释》第118条符合《民法典》的精神。“《担保法解释》没有被《民法典》吸收、没有在《担保制度解释》中规定的部分条件,其原理如果与新的法律和司法解释不矛盾,对《民法典》施行后的担保行为引起的民事纠纷案件中,审理时还可以沿袭原来的审判思路。”参见最高人民法院民事审判第二庭:《最高人民法院民法典担保制度司法解释理解与适用》,人民法院出版社2021年版,第664页、第689页。

大陆法系民法均将违约金作为债的担保或合同的确保，违约金确实具有担保作用。然而，我国的合同立法体例是将违约金作为承担违约责任的一种方式进行规定，而非特别担保方式，此种安排更为科学。[①]保证金与违约金存在两个重要区别：一是违约金是一种附条件合同，只有在违约行为实际发生时，违约金合同才生效，违约行为不发生，违约金合同不生效。[②]而保证金合同都是一经签订即生效。二是违约金只有在债务人出现迟延支付主债务时，才需向债权人支付。而保证金是债权人在合同订立之初就已经收取，与债务人是否实际违约无关。事实上，二者通常共存于同一份商事合同中，条款彼此独立，可同时适用，并不冲突。基于此，不宜将保证金理解为违约金。

### （三）“保证金质押说”及其评析

保证金担保有两种表现形式：一种是将一定数量的金钱封存起来以封金的形式交予债权人；另一种是在银行开立专门的保证金账户再将金钱存入该账户并由债权人管控该账户。由于封金现今比较罕见而保证金账户运用较为广泛，故本文讨论范围仅限于保证金账户这一形式。通说认为，债务人将一定的金钱存入保证金专用账户并承诺以该账户中的款项作为偿还债务的担保，一旦到期不偿还债务，债权人有权直接扣划该账户内的款项以偿债这一担保方式为保证金质押，但在具体定性上又存在债权质押说[③]、账户质押说[④]、金钱质押说[⑤]和区分说[⑥]四种不同的观点（见下表）。

**表 1　四种学说观点比较**

| 学说 | 理论基础 | 代表性观点 | 本质特点 |
|---|---|---|---|
| 债权质押说 | “金钱占有即所有”理论 | 存入银行账户的金钱即归银行所有，存款人只享有对银行的存款债权，存款人将保证金质押给银行或其他债权人，实际上是将该笔债权进行质押。 | 质押标的为存款债权 |

① 崔建远：《合同法（第四版）》，北京大学出版社 2021 年版，第 408 页。

② 胡康生：《中华人民共和国合同法释义（第二版）》，法律出版社 2009 年版，第 186 页。

③ 赵一平：《论账户质押中的法律问题》，载《人民司法》2005 年第 8 期。

④ 罗小红：《账户质押法律问题研究》，载《法学杂志》2008 年第 4 期。

⑤ 王利明：《物权法研究（下卷）》（第四版），中国人民大学出版社 2016 年版，第 1336 页。曹士兵：《中国担保制度与担保方法》（第五版），中国法制出版社 2022 年版，第 376 页。龙俊：《民法典时代保证金的双重属性》，载《法学杂志》2021 年第 4 期。北京市汇融律师事务所、零壹融资租赁研究中心：《融资租赁案件解析与实践指导》，中国经济出版社 2018 年版，第 147 页。

⑥ 吴光荣：《担保法精讲：体系解说与实务解答》，中国民主法制出版社 2023 年版，第 551 页。

续表

| 学说 | 理论基础 | 代表性观点 | 本质特点 |
| --- | --- | --- | --- |
| 账户质押说 | 账户本身具有交换价值 | 债务人或者第三人系将其在银行开立的账户出质给债权人托管以供作担保，且账户质押在我国已有实践。① | 质押标的为银行账户 |
| 金钱质押说 | “金钱占有即所有”理论的例外 | 保证金本质上属于动产质押中的特殊种类——金钱质押。将钱存入保证金账户相当于打一个包裹，因为债权人有保证金账户的控制权，相当于债权人获得了这个包裹的占有，故符合金钱质押法律原理。 | 质押标的为金钱 |
| 区分说 | | 债务人或者第三人将资金存入债权人设立的保证金账户，属于《担保法解释》第85条规定的“特户”，在性质上是金钱担保。债务人或者第三人为担保债务的履行设立专门的保证金账户并由债权人实际控制，则属于保证金账户质押。 | |

笔者认为，债权质押说或账户质押说难以成立。理由在于：首先，对于权利质押的客体范围，《民法典》第440条采取“列举＋兜底”的方式加以限定，即除明确列举的六种权利外，其他可出质的财产权利必须由“法律、行政法规规定”。然而，一般债权和银行账户既不在该条列举之中，亦无其他法律法规规定可以质押。其次，账户质押并不是规范的质押权概念。②担保物权的本质在于实现担保物的交换价值。③银行账户只不过是以数字或符号代表的记载金钱权利的载体，仅为金钱特定化的一种手段而已，其本身并没有交换价值。账户质押的本质是以账户中存款作为担保财产。试想，如果银行账户内没有存款，该账户本身有何经济价值？故以银行账户作为质押标的物显然有悖于担保法基本原理。最后，《民法典》规定的权利质押只有登记或交付权利凭证两种公示方式，而《担保制度解释》规定的保证金质押的公示方式为存入指定的保证金账户或由债权人实际控制，在公示方式上与权利质押存在重大差别。据此，债权质押说或账户质押说缺乏成文法依据，有违物权法定原则。

相较而言，金钱质押说的理据更为充分。首先，根据经济学理论，凡同时具

① 最高人民法院2004年发布的《最高人民法院关于审理出口退税托管账户质押贷款案件有关问题的规定》第1条第2款规定：“本规定所称出口退税专用账户质押贷款，是指借款人将出口退税专用账户托管给贷款银行，并承诺以该账户中的退税款作为还款保证的贷款。”此外，该司法解释第3条在明确“出口退税专用账户质押贷款银行，对质押账户内的退税款享有优先受偿权”的同时，在第2条也要求“以出口退税专用账户质押方式贷款的，应当签订书面质押贷款合同。质押贷款合同自贷款银行实际托管借款人出口退税专用账户时生效”。

② 王娇莺：《商业银行保证金账户的法律性质与风险防范措施》，载《金融论坛》2009年第12期。

③ 谢在全：《民法物权论(下册)》，中国政法大学出版社1999年版，第236页。

备交易媒介、记账单位和价值储藏三项功能的支付物都可称之为货币。[①]通常来说，银行账户的余额虽然表面上是一串数字，但其背后却是国家信用支撑的货币数量。而且，随着现代支付体系的完善，人们使用银行账户支付或转账时，其流通性与现金无异。正是基于银行账户转账的安全性和便捷性，银行账户余额常常被当作货币使用，并乐于被人们接受。据此，货币不仅包括狭义上的纸币硬币等，还应将账户存款囊括在内。其次，金钱作为一种特殊的动产，属于法律规定可以出质的财产(《民法典》第425条)。当事人订立保证金质押协议的真实目的亦在于以账户内的资金进行质押。最后，金钱变动虽以"占有即所有"为原则，但该原则应限于金钱流通领域。如果金钱退出流通，比如存入特定的保证金账户，出质人的"存入"行为仅有提供担保之意，并无转移所有权的意思表示，那此时就不应受"占有即所有"原则束缚，出质人仍应享有其保证金账户内货币的所有权并以其作为质押物。

然而，由于金钱为一般等价物，在其存入债务人或债权人名下账户后便不易与账户名义人的其他财产相区分，故以保证金账户质押时，特定化和公示两项要件不可或缺。[②]《担保制度解释》的起草人认为，保证金质押的有效设立应符合担保物权的一般要求：一是标的财产的特定化，以明确担保财产的对象；二是债权人对于标的财产能够实际控制，以达到占有标的财产的公示要求。[③]

关于特定化，《担保法解释》第85条规定："债务人或者第三人将其金钱以特户、封金、保证金等形式特定化后，移交债权人占有作为债权的担保，债务人不履行债务时，债权人可以以该金钱优先受偿。"上述规定明确提出保证金必须特定化的要求。保证金账户若被混同于债权人的一般资金账户，未按照特户进行管理，则质权不能成立。[④]《担保制度解释》虽无"特定化"字眼，但第70条明确提出要"设立专门的保证金账户"。司法解释起草人在具体阐释时指出，保证金账户的特定化包括账户特定化和资金的特定化，账户内的资金不仅要与出质人的其他财产相区分，还要专款专用，款项的存入和扣划均系用于担保债权的偿

① [美]弗雷德里克·S.米什金：《货币金融学》，郑艳文译，中国人民大学出版社2016年版，第43—49页。

② 近年来，最高人民法院相关裁判均强调保证金质押必须符合特定化和转移债权人占有两项要件，如(2017)最高法民申1829号民事裁定书、(2018)最高法民再74号民事判决书。

③ 最高人民法院民事审判第二庭：《最高人民法院民法典担保制度司法解释理解与适用》，人民法院出版社2021年版，第580页。

④ 曹士兵：《中国担保制度与担保方法》(第五版)，中国法制出版社2022年版，第377页。

还或者偿还之后退还出质人。①

关于公示，则要求质权人实现对保证金账户的有效控制。在比较法上，与保证金账户质押相似的制度有美国法上的储蓄账户担保制度。债权人就储蓄账户的担保权的设定一般分为设立（attachment）和公示（perfection）两个阶段。设立须满足“已经支付对价”“债务人对担保物有所有权或者处分权”“已经订立了一份担保合同且可以证明其存在”三项要件。同时，《美国统一商法典》确立了担保（物）权要取得对抗第三人的效力必须经过公示的规则。储蓄账户担保权的公示方式为控制（control）。《美国统一商法典》第 9—104 条规定，担保权人取得对账户控制权的方法有三种：一是担保权人是储蓄账户的开户银行；二是债务人、担保权人和开户银行在三方协议中同意，开户银行将依据担保权人的指示处分储蓄账户中的资金，并且不必再经过债务人的额外同意；三是担保权人基于此储蓄账户而成为银行的客户。②有美国学者指出，控制作为一种公示方式，并不具有向社会公众公示担保权的功能，美国法之所以允许通过“控制”这样秘密的方式公示担保权的存在，是因为任何第三人都被推定知道银行对储蓄账户中的资金享有抵销权。③此外，根据《联合国贸易法委员会动产担保交易示范法》第 25 条规定，非存款机构的第三方要取得账户内存款的担保权并对抗第三人，必须“订立控制权协议”或者“担保权人成为账户持有人”。在借鉴国外成熟立法经验的基础上，《担保制度解释》起草人认为，“保证金专户＋实际控制”即可完成公示，且二者缺一不可。④过去的《担保法解释》表述为“移交债权人占有”，但最高人民法院发布的第 54 号指导性案例“中国农业发展银行安徽省分行诉张某标、安徽长江融资担保集团有限公司执行异议之诉纠纷案”将其扩大解释为，只要质权人占有和控制保证金账户即可享有优先受偿权。《担保制度解释》则将《担保法解释》中的表述修改为“由债权人实际控制，或者将其资金存入债权人设立的保证金账户”，以表明“只要设立了专门的保证金账户，并且债权人实际控制该账户，债权人就对账户内的资金享有优先受偿权”之立场。⑤

---

① 最高人民法院民事审判第二庭：《最高人民法院民法典担保制度司法解释理解与适用》，人民法院出版社 2021 年版，第 580 页。

② 美国法学会、美国统一州法委员会：《美国统一商法典及其正式评论》（第三卷），中国人民大学出版社 2006 年版，第 15—16 页。

③ See Hillinger，Ingrid Michelsen，Batty，David Line，and Brown，Richard K.，Deposit accounts under the new world order. 6N.C.Banking Inst.1，2002.

④ 吴光荣：《担保法精讲：体系解说与实务解答》，中国民主法制出版社 2023 年版，第 552 页。

⑤ 林文学、杨永清、麻锦亮、吴光荣：《〈关于适用民法典有关担保制度的解释〉的理解与适用》，载《人民司法》2021 年第 4 期。

### （四）非典型担保说

在实践操作中，一些债权人收取保证金并不完全符合金钱质押的构成要件。保证金的“特定化”仅停留在纸面约定上，并未以专户的形式真正实现特定化。例如，有的债权人采取在发放融资款时“预扣”的方式收取保证金，这导致保证金仍在债权人的银行账户内，与债权人的其他资金混同。有的保证金虽由债务人交付给债权人，但债权人收取保证金的账户并非为债务人专门开立的保证金账户，债权人甚至还可以动用账户内的资金，保证金账户内的资金与债权人的自有财产无法区分和隔离。因不满足保证金账户特定化要求，上述操作模式下的保证金担保不宜视为金钱质押。

然而，考虑到保证金的履约担保功能异于典型担保（如定金、金钱质押），故可将其归于非典型担保范畴。①值得注意的是，《担保制度解释》在体例安排上改变了过去《担保法解释》将保证金置于“动产质押”部分的做法而将其置于“非典型担保”部分，表明最高人民法院对保证金的认识也有所转变。由此，保证金的法律效力应在非典型担保框架内寻求解决路径。

## 三、“非典型担保”下保证金的法律效力

在保证金构成定金或金钱质押的情形下，债权人按照定金罚则没收保证金或主张对保证金行使优先受偿权，并无争议。在保证金构成非典型担保时，如何认定保证金合同的效力以及如何处理保证金是需要解决的问题。

### （一）保证金抵充债务的正当性

保证金是否应抵充债务首先要尊重当事人的意思自治。若合同约定债务人违约，债权人有权没收保证金，此为违约责任的承担方式之一，并无不可。②不过，该约定仅限于合同顺利履行情形，在合同履行出现中断之时，其约定的抵扣或退还规则客观上已不可能实现。此时，保证金是否应冲抵债务，容易引发

---

① 王闯：《民商事审判实务若干争论问题——以合同法和担保物权法为中心》，载最高人民法院民二庭编：《商事审判指导（总第29辑）》，人民法院出版社2012年版，第103页。徐同远：《论融资租赁交易中保证金的法律适用——恒信公司与闫某等融资租赁合同纠纷案评释》，载《北京政法职业学院学报》2015年第3期。徐化耿：《保证金账户担保的法律性质再认识——以〈担保法司法解释〉第85条为切入点》，载《北京社会科学》2015年第11期。韩强、孙瑜：《融资租赁法律原理与实务》，浙江大学出版社2017年版，第242页。

② 高憬宏：《人民法院司法标准化理论与实践（二）》，法律出版社2018年版，第103页。

争议。

笔者认为，在合同没有约定或约定不明时，以保证金抵充债务更符合其担保属性，且有利于提高债务清理效率，以及平衡双方当事人之间的权利义务。理由如下：

第一，在民法理论上，抵销制度被认为是一种具有担保功能的制度，保证金的担保功能即是通过抵销制度来实现的。有学者提出，债权人因担心自己的债权无法实现，就通过向债务人预收一笔保证金的方式先将自己变成债务人（约定合同履行期届满后返还给债务人），一旦届时自己的债权无法实现，就会出现其既是债权人又是债务人的现象，此时其就可以抵销制度来实现债权。[①]融资租赁合同中债权人收取保证金的逻辑亦在于此。

第二，保证金除担保功能外，还兼具备用金功能。[②]崔建远教授指出，"有的保证金无定金罚则的效力，只是作为一方履行付款义务的备用金，被存储于双方当事人指定的账户上或债权人的账户上，在该当事人未及时或未如数支付应付款额时，相对人有权从保证金中提取相应数额"。[③]债务人将保证金预先交付于债权人后，在合同顺利履行时，保证金处于休眠状态，相当于备用金。在债务人出现严重违约时，整个合同项下的债权债务即面临全面清理。当事人预期抵充的尾款已转化为可得利益损害赔偿。根据对等履行原则，债务人应向债权人支付损害赔偿金，债权人则应将保证金抵充尾款或返还给债务人，故债权人与债务人互负到期债务。此时如固守"债务人先向债权人履行全部债务后再由债权人向债务人退还保证金"之顺序，只会徒增当事人的履约成本，并无任何实际意义。相反，此时"激活"保证金以抵充债务更符合保证金的备付功能以及订立保证金合同的目的。

第三，抵充债务为债务清理最有效率的选择。抵销制度的目的在于避免双方当事人分别请求以及分别履行所带来的不便及不公平。[④]将保证金债务与主债务一并处理，符合担保的从属性规则。若认为保证金应待债务人履行完判决确定的主债务后才予以返还，则割裂了保证金债务与主债务之间的联系，不符合主从债务一体处理规则。如此处理的另一弊端还在于，会导致保证金问题悬而未决，需要当事人在执行程序中或通过另诉解决，徒增诉累，不符合诉讼经济原则。相反，以保证金抵充债务可以尽早固定融资租赁合同项下的债务金额，

---

① 吴光荣：《担保法精讲：体系解说与实务解答》，中国民主法制出版社 2023 年版，第 19 页。

② 崔建远：《保证金刍议》，载《河北法学》2008 年第 1 期。

③ 崔建远：《合同法》（第四版），北京大学出版社 2021 年版，第 242 页。

④ 韩世远：《合同法总论》（第三版），法律出版社 2011 年版，第 546 页。

避免对保证金问题“二次”处理，显然更有利于提高债务清理效率。

第四，金融债权人作为缔约优势方，不抵充债务对债务人难言公平。金融债权人作为资金供给方，在合同订立过程中占据优势地位。保证金合同一般是由债权人事先拟定的制式合同，且债权人在合同订立之初就从融资款中扣收了保证金，债务人实际获得的融资款比约定的要少。债权人在收取保证金后，不仅可以自由支配，往往还约定不计收利息，相当于免费占用债务人的资金。如此一来，债权人对保证金只享有权利，不用承担任何风险或义务，不符合权利义务相一致原则。诚如有法院判决认为，“一旦债务人出现违约，债权人不抵充债务，且无息占有该部分资金，并以此计算违约金，会不当加重债务人的负担”。①以保证金抵充债务是对双方不合理的权利义务结构进行适当纠偏和规制，避免双方当事人权利义务严重失衡。

## （二）保证金抵充债务规则：时点、范围及顺序

1. 保证金抵充债务的时点

在保证金合同对保证金抵充债务的时点有约定时，应遵从约定。在保证金合同对保证金抵充债务的时点没有约定或约定不明时，对于保证金抵充时点，实践中存在较大争议。有观点认为，《民法典》第 591 条第 1 款规定：“当事人一方违约后，对方应当采取适当措施防止损失的扩大；没有采取适当措施致使损失扩大的，不得就扩大的损失请求赔偿。”由于保证金为履约担保，故债权人负有减损义务，在债务人甫一违约，债权人就应立即将保证金抵充到期租金。②

笔者不赞成上述观点。以保证金抵充到期租金并非债权人的减损义务。《民法典》第 591 条第 1 款的适用前提为：(1)债务人违反义务导致损失的发生；(2)债权人没有采取适当措施以限制损失的程度或者避免损失的增加；(3)发生的损失扩大；(4)债权人未采取适当措施与损失的扩大具有因果关系。③但是，融资租赁合同中债务人逾期付租导致债权人的损失为利息损失。该损失由资金占用天数与市场利率双重因素决定。债权人未以保证金抵充到期租金，虽然可能会造成利息损失的增加，但该增加的利息损失系由主债务派生的孳息损失，并非扩大的损失。而且，保证金合同往往会约定债务人负有保证金补足义务，④根据上述约定，即便债权人将保证金抵充到期租金，但由于债务人无法补足保

① 参见上海市长宁区人民法院(2015)长民二(商)初字第 4182 号民事判决书。

② 参见天津市滨海新区人民法院(2015)滨民初字第 334 号民事判决书。

③ 黄薇主编：《中华人民共和国民法典合同编释义》，法律出版社 2020 年版，第 303 页。

④ 参见天津市高级人民法院(2019)津民初 23 号民事判决书。

证金，其仍应支付保证金合同项下的逾期补足违约金。从实际效果来看，债权人“拆东墙补西墙”无任何实际意义，是否以保证金抵充到期租金对债务人的违约责任没有实质影响。因而，认为债权人有义务在债务人甫一违约即负有以保证金抵充到期租金的观点不能成立。

然而，在合同权利义务终止时，保证金则应用于抵充债务。时间因素是民事法律关系中不可忽视的重要因素。虽然法律关系属于观念的存在，不占据空间范围，但却在时间结构中存在。法律关系主体（权利享有者）和法律关系的内容（权利与义务），都会受时间因素之拘束。①在合同出现严重履行障碍面临终止时，需要对合同债务进行清理，包括对债务内容、数额、履行方式及期限的固定。债务清理过程必然会涉及保证金的抵充问题。根据融资租赁合同约定，在合同履行期末，债权人与债务人互负到期债务，但合同提前终止相当于将双方的债务履行期限提前至合同终止日。由此，在合同终止日以保证金抵充债务符合保证金的预设目的。

2. 保证金抵充债务的范围

因保证金本质上是一种担保措施，故其抵充债务的范围可参照典型担保处理。《民法典》对我国动产担保法律体系的改造努力之一在于构建典型担保与非典型担保于一体的新型担保规则体系。我国立法对担保物权担保范围的规定是一以贯之的。根据原《担保法》第 21 条对保证担保的范围以及第 67 条对质押担保范围的规定，担保范围包括主债权及利息、违约金、损害赔偿金和实现债权的费用。原《物权法》第 173 条规定：“担保物权的担保范围包括主债权及其利息、违约金、损害赔偿金、保管担保财产和实现担保物权的费用。当事人另有约定的，按照约定。”《民法典》第 389 条完全沿袭《物权法》的上述规定。保证金作为非典型担保之一种，其担保范围（亦即债务抵充范围）可类推适用上述法定担保范围。

参照《民法典》第 389 条，在当事人就保证金抵充债务的范围欠缺合意的情况下，保证金抵充范围应包括主债权及其利息、违约金、损害赔偿金和实现债权的费用。由于融资租赁合同约定的逾期利息与违约金系同一事物，且无保管担保财产费用此项，故保证金可抵充的债务范围应包括主债权、利息、损害赔偿金和实现债权的费用。其中，主债权是指租金债权。利息为债权人预期应有的收益，是资金占用的成本。由于融资租赁中的租金本身即包含利息，故此处的利息主要指逾期付租产生的逾期利息或违约金。损害赔偿金为合同解除场合的

① 朱庆育：《民法总论》（第二版），北京大学出版社 2016 年版，第 532 页。

可得利益损失。实现债权的费用是指为实现债权而支出的必要费用，包括自力和通过国家公力实现债权的费用，通常为保管费用、诉讼费用、执行费用等。①

3. 保证金抵充债务的顺序

在债务人预付的保证金足以覆盖剩余租金债务、逾期利息、损害赔偿金和实现债务的费用时，确定抵充债务的顺序并无实际意义。但在保证金不足以覆盖上述全部债务时，如何确定保证金抵充债务的顺序常引发争议。

笔者认为，保证金合同是当事人意思自治的结果，法院应予尊重。契约自由和尊重当事人意思自治是商事审判的基本原则和需要始终坚持的重要理念。②实践中有保证金合同约定"如债务人未能按照约定履行租金及费用支付义务，债权人有权未经债务人同意按照费用、其他应付款项、违约金、补偿金、损害赔偿金、应付租金的顺序自行从债务人缴纳的保证金中抵扣相应未付款项"。③上述抵充债务顺位之约定系当事人真实意思表示，不违反法律、行政法规的强制性规定，法院不应干涉。因此，若当事人对保证金抵充顺序有明确约定的，应从其约定。

实践中发现，有的合同仅对正常履约情形下保证金如何抵充进行了约定，未对债务人违约情形下的抵充问题进行约定，导致债权人解除合同或宣布债权提前到期时，保证金如何抵充并不明确。在没有约定或约定不明的情况下，则应遵循法定抵充顺序。

针对债务抵销约定不明的情形，大陆法系国家普遍坚持债权人利益优先保护原则，在债务人的清偿不足以覆盖全部债务时，按照先费用、后利息、最后主债务的顺序进行抵充。例如，《德国民法典》第 367 条第 1 款规定："除主给付外，债务人尚须支付利息及费用者，给付不足清偿全部债务时，应先抵充费用，其次抵充利息，最后抵充主给付。"《日本民法典》第 491 条规定："(1)债务人就一个或数个债务，除原本外还应支付利息及费用，而清偿人实行的给付，不足以消灭其全部债务时，应顺序抵充费用、利息及原本。(2)第 489 条(法定抵充)的规定，准用于前款情形。"《意大利民法典》第 1194 条"给付利息的冲抵"规定："没有债权人的同意，债务人不得将给付冲抵成本，而应当冲抵利息或者费用。在还本付息时，应当将给付先冲抵利息。"上述立法例在我国司法和立法实践中亦得到体现。我国《担保法解释》第 74 条规定，抵押物折价或者拍卖、变卖所得的价款，当事人没有约定的，按下列顺序清偿：(1)实现抵押权的费用；(2)主债权

① 邱聪智：《新订民法债编通则(下)》，中国人民大学出版社 2004 年版，第 458 页。

② 江必新：《商事审判与非商事民事审判之比较研究》，载《法律适用》2019 年第 15 期。

③ 参见天津市高级人民法院(2019)津民初 23 号民事判决书。

的利息;(3)主债权。2009年出台的《最高人民法院关于适用〈中华人民共和国合同法〉若干问题的解释(二)》第21条规定:"债务人除主债务之外还应当支付利息和费用,当其给付不足以清偿全部债务时,并且当事人没有约定的,人民法院应当按照下列顺序抵充:(1)实现债权的有关费用;(2)利息;(3)主债务。"2019年出台的《全国法院民商事审判工作会议纪要》第43条规定:"……行使抵销权一方享有的债权不足以抵销全部债务数额,当事人对抵销顺序又没有特别约定的,应当根据实现债权的费用、利息、主债务的顺序进行抵销。"《民法典》第561条在借鉴域外立法和我国司法实践成果的基础上亦确定了"实现债权的有关费用优先、利息次之、主债务最后"的法定抵充顺序。需要说明的是,《民法典》第561条确立的抵充顺序为法定顺序,允许当事人另行约定,但不允许债务人指定或变更抵充顺序。债务人若作出与该条规定相反的指定,不能产生其所期待实现的法律效力。[①]综上所述,确定保证金抵充顺序时应坚持约定优先规则,在没有约定或约定不明且无法协商一致时,应依法定抵充顺序。

## 四、结　　语

保证金虽具有合同担保功能,但其明显有别于违约金,故不可将其视为违约金。在合同明确约定保证金为定金或适用定金罚则时,可将其视为定金。如果保证金账户能够满足"特定化+实际控制"要求,此时可将其理解为金钱质押。在不构成定金或金钱质押的情形下,则可将其归于非典型担保范畴。在融资租赁合同因严重履行障碍而陷入终止时,以保证金抵充债务符合其担保功能。《担保制度解释》第70条第3款规定的保证金不构成质押时"不影响当事人依照法律的规定或者按照当事人的约定主张权利"应作如下理解:保证金合同对抵充债务的时点、范围和顺序有约定的,应坚持约定优先规则,在缺乏约定或约定不明时,时点应为主债权合同终止日;范围应包括主债权及其利息、违约金、损害赔偿金和实现债权的费用;顺序可参照《民法典》第561条处理。

① 最高人民法院民法典贯彻实施工作领导小组主编:《中华人民共和国民法典合同编理解与适用(三)》,人民法院出版社2020年版,第627页。

# 出口信用保险仲裁的理论与实践

李政明①

**内容摘要:**由于国际形势变化及疫情因素影响,外贸出口风险错综复杂,国内出口企业因买方风险受损案例频发,出口信用保险为促进和保障出口贸易发展作出卓越贡献。本文以此为背景,对出口信用保险进行介绍,结合笔者自身的仲裁工作经验与实践感悟,分享出口信用保险纠纷仲裁要点,针对出口信用保险仲裁实务中的争议焦点进行分析,盼与同仁研讨。

**关键词:**出口信用保险　仲裁纠纷　特殊条款

出口信用保险是国家为了鼓励并推动本国的出口贸易,为众多出口企业承担由于进口国政治风险(包括战争、外汇管制、进口管制和颁发延期付款等)和进口商商业风险(包括破产、拖欠和拒收)而引起的收汇损失的政策性险种。

## 一、出口信用保险

### (一) 出口信用险设立目的

出口信用保险系政策性保险,其目的在于保障出口企业收汇风险、增加出口企业的贸易结算方式、开拓多元化海外市场、增加信息咨询服务的准确性和降低企业收汇风险。出口信用保险并不是简易的卖保险单、收保险费用,其重点在于把控全过程风险服务项目和管理水平,尤其是风险的初期控制。②我国的出口信用保险历经多年发展,已具有技术性优点和标准化的风险信息内容处理方式,在我国出口企业资金融资、风险规避、提高自身竞争力、推动中国国际贸易发展方面起到了举足轻重的作用。

出口信用保险可以推动市场多元化战略发展,使出口企业能在进出口贸易

① 李政明,北京市中伦文德律师事务所执委会执委,高级合伙人、保险研究院院长,任中国国际经济贸易仲裁委员会、北京仲裁委员会等国内多家仲裁机构仲裁员。

② 梁燕:《我国出口信用保险发展现状、问题及对策分析》,载《淮北职业技术学院学报》2016 年第 15 期。

中采取更灵活的交易方式，提高商品在国际市场的竞争力，减少相对应的收汇风险。出口信用保险在出口企业的资金流通、为出口企业提供收汇保障、搭建银行与出口企业之间融资的桥梁方面起到重要作用。同时，出口信用保险还可以推动国际贸易市场中信息咨询服务的发展，通过提高各方之间提供信息内容咨询服务的准确性，来提升风险管理的方法与手段。

### （二）出口信用保险各国实践

出口信用保险是财产险的一个细分品种，一直以来出口信用保险与出口补贴、政策性出口信贷同时作为促进出口的三大政策性工具，为企业在出口贸易中面临的商业信用风险和国家政治风险提供政策性保障。

出口信用保险诞生于19世纪末的欧洲，距今已有上百年的历史发展，出口信用保险作为官方支持本国出口的一种金融工具，其发展过程经历了三个具有代表性的历史阶段：政策性机构主导阶段、商业性和政策性机构共存阶段、政策性机构强化阶段。

1919年，英国建立了出口信用制度，成立了第一家官方支持的出口信贷担保机构——英国出口信用担保局（ECGD）。英国的出口信用担保局是第一个现代意义上官方支持的出口信用保险机构，是政策性机构主导阶段的代表，这一阶段的出口信用保险具有鲜明的政策性职能，经营主体以官方背景的出口信用机构为主，全球大部分出口信用保险机构即成立于该阶段。①而后，比利时于1921年成立出口信用保险局（ONDD），荷兰政府于1925年建立国家出口信用担保机制，挪威政府于1929年建立出口信用担保公司，西班牙、瑞典、美国、加拿大和法国分别于1929年、1933年、1934年、1944年和1946年相继建立了以政府为背景的出口信用保险和担保机构，专门从事对本国的出口和海外投资的政策支持。

为统一各国出口信用保险业务规范、交流业务经验、共享风险信息、研究风险控制技术、总结和研讨业务发展方向、促进出口信用保险的健康发展，世界出口信用保险机构于1934年成立了名为“国际出口信用保险和海外投资保险人联盟”的国际性组织，由于首次会议在瑞士伯尔尼召开，故该机构的简称为“伯尔尼协会”。伯尔尼协会对促进、维护世界贸易和投资的发展起着重要的作用。

第二次世界大战后，世界各国政府普遍把扩大出口和资本输出作为本国经济发展的主要战略，而对作为支持出口和海外投资的出口信用保险也一直持官

① 王稳：《出口信用保险：起源、发展与趋势》，载《中国保险》2016年第6期。

方支持的态度，将其作为国家政策性金融工具大力扶持。1950 年，日本政府在通产省设立贸易保险课，经营出口信用保险业务。20 世纪 60 年代以后，众多发展中国家纷纷建立自己的出口信用保险机构。

20 世纪 90 年代至 2008 年全球金融危机，出口信用保险处于商业性和政策性机构共存阶段。在这一阶段随着各国经济平稳增长，国际贸易往来不断，出口信用保险业务也随之不断增长，大量商业保险机构通过并购方式介入出口信用保险业务。同时，一些国家和政府也在金融改革的背景下，将国有出口信用保险机构实行市场化运作。如 1991 年，英国将其出口信用保险局的短期出口信用保险业务出售给荷兰 NCM 公司，拉开了 ECA 短期业务商业化经营的序幕。紧随其后，美国在 1992 年终止了与美国外国信用保险协会（FCIA）的独家承保合作关系。法国外贸信贷保险公司（COFACE）也于 1994 年实行了私有化改革。1997 年 9 月，欧盟出台了《欧盟委员会关于政府支持短期信用保险指导原则的决定》，要求欧盟成员国必须将"市场风险"交由商业保险机构经营，官方出口信用机构应放弃此类业务，而承担弥补私营市场空缺的"最后保险人"责任。①

2008 年全球金融危机之后，经济缓慢增长，国际贸易也随之减少，这使得出口信用保险市场缩水，商业保险机构开始减少或取消该类业务的份额，由官方支持的出口信用保险机构在支持企业参与国际贸易时的风险防范和融资便发挥出重要作用，这导致出口信用保险的政策性职能优势突出。

### （三）我国出口信用险的发展

1988 年，中国开始建立信用保险制度，当时中国人民保险公司设立出口信用保险部，专门负责出口信用保险的推广和管理。1994 年，中国进出口银行成立，其也办理出口信用保险业务。2001 年在我国申请加入世界贸易组织的大背景下，国务院批准成立我国专门的国家信用保险机构——中国出口信用保险公司（以下简称中信保）。中信保由中国人民保险公司和中国进出口银行各自的信用保险业务部门合并而成，是我国唯一的政策性保险公司，其主要服务于我国对外开放战略，支持外经贸发展与合作。

经过 20 多年的发展，中信保已建立起较为完备的产品服务体系，包括中长期出口信用保险、海外投资保险、短期出口信用保险、进口信用保险、国内信用保险、担保业务等，能够为出口企业提供资信评估、风险保障、理赔追偿、融资增

① 王稳：《出口信用保险：起源、发展与趋势》，载《中国保险》2016 年第 6 期。

信等服务；拥有专门的国别风险研究机构，连续多年发布《国家风险分析报告》，对全球 190 多个主权国家进行风险评级，为我国企业积极稳妥“走出去”提供指南。

中信保在我国出口信用保险业务发展阶段长期处于垄断地位，不过，随着中国经济的逐步提升，一些商业保险公司也陆续获批经营短期出口信用保险业务。2013 年 1 月 1 日，中国人民财产保险有限公司获批经营短期出口信用保险业务；2014 年国务院批准平安财险、太平洋财险和大地财险三家商业保险机构试点经营短期出口信用保险业务。鉴于出口信用保险业务承担的风险巨大，且难以使用统计方法测算损失概率，一般的商业保险机构很难开展并大规模经营此类业务。而中国信保作为政策性保险机构，充分发挥自身优势，为出口企业在国际贸易中降低风险、着力推动开放型经济高质量发展，在我国出口信用保险业务中起到了不可代替的重要作用。

## 二、出口信用保险之仲裁要点

### （一）法律适用

出口信用保险是我国出口贸易中重要的险种，但我国尚未有专门适用于出口信用保险的法律法规。出口信用保险合同作为一种保险合同，其应当适用《民法典》合同编的相关规定。由于我国《保险法》第 2 条将其调整范围明确限定为商业保险，作为政策性保险的出口信用保险被排除在《保险法》调整范围之外。且出口信用保险较之一般的商业保险，存在许多特殊之处，难以用一般商业保险合同法进行准确的评价与规制。

2013 年最高人民法院公布了《关于审理出口信用保险合同纠纷案件适用相关法律问题的批复》，其中明确：“对出口信用保险合同的法律适用问题，保险法没有作出明确规定。鉴于出口信用保险的特殊性，人民法院审理出口信用保险合同纠纷案件，可以参照适用保险法的相关规定；出口信用保险合同另有约定的，从其约定。”该批复在一定程度上回答了出口信用保险制度缺位带来的出口信用保险合同纠纷的法律适用问题。

在这样的立法与司法背景下，人民法院、各地仲裁委等裁决机构，在审理出口信用保险纠纷案件时，强调在充分尊重合同约定的前提下把握民商事裁决原则，重视出口信用交易习惯，适用合同法相关规定，并适当参照适用《保险法》相关规定。

## (二)合同设计与仲裁要点

如前所述,出口信用保险合同因其特殊作用与目的,在合同设计上形成了诸多特殊特征。出口信用保险的保险单一般由《投保人声明》《投保单》《保险单明细表》《续转保险单明细表(或有)》《出口信用保险条款》《批单》《信用限额申请表》《信用限额审批表》《可能损失通知书》《索赔申请书》《索赔单证明细表》《委托代理协议》《出口申报单》及其他相关单证组成。

出口信用保险合同将明确约定承保风险、信用限额、特定买方信息,对被保险人产生重大影响的条款,如保险人除外责任条款、责任限额条款、申报条款、贸易纠纷先决条款、被保险人义务条款等进行提示说明,并对出口信用保险中重要名词进行解释。在出口信用保险合同相关仲裁案件中,申请人常基于上述特殊条款的适用主张保险人应当理赔,保险人作为被申请人常依据上述特殊条款抗辩其拒赔的合理性。

## (三)出口信用保险纠纷解决机制选择

1. 关于出口信用保险合同纠纷的管辖

《民事诉讼法》第25条规定:“因保险合同纠纷提起的诉讼,由被告住所地或者保险标的物所在地人民法院管辖。”但保险人和被保险人也可以书面协议选择被告住所地、合同履行地、合同签订地、原告住所地、标的物所在地等与争议有实际联系地点的人民法院或仲裁机构管辖,并将其约定在保险合同中,不过双方的约定不得违反民事诉讼法对级别管辖和专属管辖的规定。同理,本着民事主体双方意思自治的基本原则,保险人和被保险人在保险合同或保险单明细表中约定由指定仲裁机构管辖效力同样应被认可。

出口信用保险合同在国家金融监管总局或中国银保监会备案的保险条款中,设计的争议处理条款常见表述为:“保险人与被保险人在本保单项下发生的一切争议,应通过友好协商的原则解决,如协商不成,按照保险条款/保险单明细表/批单约定的方式解决”,并在指定相关单证中进行明确约定。

出口信用保险合同纠纷的仲裁管辖问题与一般合同纠纷案件一致。如果当事人采取仲裁方式解决出口信用保险纠纷的,应当双方自愿达成仲裁协议,即在出口信用保险合同的组成文件中约定明确仲裁管辖内容。如无仲裁协议而一方申请仲裁的,仲裁委员会将不予受理,当然另一方同意仲裁的除外。

2. 关于出口信用保险合同融资纠纷的管辖

出口信用保险合同订立后,卖方为了获得融资,将取得的签发保单作为一种担保向银行进行借款，银行、保险公司及卖方三方签订《赔款转让协议》并设计如下约定：银行向卖方提供一定借款，若期限届满之日卖方不能还款的，银行可以向保险公司索赔出口信用保险保单项下的保险金。

《赔款转让协议》中的纠纷解决机制约定条款与出口信用保险合同中约定条款，在实践中经常出现不一致的情形。《赔款转让协议》项下发生合同纠纷时，需以出口信用保险合同是否应当赔付作为依据。此时便可能出现仲裁庭管辖权争议问题。出于程序安全考虑，各仲裁机构往往采取依据两协议各自约定的仲裁条款分别管辖、审理的态度，在审理《赔款转让协议》时作出对出口信用保险合同纠纷不具有管辖权的决定，中止仲裁程序。

值得关注的是，基于默示变更管辖的视角，《赔款转让协议》系银行、保险公司及卖方三方自愿签订，且《赔款转让协议》签订的基础为生效并成立的出口信用保险合同，保险公司及卖方应当知道《赔款转让协议》与在先的出口信用保险合同中争议解决条款的差异，三方一致同意通过后签订的《赔款转让协议》实现了对出口信用保险合同争议解决条款的变更，即出口信用保险合同约定的管辖可被《赔款转让协议》吸收。通过此种分析路径，在《赔款转让协议》中明确约定仲裁委员会即可获得案涉出口信用保险合同的管辖权，有利于提高争议解决的效率。

### （四）出口信用保险承保与限额

1. 关于承保风险

出口信用保险承保的风险为卖方在经营出口贸易过程中可能出现的买方商业信用风险或买方所在国或地区政治信用风险。具体分为两类，一类为商业风险，非信用证支付方式下包括以下情形：买方破产或无力偿付债务；买方拖欠；买方拒绝接收货物或拒绝对已完成的服务进行确认。信用证支付方式下包括以下情形：开证行破产、停业或被接管；开证行拖欠；开证行拒绝承兑。

另一类为政治风险，包括信用证支付、非信用证支付两种方式的情形。非信用证支付方式包括以下情形：买方所在国家或地区颁布法律、法令、命令、条例或采取行政措施：(1)禁止或限制买方以贸易合同约定的货币或其他可自由兑换的货币向被保险人支付货款或服务费；(2)禁止买方所购的货物或服务进口；(3)撤销已颁发给买方的进口许可证或不批准进口许可证有效期的展延。买方所在国家或地区，或货款或服务费须经过的第三国颁布延期付款令。买方所在国家或地区发生战争、内战、叛乱、革命或暴动，导致买方无法履行贸易合同、经保险人认定属于政治风险的其他事件。信用证支付方式下包括以下情形:开证行所在国家或地区颁布法律、法令、命令、条例或采取行政措施,禁止或限制开证行以信用证载明的货币或其他可自由兑换的货币向被保险人支付信用证款项;开证行所在国家或地区,或信用证付款须经过的第三国颁布延期付款令;开证行所在国家或地区发生战争、内战、叛乱、革命或暴动,导致开证行不能履行信用证项下的付款义务;导致开证行无法履行信用证项下付款义务的,经保险人认定属于政治风险的其他事件。

在出口信用保险合同仲裁纠纷实务中,存在一类因承保风险选择而产生的争议。此类案件中,申请人提出被申请人应按本案保险单中约定的商业风险(例如开证行拒绝承兑风险等)或政治风险向其承保。被申请人则以理赔过程中申请人已对承保风险作出选择进行抗辩。

由于在理赔过程中,申请人向被申请人提交的涉案《索赔申请书》中选择或自行填报某类致损原因(例如理赔时选择"政治风险"),并提交相关资料。仲裁庭可根据各方证据情况,参考《保险法》第22条第1款之规定,"保险事故发生后,按照保险合同请求保险人赔偿或者给付保险金时,投保人、被保险人或者受益人应当向保险人提供其所能提供的与确认保险事故的性质、原因、损失程度等有关的证明和资料"。根据意思自治原则,认可被申请人的答辩意见,认定申请人在理赔中已确认保险事故的性质为某类风险,可不再对案件交易风险是否构成申请人未选择的风险类别进行审理,即判断案件中申请人损失风险是否在涉案保险单承保范围内的关键在于,本案中发生的交易风险是否属于本案保险单中约定的该类风险。

2. 关于信用限额

因出口信用保险是一项由国家财政提供保险准备金的非营利性的政策性保险业务。为严格控制保险公司的承保风险,国家建立了独特的风险防控机制。一般出口信用保险操作流程包括五个环节,即投保—申请限额—申报出口—索赔—核赔,其中申请特定买家信用限额对于保险公司承担保险责任具有决定性的意义,也是出口信用保险最为突出的特点。一般的商业保险合同,投保人填写投保单并缴纳保费、保险人签发保险单,保险责任即开始。而在出口信用保险合同中,投保人缴纳了最低保费并不意味着保险公司开始承担保险责任,投保人还需申请特定买家信用限额,保险公司在对投保人申请的特定买家进行资信调查后,审批信用限额,只有获得了特定买家的信用限额不为零,保险人才开始根据批准的信用限额承担保险责任。

在出口信用保险合同文本中,对应体现的责任限额包括最高赔偿限额和信用限额。最高赔偿限额是指在本保单年度有效期内,保险人对被保险人按本保单约定申报的出口可能承担赔偿责任的累计最高赔偿额。该最高赔偿限额在《保险单明细表》中列明。而信用限额是由保险人批复的,保险人对特定买方或特定开证行确定赔付基数的最高限额,具体赔偿额按本保单约定的赔偿比例计算,但不应超过本保单最高赔偿限额。赔偿比例在《保险单明细表》中列明,并可通过《续转保险单明细表》《批单》等进行调整。如审批或调整特定买方或开证行信用限额时约定的赔偿比例与上述《保险单明细表》《续转保险单明细表》《批单》等不同的,均以审批或调整特定买方或开证行信用限额的单证约定的赔偿比例为准。调整后的赔偿比例对其生效日后的出口有效,保险人对调整前的出口按照调整之前的赔偿比例承担保险责任。

以(2013)浙甬商终字第228号判决书①为例,二审法院对保险公司原审中提供的信保通系统操作页面打印件与电脑显示页面进行了核对,该系统显示投保人曾就特定买方申请过信用限额,但信用限额批复为零。投保人对此虽有异议,但未提供反驳证据,法院最终驳回了被保险人要求赔付的诉讼请求。

同样地,在仲裁案件中,如各方围绕信用限额形成争议焦点,仲裁庭可重点关注对信用限额性质的认定。最高赔偿限额是指在本保单年度限期内,保险人对被保险人按本保单规定申报的出口可能承担赔偿责任的累计最高赔偿额,而信用限额是由保险人批复的、保险人对被保险人向特定买方出口或在特定开证的信用证项下的出口可能承担的最高限额,两者并非选择适用,也不相互排斥。信用限额申请是被保险人的义务,而保险人的批复不为零则是其承担保险责任的前提。现被保险人主张保险公司应承担保险责任,首先应举证证明其已就特定买家向保险公司申请信用限额,且保险人的批复不为零。

3. 关于保险费支付

实践中出口信用保险实行开口统保,被保险人在同一保险年度内的出口贸易均纳入保险范围。保险人核定后,将与投保人约定可滚动结存和预交的最低保险费。保险人通常每月或每三个月向被保险人寄送保费计算书,双方进行对账后,投保人进行当期保费缴纳或对预缴保费进行扣减。如未在规定期限缴纳的,保险人将针对预缴保费扣减后尚欠的保费向投保人展开追缴工作。

在被保险人延迟支付保险费的情况下,常见两种仲裁纠纷,一种为保险人向投保人主张尚欠的保险费。此种纠纷与一般的合同纠纷无本质差别。另一种为投保人欠费但保险人尚未通知缴费过程中发生的保险事故赔付纠纷。若

① 宁波高天服饰有限公司与中国出口信用保险公司宁波分公司信用保险合同纠纷上诉案,浙江省宁波市中级人民法院(2013)浙甬商终字第228号民事判决书。

投保人虽欠费，但保险人未以意思通知的方式解除保险合同的，及/或对案涉保险合同项下预缴保费（尚不足额）进行扣减的，根据诚实信用原则，保险合同应继续履行，保险人不能免责。

### （五）出口信用保险中贸易真实与贸易纠纷先决条款

由于出口信用保险与进出口贸易活动息息相关，买方为海外主体，核保成本巨大，所以在实际操作中，保险人在承保阶段并不对投保贸易的真实性及金额等进行核查。在出险后，保险人将根据被保险人提供的索赔材料对贸易真实性、损失金额等一并进行核查、定损和理赔。实务中较多出现的情况是被保险人因买方拒付货款而向保险人索赔，但保险人经过核查，发现被保险人与买方之间存在贸易纠纷，或者买方甚至否认与被保险人之间的交易，针对上述问题，出口信用保险合同中往往约定了贸易真实及贸易纠纷先决条款来降低风险。出口信用保险合同中关于贸易真实及贸易纠纷先决条款的适用问题，常成为纠纷案件的争议焦点。

1. 关于贸易真实条款

出口信用保险对适保范围有特殊限制，尤其强调货物出口或服务出口的真实及合法性。货物出口或服务出口的贸易合同一般应包括合同主体、货物种类/服务内容、数量、价格、交货时间、地点和方式及付款条件等主要内容，贸易合同可由被保险人直接签订或委托代理人签订。

当被保险人主要通过为海外贸易提供融资获利时，其对涉案海外贸易的真实性关注度将大幅下降，甚至部分涉案贸易为虚假贸易。在出口信用保险仲裁案件中，申请人需完成初步举证，向仲裁庭提交保险合同、索赔申请、贸易合同、提单、买方拒绝付款的证明材料等证据材料，如保险公司以贸易不真实进行抗辩，则需举证证明案涉卖方与买方间的贸易不真实。

仲裁审理中，保险公司一般会提供委托境外机构出具的调查报告，并由当地公证机构公证或取得当地领事馆认证，作为证明买卖双方间不存在真实贸易的证据。上述证据系间接证据，不能完全证明交易的虚假性，但由于调查报告经过公证或认证，具有足够的说服力，在申请人方无有力证据进行反驳或提出直接证明交易真实的其他证据，仲裁庭一般会作出倾向于支持保险公司一方的裁决，申请人需承担举证不能的不利后果。

2. 关于贸易纠纷先决条款

根据一般出口信用保险合同对“贸易纠纷”名词解释的相关约定，贸易纠纷指买卖双方产生的足以影响被保险人对买方确立并实现应收账款债权的一切争议。出口信用保险均约定了贸易纠纷先决条款。对有付款担保或贸易双方存在纠纷的情况,保险人定损核赔的原则是:第一,在被保险人或其代理人获取有效担保为保险人承担赔偿责任前提的情况下,除非保险人书面认可,在担保人按担保协议付款以前,或者被保险人或其代理人对担保人申请仲裁,或在担保人所在国家或地区提起诉讼,在获得已生效的法院判决或仲裁裁决并申请执行之前,保险人不予定损核赔。第二,对存在贸易纠纷的案件,被保险人或其代理人可先自行与买方协商解决争议。买卖双方协商后达成和解协议的,保险人对买卖双方达成的和解协议进行调查核实,属于保险责任范围内的损失由保险人承担相应的赔偿责任。如被保险人或其代理人无法与买方通过协商方式解决纠纷,保险人以贸易合同约定为依据,结合调查审理结果,综合判定保险责任。如被保险人或其代理人既无法与买方达成和解协议,又不认同保险人的责任判定结果,则被保险人或其代理人应先进行仲裁或在买方所在国家或地区提起诉讼,在获得已生效的法院判决或仲裁裁决并申请执行之前,保险人不予定损核赔。

仲裁庭在审理案件当事人关于贸易纠纷先决条款效力争议时,可参考《最高人民法院关于审理出口信用保险合同纠纷案件适用相关法律问题的批复》:"对出口信用保险合同的法律适用问题,保险法没有作出明确规定。鉴于出口信用保险的特殊性,人民法院审理出口信用保险合同纠纷案件,可以参照适用保险法的相关规定;出口信用保险合同另有约定的,从其约定。"贸易纠纷先决条款系出口信用保险就赔付程序的特别约定,符合出口信用保险的基本规则,符合商业习惯。出口信用保险以信用风险作为保险标的,债权债务清晰系信用风险存续的基本前提。该条款虽对存在贸易纠纷情形下理赔增加了前置程序,但并未免除被申请人赔偿义务,亦未排除申请人依法享有的权利。申请人可先行与买方协商解决争议,如若协商不成,可提起另案仲裁或诉讼并获得生效仲裁裁决或法院判决后,向保险人主张核赔。

### (六)出口信用保险中保险人的提示说明义务

除针对上述出口信用保险合同中特殊条款本身适用争议外,被保险人作为申请人一方,常常以保险人未履行提示说明义务为由,主张出口信用保险合同中信用限额条款、可保风险条款、贸易真实性条款、纠纷先决条款等特殊条款无效。被保险人往往以如下理由抗辩:(1)案涉保单为续保保单、申请人非首次购买出口信用保险产品;(2)申请人对案涉保险单明细表进行盖章确认,并对被申请人已履行提示说明义务的事实作出"充分理解并无异议"的声明与保证;(3)案涉保险合同中特殊条款已足以引起投保人注意的文字、字体、符号或者其他明显标志作出提示。

出口信用保险作为一种保险产品,应遵循《民法典》关于格式条款的相关规定,即采用格式条款订立合同的,提供格式条款的一方应当遵循公平原则确定当事人之间的权利和义务,并采取合理的方式提示对方注意免除或者减轻其责任等与对方有重大利害关系的条款,按照对方的要求,对该条款予以说明。提供格式条款的一方未履行提示或者说明义务,致使对方没有注意或者理解与其有重大利害关系的条款的,对方可以主张该条款不成为合同的内容。另外,关于出口信用保险中保险人的除外责任条款的效力认定,可参考《保险法》第17条以及《最高人民法院关于适用〈中华人民共和国保险法〉若干问题的解释(二)(2013)》第9条至第13条,综合评价保险人提示说明义务的履行情况。

如前所述,出口信用保险合同中关于信用限额条款、可保风险条款、贸易真实性条款、纠纷先决条款等特殊条款与被保险人具有重大利害关系,但上述条款并不构成保险人免责条款,即上述约定虽对被保险人造成重要影响,但未为保险人创设除外责任。仲裁庭在裁决中应留意出口信用保险两方商事主体间的地位情况,结合案涉保险合同的续订情况、签章情况、提示义务履行情况,综合判断保险人是否履行必要的提示说明义务。当申请人将案涉保险条款作为证据出示时,应视为案涉主保险条款的真实性、合法性无异议。若案涉保险条款对于上述特殊条款进行了加粗处理,虽该条款并非为免责条款,但仲裁庭应对保险人对该条进行特殊提示的行为予以认定。

# 对现行《保险法》修改和完善的建议

李政明①

**内容摘要：**1995 年我国颁布了首部《保险法》，其间经过多次修订。近年来，随着我国保险行业的新发展，司法、金融保险监管环境的新变化，以及投保人和保险消费者的新需求，现行《保险法》的修订提上日程并受到了社会各界广泛期待。20 世纪 80 年代末笔者参加保险工作，长期在国内外保险业务与保险法律领域耕耘。现结合笔者保险从业和保险律师经验，对我国《保险法》的修订提出一些建议，与各位同仁和朋友交流，希望对完善我国保险立法、促进保险行业的健康发展有所裨益。

**关键词：**保险法修改　完善建议

## 一、关于完善我国保险立法的原则

1. 重视保险公益性与商业性的统一

从本质上说，商业保险是保险公益性和商业性的有机统一。保险的商业性主要体现为保险公司的商人利益如何实现，而保险的公益性体现在保险对风险中相关主体利益的保护如何实现。保险本身内含的互助共济机制和社会管理功能，具有典型的公益性特征。保险的风险转移及保障功能，是“社会减震器”中不可或缺的重要一环。保险业的社会资源配置能力和社会救济救助能力，在其追求偿付能力保证和公司自身收益之间互为表里、相辅相成。

2. 坚持保护保险消费者利益

习近平新时代中国特色社会主义思想的精髓和灵魂是坚持“以人民为中心”的发展思想。民为邦本，本固邦宁。坚持保险消费者权益保护是保险立法贯彻“以人民为中心”发展思想的根本体现。保险消费者是保险业赖以生存发展的前提和根基，人民的美好生活离不开保险保障。在完善保险立法过程中，

① 李政明，北京市中伦文德律师事务所执委会执委，高级合伙人、保险研究院院长，任中国国际经济贸易仲裁委员会、北京仲裁委员会等国内多家仲裁机构仲裁员。

需不忘初心，牢固树立“以人民为中心”的发展思想，始终站稳人民立场，坚决维护好保险消费者合法权益，坚持“保险业姓保”的价值取向，以保险立法、行政监管及行业自治的形式，不断立法确保消费者的合法权益得到保护，不断强化消费者权益保障机制，不断督促保险业改进创新保险服务，满足消费者不断升级的保险需求。

3. 坚持中国特色社会主义法治道路

党的十九届四中全会指出，我国具有“坚持全面依法治国，建设社会主义法治国家，切实保障社会公平正义和人民权利的显著优势”。

保险法律体系作为中国特色社会主义法律体系重要组成部分，完善我国保险立法，本身就是一种构建系列规范、准则并约束主体行为的法治过程，完善过程中既注重立法的系统性和可操作性，又应重视执法的实践性和创新性，坚持实践导向与问题意识，在反复的理论与实践中科学地建构保险法律体系。而保险内含的保障社会公平正义与人民权利的属性，得天独厚地与社会治理制度、社会治理共同体建设紧密相连。以养老保险的合规体系建设为例，坚持养老保险领域的法治建设，可充分发挥商业保险的第三支柱作用，确保人民安居乐业、社会安定有序，充分彰显中国特色社会主义制度和国家治理体系的强大生命力和巨大优越性。

4. 坚决打击违法违规行为，全面依法治理保险业

保险作为社会发展保障机制的重要一环，行业中的违法违规行为严重损害保险消费者合法权益，扰乱保险市场秩序，甚至可能引发重大的经济金融风险。保险行业的稳定健康发展，需坚持不回避违法违纪行为，全面依法治理保险业，坚决守住不发生系统性风险底线，确保国家经济金融安全稳定。

对保险业的全面依法治理，体现在国家金融监管部门对整治虚假出资、公司治理、资金运用、产品不当创新、销售误导、套取费用、数据造假等违法违规行为的严厉处罚中。对保险领域的金融违法犯罪行为，要移送司法机关处理，依法追究犯罪嫌疑人的刑事责任和行政责任。

## 二、对完善我国保险立法的整体建议

1. 充实保险合同章节内容

保险法作为规范保险合同和保险行业行为的商法部门，尤其在保险合同法章节部分，其与民法部门的合同法、侵权责任法等关联紧密，民商两大法域相互促进、相互成就。

随着《民法典》施行，保险业及《保险法》的发展面临新机遇，保险合同法领域的纠纷与争议呈现出新的特点。例如，《民法典》总则编对民事主体、诉讼时效等内容的调整，需要通过《保险法》的修订进行衔接；而《民法典》合同编对于格式条款的规范调整，直接影响到保险合同规则中相关主体履行如实告知义务及提示说明义务的认定；《民法典》婚姻家庭编关于亲属关系的界定，对人身保险纠纷中认定诉讼主体以及是否享有保险利益具有指导意义，等等。面对上述保险合同法领域的法律适用问题，需要在完善《保险法》立法工作过程中，紧密围绕《民法典》的立法精神与最新智力成果，做好《保险法》的完善与衔接工作。

另外，针对《保险法》在司法中的适用问题，最高人民法院已经颁布四部司法解释。司法解释紧密围绕保险合同纠纷案件审理中的重点问题，对《保险法》适用进行司法层面的阐释，有极强的时效性、针对性和实践性，积累了一定的司法实践基础与判例影响。例如，《最高人民法院关于适用〈中华人民共和国保险法〉若干问题的解释（二）》第 10 条规定："保险人将法律、行政法规中的禁止性规定情形作为保险合同免责条款的免责事由，保险人对该条款作出提示后，投保人、被保险人或者受益人以保险人未履行明确说明义务为由主张该条款不生效的，人民法院不予支持。"该司法解释于 2013 年 6 月 8 日生效，在实践中有较多判例，有相当的实践基础。然该司法解释免除法律、行政法规中禁止性规定的明确说明义务，超出了一般意义上的文义解释范畴，实际是对《保险法》第 17 条进行了合理的限缩解释，急需从司法解释上升至法律，尽早整合进成文法之中。同理，完善保险立法，需要对既有司法解释进行梳理与评估，将必要清晰的司法解释上升为法律，充实保险法，提高保险立法的科学性和可操作性。

2. 完善保险监管立法内容

随着保险业的不断发展，市场主体类型不断增多，保险经营范围和投资渠道逐步拓宽，现行《保险法》关于保险业法的一些规定需要作相应调整。保险业法的调整与完善应紧密围绕保险实践与保险监管的实务，完善保险市场主体的管理制度、保险经营规则、保险监管制度及保险违法行为的法律责任。

以保险市场主体的管理为例，《保险法》第 6 条规定保险业务由"依照本法设立的保险公司以及法律、行政法规规定的其他保险组织经营，其他单位和个人不得经营保险业务"。《保险法》在第三章、第四章对保险公司及其保险经营规则进行规范，而对其他保险组织的名称、经营形式再无介绍。近年我国保险市场主体出现了诸多新尝试。鉴于相互保险组织在世界保险史上难以忽视的影响力，我国相继成立三家相互保险社作为试点。随着互联网社群兴起，市场对中国非商业保险公司的市场主体形式的发展充满了期待。然目前的《保险法》对非保险公司形式的保险市场主体的认定及规则制定不足，保险市场主体的健康发展急需完善《保险法》来保驾护航。

再以保险中介的管理为例，《保险法》第五章为“保险代理人和保险经纪人”，在成文法层面规范保险代理人与保险经纪人的行为，但在保险公估人的管理上出现了立法层面的空白。保险公估人的存在是保险实现风险分散损失分摊的重要一环，其管理关乎保险理赔的合规与安全，诸如保险公估人与保险人、被保险人的法律关系如何、保险公估报告的效力如何、公估人的监管模式如何、公估费用是否可以代位求偿等问题，需要在立法层面进行完善。

当然，《保险法》的完善还需要依托保险监管执法的实践。只有保险业法不断地吸收监管规定的既有经验，充分完善保险业法的框架，监管执法的力度、效率及科学性才能得到更大的提升。

3. 重视合规制度的落实

保险法律体系的完善，需要通过制度的落实来实现，制度的生命在于执行。保险业法律合规与市场主体各个业务流程、工作环节及员工息息相关。只有保险业形成合规文化，严格执行操作规范，合规体系才能得到充分的利用，发挥其应有的价值。

合规制度的落实，终于整改的实现。合规制度是一种实现保险业健康发展的手段，并不是目的本身。合规制度最终要落实到整改层面。针对合规检查中发现的问题，需设置保险机构各部门及相关个人的复盘归因环节，制定切实可行的整改措施，对整改不力及态度不端设置处罚机制，以敦促问题的解决。

作为保险行业基本法的《保险法》，应在保险业法中设置相关条文和篇章，强化市场主体合规文化的培育、合规制度的建立完善，以及规章制度的严格执行。

4. 关注新技术对保险业的影响

考察世界保险史，保险始于海上贸易。它是市场经济的产物，是化解经济风险的制度化手段，其自然无法抗拒推动市场经济发生重大变革的新兴技术的影响。当今时代，随着计算机网络技术的日渐成熟，移动宽带迅速提升，云计算、互联网应用更加丰富，更多传感设备、移动终端接入网络，产生大量数据，人类进入大数据时代，人与人经由互联网形成社群。互联网技术的运用为保险业的发展提供了绝佳的机遇。得益于大数据的应用，改善了保险业的动态风险管理技术，在精算上提供了新的可能；利用大数据可以构建出复杂风险模型，以更好地防范巨灾风险；互联网在线保险销售逐渐成为保险市场的重要销售渠道，消费者可以在网上接受保险报价，保险单可以在线生成、获取；互联网数据库的构建可为保险反欺诈和反洗钱等提供数据支持及技术服务。互联网为保险提供在新纪元的技术保障，法律则需要为互联网在保险中的运用提供保障，以确保技术的运用不能超出必要的底线。《保险法》的修改完善，需更为关注数据安全以及消费者个人信息与隐私的保护，防范虚假宣传行为，明确互联网保险活动中主体责任的界定，针对互联网保险销售制定更多可操作性的法律规范文件，保障互联网场景下保险消费者的合法权益。

保险业随着新技术的发展，进入大数据、互联网、区块链服务时代。作为保险行业基本法的《保险法》，应该设置相关条文和篇章体现这一发展趋势及其运用。

## 三、对《保险法》相关条文的具体修改建议

1.《保险法》第 16 条【投保人或被保险人如实告知义务】

(1) 第 1 款。立法建议：订立保险合同，保险人就保险标的或者被保险人的有关情况提出询问的，投保人或被保险人应当如实告知。投保人应当主动掌握被保险人的情况，被保险人未如实告知的，视为投保人未履行如实告知义务。

理由：被保险人是其财产或者人身受保险合同保障、享有保险赔偿或保险金请求权的人，要求被保险人承担如实告知义务符合立法目的，亦有利于提高投保环节的诚信度，更为准确地评估承保风险，且某些情形下被保险人较之投保人对于自身情况及保险标的的情形更有能力知晓，并可增强投保人对被保险人的有关信息的获得程度。保险立法比较成熟的国家，如英国《消费者保险法》、日本《保险法》中将被保险人纳入告知义务的主体；德国《保险契约法》中针对被保险人所知或应知情况规定由投保人负担告知义务。还有，我国《海商法》第十二章第 222 条规定，如实告知义务的主体为被保险人。

(2) 第 3 款。立法建议：前款规定的合同解除权，自保险人知道有解除事由之日起，超过三十日不行使而消灭。自合同成立之日起至保险事故发生时超过三年的，保险人不得解除合同；发生保险事故的，保险人应当承担赔偿或者给付保险金的责任。

理由：《民法典》普通诉讼时效已调整为三年，给予保险人的救济时效应当相应放宽，时效的起算点改为时段性表述，确可降低出险时故意拖延报案，导致保险公司丧失解约权的风险。

(3) 第 5 款。立法建议：因投保人重大过失未履行如实告知义务，导致保险人解除保险合同的，且与保险事故的发生有因果关系的，保险人对于合同解除

前发生的保险事故，不承担赔偿或者给付保险金的责任，但应当退还保险费。

理由：该重大影响的判断标准应当以危险预测与保险事故发生结果的平衡体现，反馈至保险人与被保险人关系上，则表达为保险人询问与被保险人告知与保险事故发生的结果间的平衡，该“严重影响”可限缩至投保人未如实告知行为与保险事故发生间存在因果关系，表达保险合同中的对价平衡关系。

2.《保险法》第17条【保险人提示说明义务】

(1) 第2款。立法建议：对保险合同中免除保险人责任的条款，保险人在订立合同时应当在投保单、保险单或者其他保险凭证上作出足以引起投保人注意的提示。对于将法律、行政法规中禁止性规定以外情形作为免责事由的，保险人应当对该条款的内容以书面或者口头形式向投保人作出明确说明；未作提示或者明确说明的，该条款不产生效力。

理由：修改意见来源于《最高人民法院关于适用〈中华人民共和国保险法〉若干问题的解释(二)》第10条，在实践中有较多判例，有相当的实践基础，免除法律、行政法规中禁止性规定的明确说明义务，急需从司法解释上升至保险法律层次。

(2) 新增款。立法建议：单位投保人在投保单上签章确认的，视为投保人的真实意思表示。但有证据证明保险人或者保险人的代理人未履行提示或明确说明义务的情形除外。

通过网络、电话、电子等方式订立的保险合同，保险人可以以网页、音频、视频等形式对免除保险人责任条款予以提示和明确说明。

同一投保人就同一险种与保险人签订两次以上内容相同保险合同，且保险人有证据证明曾就同一种类相同的免责条款向投保人履行过明确说明义务的，应当认定保险人已经履行了明确说明义务。

理由：新增三款是对实务中出现的团险、电子投保、续保中的提示说明义务的回应，有助于平衡投保人与保险人之间的权利义务关系，提高保险合同的效率。

3.《保险法》第23条【理赔】

第1款。立法建议：被保险人或受益人向保险人提出赔偿或者给付保险金的请求，并按《保险法》第22条提供有关证明和资料后，保险人应当及时作出核定；情形复杂的，保险人应当在三十日内作出核定，但合同另有约定的除外……

理由：修改意见来源于《保险法》第22条以及《最高人民法院关于适用〈中华人民共和国保险法〉若干问题的解释(二)》第15条，在实践中有较多判例，有相当的实践基础。理赔时投保人、被保险人、受益人对协助义务的履行，直接影响保险人理赔期限的起始计算，急需从司法解释上升至保险法律层次，整合时应适当调整语序，体现理赔的顺序及各环节权利义务主体。

4.《保险法》第 26 条【诉讼时效】

立法建议：被保险人或者受益人向保险人请求给付保险金的诉讼时效期间为三年，自其知道或者应当知道保险事故发生之日起计算。

理由：《民法典》一般诉讼时效，建议直接统一。

5.《保险法》第 27 条【保险诈骗】

（1）新增款。立法建议：投保人、被保险人故意虚构保险标的与保险人签署保险合同的，保险人有权解除保险合同，并不退还保险费；发生保险事故的，保险人不承担赔偿或者给付保险金的责任。

理由：《保险法》第 27 条规定的三种情形中，未包含“投保人故意虚构保险标的、骗取保险金”的情形，上述增加后可与《保险法》第 174 条及《刑法》第 198 条关于保险诈骗行政或刑事处罚相关规定形成体系（两者中骗取保险金的主体都为“投保人”，并未涵盖被保险人，本条在民商事领域规制保险诈骗行为，可将被保险人列入）。

（2）第 4 款。立法建议：投保人、被保险人或者受益人有前四款规定行为之一，致使保险人支付保险金或者支出费用的，应当退回或者赔偿，保险事故的鉴定人、评估人、证明人为上述行为提供便利对保险人造成损失的，保险人有权要求鉴定人、评估人、证明人对上述损失承担相应责任。

理由：《保险法》第 174 条规定保险事故的鉴定人、评估人、证明人故意提供虚假的证明文件，为投保人、被保险人或者受益人进行保险诈骗提供条件的，将给予一定的行政处罚。在《保险法》第 27 条中可设置相应的民事责任条款，要求故意提供虚假证明文件的第三人承担相应的民事责任，值得关注的是，其责任大小应当与其在保险诈骗行为中的作用大小和作用地位相当。

6.《保险法》第 31 条【人身保险利益】

立法建议：投保人对下列人员具有保险利益：……

前项以外与投保人有抚养、赡养、扶养或者监护关系的家庭其他成员、近亲属、单位或组织。

理由：《民法典》第二章第二节（第 26 条至第 39 条）对监护制度的完善，投保人对被保险人具有保险利益的关系应当进一步完善。

7.《保险法》第 33 条【死亡保险的禁止】

（1）第 1 款。立法建议：投保人不得为无民事行为能力人投保以死亡为给付保险金条件的人身保险，保险人也不得承保，但以退还已交保费或以现金价值作为被保险人身故给付责任的人身保险除外。

理由：对于以退还已交保费或以现金价值作为被保险人身故给付的年金保险，其核心功能在于为未成年子女提供生存保障，如果定性为死亡保险，反而不利于保护未成年子女的生存利益，故应将此进行排除。

（2）第2款。立法建议：父母为其未成年子女，或履行监护职责的祖父母、外祖父母为8周岁以上的限制民事行为能力的未成年人投保的人身保险，不受前款规定限制。但是，因被保险人死亡给付的保险金总和不得超过国务院保险监督管理机构规定的限额。

理由：综合《保险法解释（三）》第6条和本条第1款，除父母外的其他履行监护职责的监护人可为8周岁以上限制民事行为能力的未成年人购买以死亡为给付条件的人身保险，但由于本条无明确规定，实务中存在争议；故建议予以明确，以免争议。而且，《民法典》第二章第二节（第26条至第39条）对其他履行监护职责的人有法定条件和要求。

8.《保险法》第35条【保险费的支付】

立法建议：投保人按照保险合同约定以保险单出质并向保险人申请贷款的，质权自保险人与投保人签订贷款协议或办理保单批单之日设立；保险人办理保单质押贷款质权登记的，自办理保单质押登记之日设立。

保险人行使保单质权的，有权就退还的现金价值优先偿还保单贷款的本息；在保单质押贷款期间给付保险金的，保险人和投保人可约定优先偿还保单质押贷款的本息。

理由：保单质权不属于《民法典》中的列明财产权利，保单质权的设立标准存在立法上的空白。与之鲜明对比的是，近年来，保单质押贷款规模日益增加，因此亟需通过本次《保险法》修订新增保单质权的设立标准。同时兼顾投保人不至于因暂时性资金困难而合同终止，平衡投保人和保险人双方的权利义务，保障保险人的优先受偿权，这也符合当前保险行业的业务实践。实践中可能发生在保单质押贷款期间给付保险金的情形，为了保障保单质权，同时尊重当事人意思自治，有必要增加保险人和投保人可约定优先偿还保单质押贷款本息的条款。

9.《保险法》第41条【受益人变更】

立法建议：投保人变更受益人时须经被保险人同意。投保人为与其有劳动关系的劳动者投保人身保险，不得变更受益人为被保险人及其近亲属以外的人。

理由：以便于《保险法》第39条第2款（投保人指定受益人时须经被保险人

同意。投保人为与其有劳动关系的劳动者投保人身保险，不得指定被保险人及其近亲属以外的人为受益人）前后一致、形成闭环。

10.《保险法》第 46 条【保险人禁止追偿】

立法建议：被保险人因第三人的行为而发生死亡、伤残或者疾病等保险事故的，保险人向被保险人或者受益人给付保险金后，不享有向第三者追偿的权利，但第三人所造成之意外事故中保险人所承担之医疗及住院开支除外。但被保险人或者受益人仍有权向第三者请求赔偿。

理由：在人身保险中，健康保险和意外伤害保险中的费用补偿型医疗保险部分，区别于一般的人身保险。保险人是以被保险人因疾病或者意外导致的医疗费用承担责任，而并非补偿被保险人的生命或身体，上述因保险事故产生的医疗费用是可以确定的，无疑也是可以进行补偿的。如果费用补偿型医疗保险不适用损失补偿原则，则可能引发投保人恶意投保，以使被保险人获得医疗费用保险金的重复给付，从而使被保险人从中获取的保险金远远大于其因疾病、伤害所产生的医疗费用损失。这将诱发道德风险的产生，也势必对善意被保险人的利益产生侵害。《社会保险法》认可社会医疗保险理赔时适用代位追偿原则。银保监会于 2019 年 12 月实施的《健康保险管理办法》第 5 条第 4 款规定："费用补偿型医疗保险的给付金额不得超过被保险人实际发生的医疗、康复费用金额。"可见，该文件认可了费用补偿型医疗保险适用损失补偿原则。

11.《保险法》第 55 条【保险价值的确定】

（1）第 1 款。立法建议：保险标的实际价值无法预估的，投保人和保险人可约定保险标的的保险价值并在合同中载明。保险标的发生损失时，以约定的保险价值与实际保险价值间较低者为赔偿计算标准。

理由：一是限制保险价值的约定，亦即仅适用于保险标的实际价值无法预估的情形；二是对于定值保险，出险时约定的保险价值明显高于保险标的的实际价值，应当按实际价值作为赔偿计算标准，遵循损失补偿原则。

12.《保险法》第 65 条【责任保险】

（1）新增款。立法建议：责任保险项下，发生重复保险的，各保险人按照其责任限额与责任限额总和的比例承担赔偿保险金的责任，法律法规另有规定的除外。

理由：一般的财产保险（一般财产保险中，发生重复保险的，各保险人按照其保险金额与保险金额总和的比例承担赔偿保险金的责任）与责任保险关于重复保险的赔偿处理原则存在一定差异。

（2）名词替换。立法建议：第 65 条中的"第三者"统一为"第三人"。

理由：与《民法典》协同，《保险法》中涉及该问题的均建议替换（第 46 条【保险人禁止追偿】、第 60 条【代位求偿权】、第 61 条【不能行使代位求偿权的法律后果】、第 63 条【协助行使代位求偿权】、第 65 条【责任保险】、第 66 条【责任保险相应费用承担】）。

13.《保险法》第 95 条【保险公司业务范围】

（1）新增项。立法建议：保险公司的业务范围：……（三）经人力资源社会保障行政部门批准的年金业务：包括企业年金和职业年金等业务；（四）养老金业务：包括商业养老保险、养老保障业务；企业（职业）年金计划等产品和服务；基本养老保险基金和全国社会保障基金投资运营等；经批准的养老金相关其他业务。

理由：国务院保险监督管理机构批准的与保险有关的其他业务。企业年金和职业年金作为我国养老体系的第二支柱，是我国养老保障的重要补充。实践中，已经有养老保险公司取得人社部颁发的企业年金和职业年金的经营资格。国家鼓励和支持商业养老保险的发展，努力把商业养老保险建成社会保障体系的重要支柱。

（2）新增款。立法建议：保险人不得兼营人身保险业务和财产保险业务。但是，经营财产保险业务的保险公司经国务院保险监督管理机构批准，可以经营意外伤害保险业务和短期健康保险业务。

理由：现行《保险法》对财产保险公司可否经营保险期间大于 1 年的意外险存在歧义，实践中监管尺度也不一致。从保险实践看，部分特殊的短期意外险的保险期间突破 1 年，导致财险公司在销售时，存在销售违规风险。例如建筑工程团体意外险，其保险条款约定保险期限与工程期限一致，因而保险期间既可小于 1 年，也可大于 1 年。

14.《保险法》第 97 条【保险公司保证金的提取】

立法建议：保险公司应当依法提取公积金。每笔资本保证金存款的金额不得低于人民币 1 000 万元（或等额外币）。保险公司增加注册资本（营运资金）低于人民币 5 000 万元（或等额外币）的，按实际增资金额的 10%一笔提存资本保证金。

理由：依据我国《保险法》和《保险公司资本保证金管理办法》（保监发〔2015〕37 号）的规定，我国资本保证金存在提取比例过高且存放形式单一的特点，如继续维持该制度将不利于保险公司合理运用资金、不利于保险公司集团化和再保险功能的发挥。因此，设定保证金提取比例上限，有利于减轻保险公司的资本金负担，提升中小保险公司的流动性。

15.《保险法》第106条【保险资金运用的原则和形式】

立法建议：保险公司的资金运用必须稳健，遵循安全性原则。保险公司的资金运用限于下列形式：银行存款；买卖债券、股票、证券投资基金份额等有价证券；投资不动产；直接贷款；投资股权；国务院规定的其他资金运用形式。

保险公司资金运用的具体管理办法，由国务院保险监督管理机构依照前两款的规定制定。

理由：从国际发达保险市场来看，许多国家的保险资金运用渠道比较广泛、结构较为丰富，其中就包括一般贷款、抵押担保贷款等。如美国，在20世纪初期就允许寿险公司投资于不动产抵押贷款，20世纪后期全国保险监督官协会对保险公司资金运用的10种形式强化了数量和质量方面的监管，其中就包括抵押贷款。在德国，保险资金可运用于附质押或转移担保的贷款，以及借予指定机构的消费借贷等。在日本，20世纪60年代后期随着经济的振兴和崛起，中小企业迅速发展，寿险公司投资的对象转向中小企业贷款，20世纪七八十年代寿险公司贷款比重年均增长60%以上。韩国、新加坡等新兴工业化国家的保险资金都可以直接贷款。这些国家的成功经验说明，我国保险资金在直接放贷方面可以有所作为。我国金融市场对于运用保险资金进行直接贷款需求强烈。保险资产管理公司、信托公司等运用保险资金发行债权投资计划、债权类集合资金信托计划等，其实质便是将保险资金用于向企业贷款。党的十九大报告指出，“深化投融资体制改革，发挥投资对优化供给结构的关键性作用”，“增强金融服务实体经济能力”。2019年中央经济工作会议要求，“进一步缓解企业融资难融资贵问题”。发放贷款是保险资金运用的重要途径且限制较少，保险法律制度应减少此方面限制。另外，《保险资金运用管理办法》第6条第4款规定：“保险资金运用限于下列形式：……（四）投资股权；……”因此，本次《保险法》修改应当统一规定保险法相关下位法中的规定，确保保险法律体系的统一和完整。

16.《保险法》第107条【保险资产管理公司的设立】

立法建议：经国务院保险监督管理机构批准，保险公司可以设立保险资产管理公司。

理由：参考《商业银行理财子公司管理办法》第14条，银行理财子公司的设立仅须由国务院银行业监督管理机构审批，而目前保险资产管理公司须国务院保险监督管理机构会同国务院证券监督管理机构批准，两者存在较大差异。同时，随着银监会和保监会的合并，以及国家金融监管总局的成立，银行和保险的监管规则统一。因此，统一保险资产管理公司与银行理财子公司的审批机构，对于监管标准的统一有促进作用，也符合当前的监管趋势。

17.《保险法》第 116 条【保险业务活动中的禁止行为】

立法建议：保险公司及其工作人员在保险业务活动中不得有下列行为：……（四）给予或者承诺给予投保人、被保险人、受益人保险合同约定以外的保险费回扣或者其他不当利益。

理由：《反不正当竞争法》将给予交易相对方折扣的行为界定为商业贿赂行为，将给予交易相对方的利益限定为非法利益，而非所有的利益。《保险法》修改，应当明确给予保险销售者的利益类型，以避免损害正常的保险营销活动。

18.《保险法》第 7 章【法律责任】

新增款。立法建议：当事人有下列情形之一的，应当依法从轻或者减轻行政处罚：（一）主动消除或者减轻违法行为危害后果的；（二）受他人胁迫有违法行为的；（三）配合行政机关查处违法行为有立功表现的；（四）其他依法从轻或者减轻行政处罚的。首次违法且违法行为轻微或违法行为轻微并及时纠正，没有造成危害后果的，不予行政处罚。

当事人有下列情形之一的，依法从重处罚：（一）屡查屡犯的；（二）不配合监管执法的；（三）危害后果严重，造成较为恶劣社会影响的；（四）其他依法从重行政处罚的情形。

理由：建议将《中国银保监会行政处罚办法》第 7 条、第 8 条中规定的从轻、减轻、免除及从重处罚原则在《保险法》中予以明确，上升至法律层次。同时在《中国银保监会行政处罚办法》第 7 条的基础上增加“首次违法且违法行为轻微，没有造成危害后果的”作为不予行政处罚的情形。

# 金融科技视角下中小投资者保护机制研究

赵　畅　李　蓓[①]

**内容摘要**：随着金融科技的蓬勃发展和时代的快速创新进程步伐，智能投顾的发展已经正在走向资本市场的舞台，但是，关于金融科技创新产品应用后的投资者保护机制和纠纷时如何救济那些潜在的大部分中小投资者，目前我国乃至世界各国的法律制度其实都并未给出一个完整的回答和完美的答复，各国的制度实际上都还处于一种探索和摸索的局面，正在前行。智能投顾等金融科技产品一般需要从市场准入、运营体系机制、金融科技本身运作的信息披露以及监管沙盒，甚至在算法的规制方面等，从监管金融科技来间接为中小投资者创造一种金融环境安全的保护机制，并且也给中小投资者以更为直接的保护机制。

**关键词**：金融科技　中小投资者　智能投顾　保护机制

## 一、引　　言

2017年以来，中国金融科技发展步入快车道，国内掀起了一股研究金融科技的热潮。在这一轮研究热潮中，有三个特点值得注意：一是国内文献更加注重关注全球金融科技理论、实践与政策的变化，注重介绍和分析全球金融科技领域的变化及其对中国的影响，并在若干前沿领域取得了阶段性进展。二是注重把国际前沿与中国国情结合起来，为中国金融科技发展提出管用的思路和建议。三是国内金融科技理论研究虽仍显薄弱，但已有越来越多的文献开始深入探讨理论层面的重大问题，这是构建中国特色金融科技理论的良好开端。自2017年起，金融科技的发展与特征受到国内学者的关注。廖岷等(2017)发现，在全球范围内，金融科技快速发展而且势头很旺，对传统金融模式开始产生冲击。尹志超、余颖丰(2018)认为，科技在运用到金融领域增进效率的同时，也在

① 赵畅，法学硕士，华东政法大学经济法学专业博士研究生；李蓓，法学硕士，上海市建纬律师事务所律师。

不断地改变着传统金融行业。孙国峰(2019)认为金融在快速发展和创新的过程中,金融科技本质就是一场金融信息的传输、接收、分析和处理技术的革命。金融科技在增进人民福祉的过程中,也同样带来了挑战。如邱兆祥、刘永元(2019)所言,所谓金融科技就是创造出一种新的"生产函数",有很大的可能对既有的金融业态和稳定产生一定的冲击。杨东(2017)也发现,在事实上,金融科技在现有的金融模式下创新了金融交易习惯与方式,传统的金融立法难以对新的交易方式有效界定和监管。正因如此,国内不少学者在关注金融科技发展的同时,更关注于一系列的监管方法。李文红、蒋则沈(2018)认为,对于新兴的金融科技企业,监管者应遵循"技术中立"原则,为了维护市场竞争,防止以"技术"的名义破坏金融秩序。李敏(2019)发现,在现有的金融机构为"抓手"的风险监管体系适用于金融科技存有困难,比如在监管对象的识别问题上。

就中小投资者的相关概念界定与理解,魏成龙(2015)认为中小投资者保护理论可以追溯到股份公司的产生,其目的是防止广大中小投资者的利益受到侵害而对其进行相关保护。对中小投资者利益的侵害实质上属于对投资者所有权的侵犯,在现代企业制度中,公司治理是最重要的核心内容,规定了公司董事会、管理层、股东以及其他利益相关者的权利和责任,其中最重要的职能就是通过制衡大股东在公司中的控股地位以保护中小投资者的权益。根据现代企业的理论观点,狭义的公司投资者是指公司外部资金的主要提供者——股东和债权人,这部分投资者主要来自资本市场,也即通常所称的中小投资者;广义的公司投资者主要包括股东、债权人、职工等所有对公司投入一定资本的相关利益者。在中国,中小投资者主要是指持股比例较小,对公司的决策一般不具有影响力,通常包括在沪深证券交易所持有少量流通股的社会公众法人和个人股。[①]沈艺峰和许年行等(2004)通过实证研究来检验我国不同历史阶段的中小投资者法律保护问题,研究的最终结果发现,我国的中小投资者法律保护机制随着资本市场中所处的不同阶段而有所不同,比如,首次公开发行 IPO 的初始收益率往往就存在着显著的差别,说明在我国有关的中小投资者法律保护的机制当中,由于不同的阶段,中小投资者的自我的市场保护意识可能也会存在着不同,比如两者之间可能存在着显著的某种负相关关系;中小投资者如果在得到法律保护比较好的阶段中,由于他们可能对保护机制的依赖性较低,即所要求的 IPO 的初始收益率较高;反之,在那种法律保护不健全的情况下,中小投资者往往首先寻求市场保护;随着中小投资者法律保护的逐步完善,中小投资者对市

① 魏成龙:《中小投资者利益保护研究》,中国经济出版社 2015 年版。

场保护的依赖性会逐步减少。①陈炜和孔翔(2008)以1994—2003年间深沪两市所发生的那些股权转让的重大事件为基本实验受体和研究对象，利用控制权私利水平衡量中小投资者的法律保护机制的最终效果和效率，并且还通过实证来检验我国法律制度的完善是否起到了保护中小投资者的根本作用；同时他们的研究还发现：我国资本市场上还存在着较高的控制权私利水平，在中小投资者法律保护机制的不同作用阶段，控制权私利存在显著差异；总体上来说，中小投资者法律保护能够起到降低控制权私利作用；在1999年以前的法律保护意识较差的阶段，中小投资者法律保护机制并没有发挥降低控制权私利的作用；但是在2000年之后，法律保护机制又逐渐发挥了作用，控股股东还能够获得的控制权私利也正在不断降低。②

金融科技最早由Bettinger(1972)提出，本意是指“将银行的专业知识与现代管理科技及计算机相结合”，代表金融与技术(financial＋technology)的融合。③但大部分人认为，金融科技在2010年之后才开始逐步发展，以英美的互联网公司将区块链和人工智能等新兴技术运用到金融领域为标志。随着金融科技的快速发展，2016年后，金融稳定理事会(FSB)和国际货币基金组织(IMF)等机构开始将关注度转向金融科技，并发布了一系列报告。当下，对金融科技还未形成统一的定义。巴塞尔银行监管委员会(BCBS)(2018)从业态方面，认为金融科技包括支付结算、存贷款和资本筹集、投资管理和市场基础设施等业务模式；④金融稳定理事会(Financial Stability Board, FSB)认为，金融科技(Fintech)是科技驱动的金融创新，能够创造新的金融模式、新的金融应用、新的金融服务流程和产品，从而改变金融市场、金融机构和金融服务提供方式的全新金融业态。⑤随着金融科技的创新，展现出可视化、可编程化及智能化的特征。其中，金融的可视化指通过互联网信息技术，金融机构在获得海量数据的基础上对其加工处理，使得这些金融信息数据具有直观性，形成了“金融知识图谱”，以便金融机构通过这些数据创造出满足个性化需求的金融产品与服务；金融的可编程化指在区块链技术的基础上，金融科技对“货币”赋能，开发出具有灵活性的金融产品。与此同时，数字货币适用区块链技术去交易，便显出了去中心

① 沈艺峰、许年行：《我国中小投资者法律保护历史实践的实证检验》，载《经济研究》2004年第9期。

② 陈炜、孔翔：《我国中小投资者法律保护与控制权私利关系实证检验》，载《中国工业经济》2008年第1期。

③ 李文红、蒋则沈：《金融科技(FinTech)发展与监管：一个监管者的视角》，载《金融监管研究》2017年第3期。

④ 《巴塞尔银行监管委员会》，http://www.bis.org/bcbs，2021年12月31日访问。

⑤ 《金融稳定理事会》，Financial Stability Board(fsb.org)，2021年12月31日访问。

化和可拓展性，其应用服务范围可拓展至固定资产、知识产权及权益和债务凭证等领域；金融的智能化指通过大数据、人工智能等金融科技手段，金融机构对传统的金融产品和服务升级处理，使其产品和服务表现出可定制化、可控、协同且具有综合性特征，是更高层级的金融模式。

总体而言，金融科技可以概括为三个发展阶段：在金融科技 1.0 阶段，金融科技主要的形式为数字化发展。在这个时期主要是支付结算环节，换句话说通过信息技术与网络技术，金融机构实现非现金转移过程，也为后来的金融科技发展奠定了基础。在金融科技 2.0 阶段，金融科技主要代表为平台化金融。通过互联网平台，金融产业形成了新的金融运作框架与环境，从而使信息流不受时空制约，缩小了消费者与生产者的距离，在金融成本降低的同时，推动了新业态模式产生，新的生产力被创造，经济得到快速发展。在金融科技 3.0 时期，金融科技发展趋势表现为跨产业和跨领域的融合。此时，金融科技不再是简简单单的末端支付环节，而是在全产业链中被广泛运用，逐渐向前中端生产领域发展，填补了传统金融领域的服务空白。2019 年 12 月 28 日，第十三届全国人民代表大会常务委员会第十五次会议通过了《证券法》。新《证券法》增加了投资者保护一章，明显提高了投资者保护的法律地位。目前，随着科技的进步，为金融科技发展创造了有利的条件，传统的证券市场的格局发生了一些改变，本文从金融科技背景的角度，针对中小证券投资者权益保护的不足，试图提出一些完善建议。

## 二、金融科技对中小投资者的潜在风险

### （一）相关案例及违法行为分析

1. 美国 SEC 诉 Wealthfront 案

Wealthfront Adviser 是一家位于加利福尼亚州雷德伍德城的注册投资咨询公司，为零售客户提供服务。Wealthfront Adviser 是一个在线“机器人顾问”，提供可自由支配的自动化、基于软件的投资组合管理。自 2008 年以来已在委员会注册为投资顾问。Wealthfront Adviser 就在其网站上发布白皮书，向客户和潜在客户提供关于 Wealthfront Adviser 投资方法的信息和其他与客户相关的主题，例如 TLH。Wealthfront Adviser 设计了 TLH，通过出售投资资产来捕获（以确认）某些交易的损失，为客户创造税收优惠，这些损失可能用于在某一年内减少客户的税收义务。从 2012 年 10 月到 2016 年 5 月中旬，Wealthfront Adviser 公司的 TLH 软件并没有被编程来监控它为客户管理的所有账户，以避免任何可能引发洗涤剂销售的交易。在健康前沿的 TLH 计划下，在某些情况下，洗涤销售可能会发生或被允许，包括客户指导的交易或重新平衡客户的投资组合。一次性出售资产的结果是，客户不能将特定出售资产的损失来抵消收入或资本收益用于税收目的。因此，水洗出售可以降低 TLH 的有效性，因为损失本可以用来抵消本年度的收入或资本收益，从而实现相应的税收目的。从 2012 年 10 月到 2016 年 5 月中旬，至少有 31%的 Wealthfront Adviser 的 TLH 战略注册账户经历了一些洗涤销售。从 2014 年 1 月 1 日至 2016 年 12 月 31 日，洗涤用品销售总额约占客户收获的税收损失的 2.3%。由于这些洗涤销售，参加 TLH 的客户在相关纳税年度收获的税收损失比在没有洗涤销售的情况下收获的要少。至少从 2012 年 10 月到 2016 年 5 月中旬，财富前线未能采取合理设计的书面政策和程序，以确认其 TLH 白皮书中关于洗涤剂销售的披露已被准确描述，并符合其实际实践。财富阵线利用其推特消息发布广告，并与客户和潜在客户进行在线交流。

除了在其动态上发布原始推文外，健康前沿还选择性地重新发布了其他推特用户的某些帖子（通常被称为“转发”），在这些帖子中，Wealthfront Adviser 都转发了关于自己的正面帖子，但没有披露这些帖子的作者对财富前线正面声明的经济利益。健康前线未能采取合理设计的书面政策和程序来审查推荐与误导性广告的营销材料和沟通。因此，在 Wealthfront Adviser 发布推特转发之前，并不是所有的转发都进行了评估，以确定它们是否准确和完整，或包含推荐信。当 Wealthfront Adviser 在其推特上发布其咨询服务的广告时，它并不总是保留通过其推特账户直接或间接发布给 10 人或 10 人以上的广告副本。Wealthfront Adviser 还使用其推特账户直接向客户或潜在客户发送信息，并不总是保留通过其推特账户向客户推荐的信息，或给出或建议给客户或潜在客户的建议。大约从 2014 年年中到 2015 年年中，财富阵线开展了财富阵线联盟计划。通过联盟计划，Wealthfront Adviser 支付了某些成功招揽新客户开设 Wealthfront Adviser 账户的博客的费用。博客作者通常会在一篇关于 Wealthfront Adviser 和/或其竞争对手的有利博客文章中或附近放置一个 Wealthfront Adviser 的超链接。健康前线根据新推荐的客户最初投资的资产金额向博客支付费用。总的来说，健康前线向这些参与的博客支付了推荐新客户的约 9.7 万美元，并通过其附属计划获得了数千万美元的管理资产。财富银行根据客户转入新账户的资产金额支付这些款项，而没有按照《现金征求规则》、《顾问法》第 206(4)—3 条的要求披露文件。根据该规则，财富前线必须有一份书面的征求协议，提供某些披露信息，并收到被请求的客户收到这些文件的书面确认书。财富前线没有满足任何这些要求与附属计划。在相关期间，健康的政策和程序要求其首席合规官审查与律师的协议以符合适用的规则，并批准任何此类协议。从2014年年中到2015年年中，健康前沿没有执行其与律师审查和批准协议有关的书面政策和程序。在2015年2月27日提交给委员会的ADV第2部分宣传册中指出，如果公司决定使用律师，健康公司将以书面形式向客户披露。它还说，它将遵守现金征求规则。如上所述，在财富前线使用付费博客作为律师时，它没有披露它使用了律师，也没有遵守现金征集规则。从上述的案例中，我们可以看出Wealthfront Adviser公司，不遵守适用的披露和文件要求，确切地说没有遵守信义义务。Wealthfront Adviser也未能采取和实施合理设计的旨在防止违反《顾问法》及其下规则的政策和程序。

2. 美国SEC诉Hedgeable Inc.案

Hedgeable是一家特拉华州公司，其主要业务地点在纽约州。Hedgeable自2009年起在欧洲证监会注册为互联网投资顾问公司。截至2018年3月，Hedgeable报告管理的资产为8 100万美元。目前，美国SEC已经对该公司提起有关诉讼，指控Hedgeable存在散布虚假财务数据和误导性的营销产品信息以及过往的业绩数据。实际上，Hedgeable运营着一个“机器人顾问”：一个自动化的数字投资咨询程序，通过该基金的Website网站Hedgeable.com以及社交媒体的开放平台，可以向个人消费者、小企业主、信托公司、企业和合作伙伴等进行营销。SEC认为Hedgeable之所以传播虚假的信息和误导性的营销材料以及业绩数据，其中大部分的原因是Hedgeable本身存在无效的合规计划，即Hedgeable的合规政策和程序并未要求其内部的任何管理人员进行审查或批准发布在Hedgeable自身的数字媒体平台上的产品营销材料或企业财务业绩数据。①

SEC通过进一步地证明，分析Hedgeable至少从2016年到2017年4月，在其网站和社交媒体平台上发布了一个“Robot-Index”，根据了解，该系统允许客户和潜在客户将另外两个机器人顾问——即“机器人顾问1”和“机器人顾问2”——在2014年和2015年的表现与Hedgeable客户在同一时期的表现进行比较，这些表现被汇总在一个“Hedgeable Composite”中。但是，机器人指数和可对冲综合指数在几个方面具有误导性。首先，2014年至2015年期间，Hedgeable Composite实际上只包含了一小部分的Hedgeable客户，总数甚至不达4%；其次，

① Securities and Exchange Commission, Administrative Proceeding File No. 3-18950.

Hedgeable对 Robot-Index 的计算方法是错误的，因为它不是基于 Robot-Adviser 1 或 2 的实际交易模型，而仅仅是基于其网站上的信息或者数据，进而对 Robot-Adviser 1 或 2 的表现进行了近似和模拟性质的计算；再次，即使使用 Hedgeable 自己原有的算法计算的方法，Hedgeable 也错误地计算了 Robot-Index 和 Hedgeable Composite 的年化回报收益率等比率，并且 Hedgeable 未能保持足够的文档来证实 Robot-Index 或 Hedgeable Composite 中呈现的回报；除此之外，Hedgeable 还在其网站上发布了误导性的情况说明书，夸大了各种 Hedgeable etf 的回报收益率，与混合指数回报率的某些基准的比较。因此，这些对比在 Hedgeable.com 和各种各样的社交媒体平台上进行了推广，最终的结果就是，在编制 Robot-Index 时，Hedgeable 的方法错误导致计算数据存在了一些重大问题，并且 Hedgeable 的误报以及其未能披露与其在指定期间的业绩相关的重大事实等。①这些种种因素都引发了最后财务报表数据虚假、信息错误等错报。

从违反的法律依据角度来看，美国 SEC 认定 Hedgeable 故意违反了《顾问法》第 206 条第 2 项，该条款禁止投资顾问从事“任何欺诈或欺骗任何客户或潜在客户的交易、实践或业务”，还违反了《顾问法》第 206 条第 2 款的规定不需要提供证据，而是“可以基于简单过失的认定”，美国证券交易委员会诉斯蒂德曼案，《联邦法院判例汇编》967 F.2d 第 636、643 号第 5 条(哥伦比亚特区法院，1992 年)。②Hedgeable 故意违反了《顾问法》第 206 条第 4 项和其中第 2064 项—1(a)(5)条，其中禁止任何注册投资顾问直接或间接发布、流通或分发含有任何不真实的重大事实陈述的广告，或者是错误的或误导的、过失的表现也足以确定违反《顾问法》第 206 条第 4 项及其规定。③Hedgeable 故意违反《顾问法》第 206 条和其中第 206(4)—7 条，其中要求已登记的顾问采用和执行合理设计的书面政策和程序，以防止顾问及其监督人员违反《顾问法》及其所载规则。《顾问法》第 204 条规定，投资顾问应按照委员会根据公共利益或保护投资者的必要或适当的规定，制定和保存某些记录。《顾问法》第 204 条第 2 项要求注册的投资顾问，以制作和保存与其投资咨询业务相关的真实、准确和最新的账簿和记录，包括所有账簿、内部工作底稿，以及在任何通知、通告、广告、报章、投资信函、公告或投资顾问直接或间接向 10 人或 10 人以上传播或分发的其他信息。自 2009 年以来，Hedgeable 一直保持一份书面的合规政策和程序手册。然而，

① Securities and Exchange Commission, Administrative Proceeding File No. 3-18950.

② SEC v. Capital Gains Research Bureau, Inc., 375 U.S., 180, 195(1963).

③ Steadman, 967 F.2d, 647.

这些政策和程序的设计并不能合理地防止 Hedgeable 违反《顾问法》及其规定。具体来说，从 2009 年到 2017 年 10 月，Hedgeable 在其数字媒体（网站、博客、社交媒体等）上发布的广告和促销材料的审批没有书面政策和程序。在相关期间，Hedgeable 的首席财务官并不知道，根据《顾问法》，Hedgeable 的社交媒体发帖也一直被视为营销材料，因此，其并未审查 Hedgeable 的社交媒体发帖。

## （二）具体引发的问题归纳

### 1. 智能投顾的市场准入缺失，引发技术风险

市场准入问题是所有金融科技创新产品所共同面临的关键问题所在，智能投顾作为金融科技发展背景下出现的新兴产物，必然与此本质相同相通，准入问题也应当为其首先之考虑。据有关的数据统计显示，2004 年时，市场上共有 108 张证券投资咨询牌照，然而，到了 2018 年，金融市场上仅存的证券投资咨询牌照数量为 84 张。①这种不增反降的趋势是非常明显易见的，根据物以稀为贵的道理，这种对少数存在事物的炒作行为是非常常见的，这也反映在我国的资本市场现状中，金融科技的出现，让市场上传统的证券投资咨询公司找到了新的生机和突破口。运用科技和技术的力量和互联网的传播能力，许多公司为获取利益非法经营，明明没有事先获取的准入资格，却通过金融科技的形式来进行证券投资咨询业务的经营，从本质上看，其实也是非常明显的非法行为，还会给市场带来更大的道德风险可能，极大地侵害中小金融投资者的自身权益和合法利益。对于像智能投顾这种金融科技运作的产品而言，缺乏一定的准入机制的评判，在很大程度上，还会存在引发技术性风险的可能性，进而通过传染性原理引发金融风险，扩散至投资者的承担。

正如在 Hedgeable 的案例中所体现的那样，Hedgeable 对 Robot-Index 的计算方法是错误的，因为它未能估算出 Robot-Adviser 1 或 2 的平均客户的实际预期回报。Hedgeable 无法获得 Robot-Advisor 1 或 2 模型的实际业绩数据。Hedgeable 根据公司开户过程中从 Robot-Adviser 1 和 2 网站获得的信息，利用自己对 Robot-Adviser 1 和 2 的理论交易模型的估计，开发了 Robot-Index。为了获得截至年底的投资组合持有权重模型，Hedgeable 通过网站在 Robot-Advisor 1 和 Robot-Advisor 2 创建了账户。然而，Hedgeable 并未能实际接近 Robot-Advisor 1 和 2 的实际模型的回报。例如，在开发 Robot-Index 时，Hedgeable 未能调整其理论模型，以匹配 Robot-Adviser 2 对其各种风险类别权

① 郭雳、赵继尧：《智能投顾发展的法律挑战及其应对》，载《证券市场导报》2018 年 6 月号。

重的调整。因此,Hedgeable 的理论模型 Robot-Index 基于错误加权的风险类别,实际上是无法准确计算 Robot-Adviser 2 的预期收益。Hedgeable 还错误地假设 Robot-Advisor 2 按季度将其投资组合按其模型权重进行再平衡,而不是在多个季度内保持其调整后的权重。[①] 总之,从本质上看,Hedgeable 的产品在投入市场之前并没有良好的技术风险测评,Robot-Index 没有使用 Robot-Adviser 2 的实际模型准确反映预期收益,缺乏准入判断标准的衡量。

2. 智能投顾内部运营结构问题导致诸多风险无法暴露

我国《证券投资顾问业务暂行规定》第 12 条规定,证券投资咨询机构不得代理客户作出具有投资性质的具体决策行为。很显然,这是我国法律对资本市场运作行为的具体化规制与行为结构限制,一方面是资本市场的自由运作程度,另一方面是金融监管行为的国家干预手段,两者必须保持为一种程度的平衡。我国也有学者提出:"禁止证券投资咨询全权委托可能存在两个弊端:一是阻碍智能投顾的智能化理财,使得自动化投资和动态调仓不得不被强行中断,束缚了其优势发挥;二是使以'理财魔方'为代表的资产配置建议型智能投顾平台被迫采用'基金引流'的方式向投资者推介基金产品,从而涉嫌非法基金销售。"[②]证券投资咨询机构因为无法代理客户进行购买产品的投资性行为,由于本身运作结构的弊端和限制性管制,个人投资者或消费者与产品之间的信息不对称性其实并没有因为智能投顾这种中介机构本身的介入而有所减缓或者改善,反而还是与穿透投资咨询业务的情景相似,科技的进步似乎并未解决原有的信息不对称性问题。将智能投顾抽掉来看,个人投资者依然处于无法获取并分析产品信息和数据的劣势地位。

在 Hedgeable 的案例中,也能清晰看见,虽然 Hedgeable 进行了一定量的信息披露,但 Hedgeable 的复合回报收益率仅包括 2014 年以及 2015 年整个日历年度中开设、投资的相关时期的客户相关数据信息账户,Hedgeable 实际上未能披露其他很多运营环节,其绝大多数的客户账户(超过 96%)都没有包括在 Hedgeable Composite 中,并对此不知情;显而易见,Hedgeable Composite 的回报反映了生存偏差,因为与 Hedgeable 的全部客户基础数据总量相比,少数维护了一整年账户的客户可能获得高于平均回报;但相比之下,Hedgeable 是基于对 Robot-Adviser 1 和 2 网站上公开信息的分析计算出 Robot-Index 的。[③] 实际上,这并不是一个个体与个体之间的比较,因为很显然,Hedgeable 是将 Hedge-

①③ Securities and Exchange Commission, Administrative Proceeding File No. 3-18950.

② 郭雳、赵继尧:《智能投顾发展的法律挑战及其应对》,载《证券市场导报》2018 年 6 月号。

able 的最佳回报与 Robot-Advisor 1 和 Robot-Advisor 2 的一般客户所认为的回报进行比较，这在逻辑上显然也无法相互对应。①

## 三、金融科技视角下中小投资者保护的域外经验

### （一）"KYC"的数字化——"客户画像"

KYC 即"Know Your Consumer（了解您的客户）"，是金融机构开展业务过程中的重要术语之一，指在与客户合作之前或开始与他们合作以及合作期间对客户特征进行检查的过程。具体的运作是将客户的有关信息汇总，进而进行金融机构内部的价值标准衡量，以便在金融机构和客户之间建立起信任关系。KYC 于 1990 年在美国提出，为了解决当时没有一个方法能够更进一步地对客户进行了解和判断。实际上，在那时，KYC 被提出的根本目的是阻止潜在的犯罪嫌疑人进行非法融资或者通过银行逃税的行为，因此，KYC 的主要运作主体是商业银行系统，银行一般会要求客户填写 KYC 登记表，通过登记表上的信息，银行能够判断并将客户分类，银行还会交叉核对这些客户的信息，来阻止偷漏税、预算造假和骗取融资贷款等，通过这种方式，商业银行不允许任何没有 KYC 文件记录的持有者进行融资等行为。②

关于 KYC 的形式与内容的有关规定，在最开始，提交和登记 KYC 档案时使用的是纸笔方式，内容上具体应当包含客户数据、身份确认、地址验证和照片等。故其繁琐和复杂是显而易见的，每一次业务，银行都要重新通过客户填写的纸质文件记录对客户进行投资者合格性检查，这样就会导致更多错误的发生和增加成本。最终，数字技术化的 KYC 框架就被提出了，那就是 electronic-KYC。在这种模式下，客户可以通过登录系统关联的 Website 网址来补充 KYC 系列信息的归档，这一切的信息原则上都将被存放在商业银行最庞大的数据库中。而后，银行就可以通过系统内部查询并核对客户消费者的信息，以及相关资格是否达到银行产品的标准。③KYC 流程包括互有意思表示真实拟建立法律关系的客户与金融机构之间所签订的各种合同或合作意向书等文件。这一过程将从所有受益人那里收集基本的身份信息数据，以检查其可能会从事的某些非法活动或违法行为。此外，该流程还包括与新客户进入相关的风险管理、交

① Securities and Exchange Commission, Administrative Proceeding File No. 3-18950.

②③ Sreelakshmi V G, Meera P M, KYC using Blockchain, International Journal of Trend in Scientific Research and Development(IJTSRD), Volume 4 Issue 4, June 2020.

易监控以及针对银行的特定客户政策，但该审查的过程对金融机构来说实际上成本高昂，但如不进行下去，则可能面临极为巨额的罚款。不过，当客户打算处理有关的财务问题时，原有系统就会发出 KYC 机制，继而，消费者将和金融机构就 KYC 有关条款达成新的一致，商业银行一般就会执行 KYC 审查检查流程进行资格的验证，是否符合标准、是否能够进入产品。金融机构审查 KYC 要求的文件后一般会形成另一份新的样本文件，该份文件将被分送给监管部分，用来进行核验或记录备案等行为，当然，也包括监控整个 KYC 的运行和执行问题的效力的证明。不过，这个程序本身存在反复，因为每次客户打算和金融机构展开一个新的合作的时候，这个审查过程都会被重复。其实从本质上看，按当前的 KYC 程序制度的设置来说，客户与金融机构每次建立起一个新的合作关系时，KYC 根本上的审查验证流程都会一直重复地出现和往复。在实践中，也有相关案例显示，对每个单个的消费者客户，文件记录内容经受 KYC 验证流程必须承受三次检验，按这样来算，在消费者处生成的总成本即变成了原有的三倍之多，也属于成本的重复增加。在这一过程中，最重要的就是要区分 KYC 的验证中过程，这是所有金融机构都必须承担的最低要求的限度标准，即应当按此附加的过程来执行特定的程序性要求。①

由于上述介绍程序的缺点存在，区块链的创新便成为一种新的解决措施和方案，其核心内涵便是旨在应用交易的客户分散的数据特点和管理信息系统，也就是说不需要中介的第三方存在，而该系统是对 KYC 系统的另一种适当的移转互换。除此之外，它也提供了传统 KYC 程序所具备的其他所有基本必须设施功能和作用的体现等一系列措施所在的关键问题。虽然区块链的技术依然很难改变 KYC 的分散程序，以及客户电子数据潜在的安全性质、使用方便性问题以及可信程度等方面的利益问题，但确实，区块链的变换性很大程度上帮助了提高客户信息透明度，保证更好地了解客户，保证准入质量，这一切都将大大地提高和改进程序并且减少非法金融行为的发生。从这一角度看，监管部门实际上也会极大地获益，区块链系统能够使金融机构与监管部门之间的数据关系更加透明，便于监管部门进行有关交易的金融监管和监督检查等行为的操作。②可以看出，区块链技术提供了一个全局的分布式信息大数据库，其中，每一个关键点都可以通过具有用于节点通信的一层协议文件记录内容的相对应行为约束制度条款与通信网络相互链接，区块链技术下用户可以使用

①② Sreelakshmi V G, Meera P M, KYC using Blockchain, International Journal of Trend in Scientific Research and Development(IJTSRD), Volume 4 Issue 4, June 2020.

他们各自的公钥相互引用使用，并可以使用他们的私钥对消息和交易进行加密签名行为。[①]从长远来看，这种模式可以大规模减少金融欺诈行为和犯罪行为等，即区块链 KYC 的有效使用可以提高金融交易行为总体的安全性和保护性。

企业区块链解决方案还试图解决用户隐私这一关键问题，尽管区块链最初是针对完全透明的行为，但在了解客户（KYC）标准化的背景之下，提出了一种在企业区块链上实现用户隐私保护的去中心化方案，并且还开发了另外两种类型的智能合约为其所用。[②]通过公共 KYC 智能合同的进化方案，用户注册他们自己的 KYC 名片并将其一切有需要的信息上传到利用的 IPFS 存储系统当中等待审核所用，这些操作在 Alastria Network 允许的区块链上的交易中解释；此外，通过公开的 KYC 智能合约管理新系统，用户管理员可以批准或拒绝初始的 KYC 用户文档的有效期限和最终的到期日；在私有 KYC 智能合同中，由于其属于特殊性合约，对 KYC 文件存储库执行 CRUD（创建、读取、更新和删除）的操作。其简单的模型以及组件和技术组件的智能集成，该系统提高了效率和正常的运行时间。该系统通过该种简单的模型之后和对不同技术模块以及组件的智能集成体系系统后，便提高了操作的有效性和时效性，该方案侧重于将区块链技术作为 KYC 系统体系结构中最重要和最关键的部分之一，并且还倾向于实现最佳模式清晰的程度。[③]

还有学者提出了一种改良后的、动态进行的、基于区块链技术的 KYC 系统，它降低了 KYC 过程的成本，并且还允许参与 FIS 按比例分担这些成本，不需要 TTP 来管理系统中的权限，并且随着时间的推移可以进行关于 FIS 客户的状态的实时动态更新。此外，还开发了 PoC，FIS 和监管机构可以使用它来实现所提出的任意系统，并探索该系统的另外一种形态模式。该系统是在以往系统方案的基础之上，通过 DSR 的应用进而产生的。具体地说，系统开发过程采用了对系统的效果评估和流程演示，从而提高了系统对现实企业环境的适用性和适应性，并且还解决了以前提出的系统效率低下的问题。[④]

### （二）金融科技产品准入机制——“监管沙盒”

目前，全球监管部门几乎均已经接受了监管沙盒这一监管创新方法，将其

---

①④　José Parra-Moyano，Tryggvi Thoroddsen，Optimised and dynamic KYC system based on blockchain technology，Int. J. Blockchains and Cryptocurrencies，Vol. 1，No. 1，2019.

②③　Nikolaos Kapsoulis，Alexandros Psychas，Know Your Customer（KYC）Implementation with Smart Contracts on a Privacy-Oriented Decentralized Architecture，Future Internet 2020，12，41.

作为一种手段，提供一个动态循环的、以证据为基础的监管大环境，以测试新兴技术是否符合监管范围内的标准、是否可以在市场上大规模地进行投放和使用。2018年初，英国金融行为管理局（FCA）提出了一个全球的监管沙盒，为提供企业测试那些跨越了多个司法管辖区域的创新金融产品、服务或商业模式。由国际金融监管机构以及其相关组织，包括世界银行集团等，于2019年1月正式推出全球金融创新网络（GFIN），旨在建立一个交流知识和经验的完全开放式平台，提高客户的参与程度。GFIN目前拥有超过60个成员和观察员，它们都致力于支持金融产品创新。成立GFIN的关键考虑因素之一，就是在位于不同的司法管辖区的金融企业面临同样的挑战或相关的政策问题上，需要进行金融监管的合作与协作。作为一种反应，跨境试点工作流程也为这些新兴企业提供了来自不同的国家司法管辖区的监管机构如何能够与之进行互动的有效途径和方法。

监管沙盒的设计需要注意几个方面的问题，一是与整个法律工作系统的互动：某一国家的法律运作系统和监管沙盒的运行效果之间有没有明确的关系，值得进一步考虑。无论是英美法系国家、大陆法系国家还是那些在混合制度下运转前行的国家在实践中几乎都建立了监管沙盒的补充监管机制，尽管它们的监管角色和监管任务可能多多少少存在不同，但并没有另外的新制度能够取得比监管沙盒更大的好处和效果。然而，在某些国家的沙盒实践测试中，监管机构在相应的职权范围上可能存在着更大的自由度和发挥空间来实施沙盒以及调整监管的具体力度问题等。二是促进某种特定技术或者产品的带有主题性色彩的监管沙盒制度：有一些证据表明，如果能够定义明确的主题性监管沙盒，则在一定程度上可以更为有效地鼓励该种特定沙盒功能的运作或促进有关产品更好更大可能性地进入全开放的市场。这种针对性鲜明的沙盒的成功，从本质上看，往往取决于监管配套技术或金融部门监管基础设施的可用性和可操作性程度。虽然，大多数的金融科技监管沙盒基本都是针对金融科技而言的一般性的设计监管创新，但也有一些是专门针对性强的部分，譬如，增强大数据、区块链技术的应用、支持保险产品或者支付系统的技术创新等，甚至还有远程了解客户、客户的数字身份证技术等特别针对的沙盒创新。三是保护金融消费者的一些措施：比如，如果金融企业没有适当地执行保护消费者的措施，那么这些参与进入投资产品的消费者可能面临更大的额外风险；这主要是因为，大多数的监管沙盒在它们的总体设计框架中都存在着一个大的基本性架构组成体，用于解决金融消费者的权益保护问题。然而，监管沙盒的框架规定着消费者保护措施的大致类型，以及可用于监管监督的具体能力和效果实际上可能存在的差别是很大的。①

在印度，印度央行、印度证券交易委员会以及印度保险监管与发展管理局纷纷都在2019年推出了监管沙盒的测试产品，其基本目标均是来支持和鼓励金融科技的市场产品发展。2016年7月，印度中央银行和印度储备银行共同成立了一个跨区域的监管工作小组（WG），致力于研究以金融科技为中心的产品展开以及金融科技的产品发展潜能，并且检讨和改进当前金融业必须遵守的监管架构。在这之中，WG工作小组的总体成员基本包括来自印度储备银行、印度证券交易委员会、保险监管及发展局、退休基金监管及发展局的多方代表，以及受这些机构监管的部分金融企业实体、评级机构主体，乃至金融科技公司的代表等。②

在泰国，金融监管包括三个不同的监管机构，分别是：泰国银行（BOT）、证券交易委员会（SEC）和保险委员会办公室（OIC），这三家监管机构同样也推出了专注于金融体系不同方面的具有创新性质的监管沙盒产品。

在澳大利亚，澳大利亚证券和投资委员会（ASIC）于2016年12月表明了它们将成立第一代监管沙盒试点工作。任何只要符合规定条件的金融科技公司，需要在沙盒规定的范围内告知ASIC自身的提供金融产品和服务的有关系列意向，而不需要ASIC或其他监管机构释放的进一步其他批准手续，由此其是有较大的赋予展现空间可言。然而，沙箱的相对限制性参数也导致了同时一次性参与沙盒测试的产品或项目数量是有限的，严格来说，7个月内只有一家初创公司能够进行沙箱的自我使用符合。因此，ASIC也采取了进一步的新型措施来改善和完善监管沙箱在数量填补方面存在的不足问题——此后，政府发布了全新的立法和法规草案，希望能够创建一个加强版的新型监管沙盒，这个新的沙箱本质上提供了一个“更加宽松”的监管环境，允许监管沙盒在测试这些金融科技产品的时候以及他们的想法的同时，能够获得更多额外的灵活性运作表现。③

### （三）完善的信息披露机制

消费者金融保护局（CFPB）最初是根据《多德—弗兰克法案》（Dodd-Frank Act）成立的一个联邦性质的监管性机构，目的旨在保护购买各种各样的金融服务以及金融产品的深度金融消费者群体。CFPB实际上肩负着多项重要的使命和任务，即它要确保消费者对整个金融市场体系中的消费金融系列相关的产品

①②③ World Bank Group Global Experiences from Regulatory Sandboxes, Finance, Competitiveness & Innovation Global Practice, Fintech Note | No. 8.

和服务有明确乃至及时的信息记录和传递，以便他们能够切实为自己作出最佳的消费决策，维护和保障消费者的有关一切权益，并且还能够实现促进竞争的效果，防止不公平的、欺骗性的或滥用权力侵害消费者或其他利益的行为以及些许做法。《联邦消费者金融保护法》要求向消费者提供更多的金融消费产品的披露信息情况，CFPB负责监督这一点，而《多德—弗兰克法案》还要求CFPB颁布更多的关于相关对应新的消费者信息披露场景景象，例如在申请开启和关闭贷款通道之时，应当要求不断更新最新的综合性按揭披露相关信息情况，以及在偿还按揭贷款的期间也要求披露系列有关信息(CFPB关于这些信息披露工作的讨论，可以参阅CFPB实现透明度的项目)。[①]如前所述，《多德—弗兰克法案》还赋予CFPB自由裁量权，可以颁布包括范本披露在内的规则，以确保为消费者提供全面、准确和有效的披露；《多德—弗兰克法案》在几个地方表达了一种意图，即CFPB进行最为充分的研究，以确保其披露的信息对消费者来说是透明清晰的。[②]

从公共政策的角度来看，对于那些给定的进入决策，强制性的披露制度或政策往往会让不知情的消费者得到更好的消费性福利保障。在市场实践中，如果在一个消费者不知情的市场上，对消费者准入的资格区分将更全面地提高金融安全意识和全面的信息披露情况，提高认知程度的信息披露水准，是指需要告知金融消费者某一项具体特定的成分是有某种或高或低的风险的，而全面的披露则是指还需要披露产品所含有的具体的风险成分的一定性数量。[③]如果金融消费者最初并没有意识到金融创新科技产品可能潜在的不利影响，那么，这种提高意识的披露则会让他们的权益有机会得到更好、更全面的保护；同时，这也能够让那些最初意识到的金融消费者得到更加有力的权益保护保障机制体系，因为他们只要在产品的信息披露后购买这些金融创新科技的产品即可。一般来说，对于确定的合同条款项目，信息披露的越多，对消费者来说自然是越好的，但这从成本收益上可能不符合公司自身的利益，因此，在消费者剩余福利的标准之下，是可以选择进行强制性披露的规定选取的。[④]

具体来说，比如，对于新的综合性抵押贷款产品的披露要求，《多德—弗兰克法案》规定，信息披露规则应当“利用最为通俗易懂的语言，最为简化的披露技术实质，来帮助借款人或承租人等消费者理解交易”，还包括《美国联邦法典》

---

①② Richard Horn, Policy Watch: The Consumer Financial Protection Bureau's Consumer Research: Mission Accomplished? Journal of Public Policy & Marketing Vol. 36(1) Spring 2017.

③④ Sanxi Li, Martin Peitz, Information Disclosure and Consumer Awareness, Journal of Economic Behavior & Organization, Available online 19 May 2016.

第12编第2603(A)节、《美国联邦法典》第15编第1604(B)节等,也有具体类似的规定。此外,根据《多德—弗兰克法案》规定所赋予的自由裁量权而言,CFPB通常会要求发布一份信息披露的范本供为参考,同时也要求必须使用"金融消费者可以理解的通俗语言""清晰的格式和设计,如易于阅读的字体"等,还包括简洁的词句字的解释。[①]此外,CFPB还被要求"通过金融消费者测试考验"来进行消费者资格和是否符合准入标准的验证,它会根据这一项授权来发布有关的披露信息测试结果。[②]当然,鉴于《多德—弗兰克法案》对透明度测试和金融消费者测试的关注程度,美国国会似乎也非常重视CFPB的相关研究成果,以确保其工作的有效性和实践效果体现。CFPB似乎也认同这样的观点和措施行为,它公开将自己描述成为一个"数据驱动"的机构,并清晰地认识到在内部政策制定过程中做出"最知情"决策的价值,CFPB金融消费者研究结果的充分性显然是CFPB金融消费者有关信息披露并且是和金融消费者沟通的最为有效的一个重要关键性结构因素。[③]

CFPB在其网站上开启了一个具有保护性质的并且可以公开进行访问的金融消费者投诉渠道和数据记录库,其中主要包括它收到的针对这家金融机构和各项金融产品的投诉,在2015年年中,CFPB已经开始在其数据库中纳入金融消费者自己对其投诉的叙述性描述,进而将它称之为"非结构化消费者投诉叙述性数据";CFPB在公开发布金融消费者投诉或者金融消费者叙述之前,并不会对其进行身份或准入资格的系列验证和步骤的操作,而仅仅只核实金融消费者与其投诉对象或有存在某些关系的金融机构,以及金融消费者提交的这些投诉的理由的认定;CFPB还会发布一些关于消费者自我陈述的部分公众评论和判断言论,发布一些未经核实的投诉或者某些会误导金融消费者投资等行为的陈述,这通常表明因为这些陈述是在CFPB的网站上发布的,所以,公众会相信它们是经过专业机构进行内部核实程序的,同时,这种误解还会混淆甚至限制记录数据库本身对金融消费者和其他最终用户的使用效果和市场效率等。[④]对此,CFPB的回应是,"总体上,金融市场的创新产品将能够确定数据显示的内容以及其相对的重要性分析"。

就消费者金融市场的透明度而言,这对于金融消费者本身来说是极为重要的。它使得这些消费者们能够在虚拟线上签字之前就对金融创新产品和服务进行较为完全性的评估。而CFPB另外还肩负着一项更为重要的使命,

①③④ Richard Horn, Policy Watch: The Consumer Financial Protection Bureau's Consumer Research: Mission Accomplished? Journal of Public Policy & Marketing Vol. 36(1) Spring 2017.

② Dodd-Frank Act, SEC. 1032.

那就是确保金融消费者对消费金融创新产品和服务能够有更为清晰的认知和更为及时的信息获取，因为这些金融产品和服务中大部分的内在架构与逻辑都很复杂，金融消费者实际上可能是很难理解或者能够主动去比较不同金融产品之间的内在定价结构以及更多运作的形式等问题。因此，清晰而有效的金融消费者信息披露行为与内容和通信技术对于实现消费者的透明度是非常重要且必要的存在的，金融消费者信息披露和信息互换交流技术的成功发展，已经在很大程度上决定了进行充分的金融消费者研究；《多德—弗兰克法案》也认识到了这一点，故它要求 CFPB 进行金融消费者细化测试，并使用通俗易懂的语言类型构建信息披露的模型。[①]CFPB 在其开发的综合性抵押贷款信息披露方面已经取得了极大的成功，并获得了相关语言中心颁发的高级奖项。

## 四、金融科技视角下中小投资者保护的建议措施

### （一）完善市场准入制度与运营监管

从构建市场准入制度的整体思想架构来看，近年来，有学者已经提出，通过区分市场主体的不同类型来构建金融市场的准入规则和具体制度。具体而言，从这一思路的原理上分析，非正式的金融市场准入制度的规则设计应当要遵循更加或完全市场化的监管理念，这一概念的含义可以理解为：既要确定非正式的金融市场总体上是作为监管的对象；还要承认哪些非正式的金融市场的合理性评估，尊重投资者个人的投融资的现实与实际性需求；最后还要发挥自然市场规律机制下的非正式的金融活动中的主导地位和作用。[②]在市场化的监管理念指导下，以实践需要为最根本性的基础和基石，系统性地构建非正式的金融市场准入法律制度，需要注重制度的相关性、协调性和可行性；这些学者认为，非正统的金融主体具有复杂性、多样性和开放性的特点，比如智能投顾就是一个典型，因此，这就决定了在构建非正式的金融市场的过程中，需要遵循多种或多个标准来实现区分不同的市场主体的具体可能出现的表现类型，比如从“经营”“发展程度”和“利益相关者”三个维度出发对智能投顾的市场对象主体的类

---

① Richard Horn, Policy Watch: The Consumer Financial Protection Bureau's Consumer Research: Mission Accomplished? Journal of Public Policy & Marketing Vol. 36(1) Spring 2017.

② Xiaozhi HU, Research on the Legal System Construction of China's Informal Financial Market Access, Advances in Social Science, Education and Humanities Research(ASSEHR), volume 75.

型进行分类。①

首先,就“经营”的分类标准而言,简单来说,智能投顾的经营性主体主要应当具备以下特征:它始终都会积极地参与与非特定或者多个交易对手的各种模式的市场金融交易业务活动,它之所以会参与这一系列的金融交易活动的最终目的是获取中介供应商的高额利润收益,它一般会采用相对固定的经营模式即形成样本经营模型来专门从事各种不同系列的金融产品交易活动并且通常情况下是没有其他主营业务的存在的。②其次,就“发展程度”的标准而言,智能投顾本身的机制也可以分为初级、中级和高级三种层次类型,最基本的形式存在实体就是指没有组织形式的存在结构,仅仅只是极为偶尔地参与一些智能投顾的金融交易活动的实体;中级形态的存在实体实际上是指以本身信用作为基石为主要特色凸显的实体,从某种程度上看,它具有一定的组织形式和架构,也具有盈利的泛化功能,比如 ROSCA、信用合作社等;目前,比较高级的一种存在的实体就是具有更为特殊的组织形式结构,比如地下钱库、私募股权基金等的存在,它一般是具有更多以开展业务为核心状态的特点呈现,当然,其吸收资金的行为也并不是需要政府的隐性担保的绝对必要的存在的,因为支付危机也非常有可能会导致风险的极端扩散,以及法律的缺位也会使得在发生纠纷时很难运用司法救济去进行更好更理性的解决。③最后,就“利益相关者”的标准而言,本质或者实际上就是从金融科技产品对市场经济和社会影响的角度出发来对智能投顾进行新的区分。比较而言,那些参与人数更多的智能投顾实际上更容易引发区域性的或者系统性的金融危机和风险触发机制等,引发资本市场的投资者群体性骚乱,并且,更有必要对这类实体实施严格的监管措施(如早期的吉首非法集资案、最近的 Y 云南泛亚事件等)。④

### (二)尝试构建监管沙盒的监管模式

追根溯源,监管沙盒的本质是执着于探索包容性监管的路径和模式。目前,对于金融科技的总体监管框架如何进行构建与设立实际上尚未形成国际的标准化框架,从现实的智能投顾实践运作出发,世界的各主要经济体都在密切关注着金融科技的发展趋势,并努力及时调整现有的金融监管框架和模式与方法等,并且非常注重平衡两者之间的关系——即鼓励创新与防范风险之间的二

①②③④ Xiaozhi HU, Research on the Legal System Construction of China's Informal Financial Market Access, Advances in Social Science, Education and Humanities Research(ASSEHR), volume 75.

重关系。[①]目前,也有实证研究分析表明,监管沙盒减少了将创新的金融科技产品比如智能投顾这类产品推向市场的时间成本和沉没成本等,监管沙盒能够使得金融企业和监管当局和部门能够更加了解金融消费者和投资者对创新科技产品或者各种金融服务的接受程度和要求,以英国为例,监管当局还允许 FCA 与科技产品的一些创新者展开新的合作,并且在新的产品和所提供的那些金融服务中建立更加适合的金融消费者保护机制和措施。除此之外,监管沙盒还有另一个好处,但同时它也是一个新的风险所在,监管沙盒本质上有助于促进金融科技产品的当前创新者进行并获得相应的融资,因此,这种智能投顾的产品也可能会对投资者的现有投资结果产生程度不一的影响,这可能被金融监管当局视为潜在的市场利益冲突等。但是,我们可以理解的是,在现实中构建监管沙盒的实践上,其实很难为那些实时加入或者预备退出监管沙箱的创新科技金融产品去设定一种完全透明的或者客观的标准,金融风险依然始终会存在,监管沙盒的模式就是将市场的某种自由宽松的力量赋予了进入沙盒中的那一批候选产品,让他们在尝试去寻找新的投资者的时候就会自动地获得金融监管当局批准的场景安排。[②]

从具体的关于监管沙盒的规制制度设计层面上看,在政策与法律法规方面,金融监管当局着力完善现行的制度规制,加强消费者保护;在监管的框架设置方面,各国也开始侧重功能监管和许可监管,来确保金融监管的体系能够实现有效的全覆盖;在具体的监管工具使用性方面,监管当局也开始重点探索监管创新机制的促进,市场与干预的平衡成为重中之重,努力平衡金融风险管理与创新激励之间的各项关系;在金融监管的协调方面,各国也非常注重一致的监管原则与国际的关联合作行为,以避免监管缺口和监管套利的行为范围在全球范围内关联性扩大;在监管能力的建设方面,各国的金融监管当局都开始重点发展合规技术和 Regtech,以提高监管和规制的效果呈现。[③]

### (三) 信义义务制度重塑的合规义务

智能投顾平台应当确保算法运行程序的稳定,避免技术风险,这一义务对应现有信义义务的勤勉义务。在智能投顾模式下,要求智能投顾运营平台及其

①③ Yuqi Chang, Jinmiao Hu, Research on Fintech, Regtech and Financial Regulation in China—Taking the "Regulatory Sandbox" of Beijing Fintech Pilot as the Starting Point, Open Journal of Business and Management, 2020, 8, 369—377.

② World Bank Group Global Experiences from Regulatory Sandboxes, Finance, Competitiveness & Innovation Global Practice, Fintech Note | No. 8.

金融专业人员的资质获取、算法合规性、投资者信息不足和信息矛盾的反馈、异常警示系统的运行，上述义务要求应当以具体的监管法律法规、行业统一标准规范作为满足谨慎性义务要求的尺度标准，因此可以将上述义务内容合称为合规义务。

1. 智能投顾运营平台及其金融专业人员的资质获取

在证券领域，智能投顾需要依据《证券法》第160条第2款和《证券、期货投资咨询管理暂行办法》的规定，获取投资业务许可。对于智能投顾运营平台的工作人员，比如算法的开发者或者管理者，以及提供投资模型建议、进行投资产品选择的金融专业人员，他们是否需要满足《证券、期货投资咨询管理暂行办法》所规定的咨询人员执业基本条件，并且在相关机关登记，有待进一步讨论。本文认为，参与算法的开发者或者管理者，仅仅只是从事技术工作，他们主要是根据智能投顾运营平台和金融专业人员对投资组合理论、投资组合设计参数、投资建议结果目标的指令要求，对程序代码进行编程创造、对程序漏洞进行技术填补、对程序运转进行技术测试和维护、对软件界面进行设计优化。①而这些工作并不会涉及投资组合以及投资建议的取舍，因此，没有必要要求其具备相关资质。在智能投顾模式中，最为关键的是提出上述实质性工作要求、发出实质性工作指令的金融专业人员。"智能投顾作出的决策实际上模拟了提供交易和决策模型的金融从业者的行为，所以'受托'咨询的行为事实上在金融人员提供交易和决策模式时已经前置。"②也就是说，智能投顾运营的走向，本质是幕后金融机构人的意志，只是借用智能投顾软件进行传达。就此而言，智能投顾运营平台中的金融专业人员应当根据《证券、期货投资咨询管理暂行办法》获取证券投资咨询职业资格。③

2. 加强算法的合规性

算法的核心在于程序源代码的编制创造。因此，算法的源代码以及事前测试需要向监管机构事前报告。之所以需要报备，原因有二：第一，确立司法审查标准。当投资者针对因智能投顾平台受有损害起诉时，司法人员通过审查算法

---

① 刘文、蒋昇洋：《智能投顾的信义义务：中国实践和制度重塑》，载《河北法学》2021年第12期。

② 高丝敏：《智能投顾模式中的主体识别和义务设定》，载《法学研究》2018年第5期。

③ 澳大利亚证券和投资委员会（ASIC）所发布的《向个人客户提供数字化金融产品建议的监管指南》也同样作出了区分化的资质要求：对于提供数字化金融产品建议的被许可方，应至少拥有一名自然人负责经理，该名负责经理应当具备自然人投资顾问所应具备的培训和能力标准；对于通用财务计算设备的提供者，该设备仅用于作出一般的数值计算或找出有关金融产品的数值计算结果，而不宣传或推广一种或多种特定的金融产品，可以豁免持有资质许可。See Australian Securities & Investments Commission, Gegulatory Guide 255: Providing Digital Financial Product Advice to Retail Clients, 2016, RG 255.30、RG 255.53.

的源代码，来确定智能投顾实际使用的算法与提供给监管机构的相同，从而确立司法审查的参照标准。第二，商业秘密的保护。鉴于源代码属于技术核心，要求智能投顾的运行者披露不太可能，采用备案制可以避免他人剽窃，因此可以一方面起到保护商业秘密的作用，另一方面即便将其披露，市场投资者也不一定能够了解其中的工作原理，也无法形成信息披露机制下的市场自由选择行为。

信息披露是市场主体自主行使投资价值判断权的重要实现机制。[①]投资者根据所获得的信息来判断是否采用某种投资组合策略以及采取何种策略。因此，“作为受托人，一名投资顾问有义务向客户全面、公正地披露所有重要事实，避免误导客户……且这些信息必须以客户易于阅读和理解的方式呈现”。[②]在智能投顾模式下，智能投顾软件应当将所得的信息充分、全面、准确地告知投资者，至少不能隐瞒影响投资者决策的信息。具体而言，包括披露两个信息：第一，算法规则的普及性信息。例如，算法所涉及的投资组合自动配比的基本原则；事后调仓的具体触发规则，如果智能投顾运用阈值作为调仓的触发规则，那么应当披露具体的阈值，以及阈值是否根据资产类别的变化而变化。第二，智投产品的风险性信息。美国的《智能投顾更新指南》中规定，智能投顾运营平台应当向投资者解释：用于管理客户账户的算法的前提性假设以及该算法的局限性和算法的固有风险。我国对于上述信息的披露，可以借鉴上市公司的披露制度，即披露的具体内容和格式由监管机关明确规定。在内容上，可以包括以下三个方面：即上面所述的算法规则的普及性信息、智投产品的风险信息，再加上重要信息。对于存在利益冲突的信息需要明显提醒投资者。在格式上，由于采用人工智能的方式，因此，可以借用弹窗的形式进行告知，并在页面上采用加粗标红“为全面了解本款智能投顾产品的算法规则、潜在风险和其他重要事项，投资者应当仔细阅读本页面全文”等类似重要提示。

智能投顾所使用的算法并不是一成不变的，它会随着证券市场的需求不断更新。此时要求智能投顾软件对算法的安全稳定进行关注和监控。针对算法的持续审查，FINRA 规定持续评估智能工具所使用的模型是否随着市场和其他条件的发展变化而保持适当性；定期测试工具的输出结果，以确保其按预期执行任务；确定负责监督智能工具的个人。同样，澳大利亚的《向个人客户提供数字化金融产品建议的监管指南》中，也要求金融机构对其提供的算法进行持续关注。另外要求提供智能服务的金融机构对其提供的金融产品进行审查，并

① 信息披露是市场主体自主行使投资价值判断权的重要实现机制。

② US Securities and Exchange Commission, Guidance Update: Robot-Advisers, 2017, p.3.

监视算法的运行；对在发生诸如市场变化、法律变化等因素时审查和更新算法；采用适当的流程来管理对算法的任何更改，包括设置安全措施以监控和防止未经授权而访问算法。①此外，智能投顾平台还应当做好留痕工作，控制、监控和保存过去一定年限之内对算法所做的任何更改、检测、更新、终止记录。②

3. 对投资者信息不足和信息矛盾的反馈

智能投顾做到忠实义务的一个表现就是，为不同的投资者提供与其能承担风险内的产品，从而使其利益最大化。因此，智能投顾获取的信息应当尽可能全面、准确，应该包括两种信息：投资者的风险承受能力和风险承受意愿。目前，通过简单地一个信息调查问卷不足以收集足够的信息。而且我国目前智能投顾在刻画投资者个性画像时同质化极为严重，不易使投资者与投资组合精确相匹配。智能投顾软件应当在获得投资者相关信息后，在进行一些个性化的信息调查，以达到信息的准确性和完整性。补充信息可以有：这些问题是否足以得出投资者的风险能力和风险意愿结论；在能得出结论的情况下，判断风险意愿是否大于风险能力；现有信息能否得出恰当的投资建议，投资者的信息是否存在矛盾。在需要进行信息补充的情况下，智能投顾运营平台应当采取措施进行事中的信息反馈，比如，采用工具弹出框的形式向投资者对问题进行额外的补充、说明和解释；当投资者的信息出现内部矛盾时，建议投资者重新考虑该答复，或对不一致的信息进行自动标记，供智能投顾系统进行审查和追踪。

4. 异常警示系统的运行

如果投资者的损失是由智能投顾的监控失责造成，智能投顾平台应当对其承担相应的赔偿责任。该赔偿责任可以参照董事对公司运行的失职监督的责任。我们可以借鉴美国最高法院在 Stone 案中所确立的关于董事监督义务的责任判断标准。在 Stone 案中，董事违反监督义务的判断标准在于："董事未执行任何信息报告或者控制系统；或已经执行了该控制系统，但其有意地不对该系统的运行予以监督与管控，由此使得他们自己不能得知要求他们予以注意的风险或问题。"③在运用智能投顾下，若投资者的损失是由突发事件导致，智能投顾运营平台承担赔偿责任包括下述情况：(1)内部未设立异常报警系统；(2)在设立后，平台未对该系统监控和改善，导致没有察觉出异常情形，或者，在发现了异常情形但是没有采取应对措施，或者采取的是存有重大过失的措施，从而导

① See Australian Securities & Investments Commission, Gegulatory Guide 255: Providing Digital Financial Product Advice to Retail Clients, 2016, RG 255.74.

② 参见赵吟：《智能投顾的功能定位与监管进路》，载《法学杂志》2020 年第 1 期。

③ Stone ex rel.AmSouth Bancorporation v. Ritter, 911 A.2d 362, 370(Del.2006).

致投资者受损的后果。

## 五、结　　论

金融科技是一种运用大数据、人工智能、云计算改变金融服务商业创新的商业模式。由于算法和人工智能的参与使得传统金融监管法律滞后，金融科技对传统证券业造成了极大的冲击。从法律的角度对金融科技进行分析，是当下需要解决的问题，也为未来不同领域新事物探讨打下基础。新事物的出现与发展都不是一帆风顺的，应该对智能投顾充满信心，也可以借鉴域外已有发展成果，取其精华，去其糟粕，相信金融科技在我国可以得到更好地运用。

# 论我国金融监管权“央—地”配置制度的协调完善

高冷月　高晓茜[①]

**内容摘要**:2023年3月,中共中央、国务院印发了《党和国家机构改革方案》(以下简称《方案》),其中关于金融机构改革的内容大体有六项并明确指出需要深化地方金融监管体制改革,为我国金融监管制度的改革指明了方向。2021年12月31日,中国人民银行发布关于《地方金融监督管理条例(草案征求意见稿)》(以下简称《征求意见稿》),也明确要加强央地金融监管方面的协调配合。但是由于我国地方金融监管权的法律规定文件层级并不高,中央与地方之间纵向权责划分不清、地方金融监管自身经济发展的目标矛盾等问题,该条例正式颁布后是否能达到其立法目的仍需进一步讨论。本文将在讨论《方案》的指导下,以《征求意见稿》为基础,梳理我国金融监管权“央—地”配置制度的历史发展以及域外金融监管的方法,最终得出我国应当在法律层面明确地方政府金融监管职责,确定中央与地方各自的监管范围,明确“央—地”金融监管部门的机构与职能设置,完善中央与地方金融监管协作机制,并且建立相关的金融司法防范体系的结论。

**关键词**:金融监管　央—地关系　协调机制

## 一、问题的提出

金融监管是维护金融安全的关键举措,金融监管的有效性直接影响金融市场的安全性。经过多年探索和实践,我国金融监管体制日益完善,中央和地方金融监管分工格局逐渐明晰,央地金融监管协调机制经历了从无到有的探索过程,央地监管协作力度及有效性增强。在协调机制运行过程中虽取得了积极进展,但是也暴露出中央与地方监管目标趋异、法治供给不足制约央地监管合力、监管权配置不尽妥当、金融委办公室地方协调机制不够完善、信息共享和运用

① 高冷月,法学硕士,上海大学法经济学研究中心研究人员;高晓茜,法学硕士,上海大学法经济学研究中心研究人员。

效果不佳、风险处置机制不完善等问题，给央地监管协作带来挑战，制约了央地监管合力的效能提升。近些年来，随着市场经济的蓬勃发展，民间金融[①]也逐渐兴盛起来，在这样的背景之下，仅仅依靠传统的中央“一行两会”及其派出机构的金融监管体制，难以对于基层金融乱象进行合理完善的规制。因此中央开始逐步下放对于金融领域的监管权，2017 年 7 月，全国金融工作会议重点强调压实地方政府属地风险处置责任，金融监管从中央统管逐步向地方分权过渡，地方政府及其职能部门逐步在地方金融监管领域发挥作用。《征求意见稿》指出将按照“中央统一规则、地方实施监管，谁审批、谁监管、谁担责”的原则，将地方金融业态纳入统一监管的框架之内，加强央地协调配合，完善金融监管体系。这一文件的颁布被大部分从业者与学者看作是央地双层金融监管协调配合机制的正式建立。[②]《方案》中也提出要深化地方金融监管体制改革，建立以中央金融管理部门地方派出机构为主的地方金融监管体制，统筹优化中央金融管理部门地方派出机构设置和力量配备。地方政府设立的金融监管机构专司监管职责，不再加挂金融工作局、金融办公室等牌子。《方案》的颁布无疑是为地方金融监管的改革进一步指明了方向，但是否能完全解决在央地协调进行金融监管的过程中，存在的授权法律文件缺失、信息壁垒、监管重叠与监管空白等诸多问题，仍需要进一步分析。

回顾我国金融监管发展史可以看出，金融监管权在中央与地方之间的集中与放权经历了数个阶段，并非一开始就呈现目前这种分权且相互协作的关系，下文将通过梳理我国金融监管权在“央—地”之间的配置历史，得出完善该制度的必要性。

## （一）我国金融监管权“央—地”配置的关系发展

1. 1949—1978 年：金融监管空白时期

新中国成立初期，我国实行计划经济制度，中央政府处于绝对权威地位，始终以行政手段对全国的资源配置和经济投资进行统一的安排与管理。中国人民银行作为国家银行，在此时开展业务以吸收全国资金，形成金融体制，但这其

---

① 民间金融，中国学者经常将其称为非正规金融，是对国家金融体系外运行的金融活动的统称，无论是基于对政策扭曲和金融抑制的理性回应，还是定位于解决信息不对称的有效方式，非正规金融对正规金融都具有补充作用。参见管斌、万超：《论我国金融监管权“央—地”配置制度的科学设计》，载《中国矿业大学学报（社会科学版）》2020 年第 1 期。

② 《央行发文！规范地方金融监管行为》，载《金融时报》，https://baijiahao.baidu.com/s?id=1721078674331854128&wfr=spider&for=pc，2022 年 2 月 15 日访问。

中并不包括实质的金融监管制度。[1]因为当时的中国人民银行仅负责业务经营监管的职责，由于当时在中国没有实际的金融市场的存在，也就不存在真正意义上的金融监管职责。

2. 1978—2003 年：金融监管权“央—地”配置的探索时期

1978 年，随着改革开放的到来，我国逐步确立了社会主义市场经济制度，也逐步形成了以中央银行为核心、专业银行（中国农业银行、中国银行、中国建设银行和中国工商银行）为主体的现代金融体系。[2]1983 年，中国人民银行确立了对于专业银行和其他金融机构的统一监管体制，但即使在这样明确中央集中监管的格局之下，地方政府在实际生活中掌握着部分金融监管权。如在 20 世纪 80 年代，市场经济处于“让权放利”的背景之下，中央银行授权地方性金融机构审批权，各地出现了大量由地方政府批准设立的金融机构；此外，地方政府对于银行分支机构在人事任免、住房以及其他福利上依旧有着很大的影响，地方政府还可以制定信贷计划等。而地方政府为了促进地方经济发展，有时会忽视对地方金融机构的监管，这在某种程度上也导致了 20 世纪 80 年代部分城市信用社等金融机构出现金融风险。为了解决这些问题，中央采取了一系列措施以削减地方政府对于金融监管的干预力，标志性事件是 1993 年国务院颁布了《关于金融体制改革的决定》[3]以及 1998 年人民银行大区行改革，[4]这实际上减少了地方政府对于金融的干预，提高了中央对于金融的事权。

3. 2003—2017 年：金融监管权“央—地”配置制度初步建立

2003 年，中国银监会成立，自此我国金融领域形成了“一行三会”的垂直监管模式，但当时并未对中央与地方的金融监管权限进行明确规定。此外，部分省级政府陆续成立独立的金融办，各地市和县也成立了金融办。2008 年之后，国务院逐步允许各地政府试点批设地方性金融机构开展业务，同时国务院、央行以及银监会等部门还发布了各类文件授权政府对此类机构进行审批设立、日常监管和风险处置。[5]这是中央首次打破集中监管模式，将部分金融监管权下放给地方政府，但仅是在中央的领导下进行监管，而非具有独立的监管权。在这一阶段，地方对金融监管的参与仍旧是浅层次的。2010 年之后，各项规范性文

---

① 王忠生：《中国金融监管制度变迁的路径考察》，载《求索》2010 年第 10 期。

② 洪正、胡勇锋：《中国式金融分权》，载《经济学》（季刊）2017 年第 2 期。

③ 该决定进一步明确中国人民银行的金融监管地位，央行将地方分支机构的多项权力回收总行。

④ 1998 年中国人民银行进行管理体制改革，撤销原有的 31 个省级人民银行分行，重新划分了 9 大分行，央行的实际监管权力得到加强。

⑤ 宁子昂：《中央与地方双层金融监管体制的形成及完善》，载《经济纵横》2018 年第 5 期。

件也不断出台，提出要“明确地方金融监管职责”和“界定央地金融监管权限”。2013 年国务院建立了由中国人民银行牵头的金融监管协调部际联席会议制度，此后多省市也先后出台了有关建立地方金融监管体系的规范性文件。①

4. 2017 年至今：金融监管权“央—地”配置制度面临挑战与完善

2017 年第五次全国金融工作会议召开，会议上提出中央金融管理部门制定统一的监管规则，地方在监管职责范围内制定具体实施细则和操作办法。根据该会议精神，明确地方政府监管的对象包括“7＋4”类金融机构；②在机构设置上明确在各地方设立地方金融监管局，原有的金融办等机构并入地方金融监管局；此外，国务院成立金融稳定发展委员会，取代了原有的部际联席会议机制。2020 年 1 月，《国务院金融稳定发展委员会办公室关于建立地方协调机制的意见》正式印发，意见选择了“人民银行牵头，办事机构在人民银行”的模式，但在一定程度上参考了“双牵头”机制，在成员单位、机制定位等方面则延续了国务院金融委的设置，强调指导和协调。③2023 年 3 月《方案》的颁布也明确了要建立以中央金融管理部门地方派出机构为主的地方金融监管体制。

## （二）我国金融监管权进行“央—地”配置的必要性

1. 是中央对地方金融监管失灵的应对之策

金融监管权的“央—地”配置问题，是在金融行业不断创新发展情况下的产物。金融创新④的出现和发展使得原有的金融监管体系出现了失灵，在传统的分业监管的体制之下，国家建立的是中央垂直监管的金融监管体系，而金融创新所产生的如金融公司往往集合了保险、证券等多个金融产业，超出了传统的三大分业中任何一种或几种的涵盖范围，并且在中央垂直监管的体制之下，地方性金融的监管只能依靠中央监管部门的地方分支机构来进行，中央的监管资源有限，监管成本较高，使得监管效果不甚理想。在这种情况之下，金融创新与金融监管缺失之间的矛盾日渐突出，产生了重新在中央和地方之间进行金融监管权配置的需要，为此有学者提出了分层监管的理论，⑤即对中央与地方的监管

① 如 2013 年出台的天津市《关于建立健全地方金融监管体系的意见》。

② 7 类机构是指小额贷款公司、融资担保公司、区域性股权市场、典当行、融资租赁公司、商业保理公司、地方资产管理公司；4 类机构指辖区内投资公司、农民专业合作社、社会众筹机构、地方各类交易所。

③ 陈盼：《央地金融监管协作：经验、回顾与展望》，载《金融监管》2020 年第 4 期。

④ 金融创新指创新的、与传统分业形式不同的新型金融形态，如果将制度化的严格分业监管体制下的几大金融形态称为“正规”金融的话，创新型金融可以称为“非正规”金融，包括大量的新型金融、地方金融、准金融等。参见周立：《渐进转轨、国家能力与金融功能财政化》，载《财经研究》2005 年第 2 期。

⑤ 参见吴弘：《构建分层式金融监管体制的建议》，载《法制日报》2016 年第 3 期。

权限进行划分,将监管职能下放,发挥地方的积极性。

2. 是维护金融安全的必然要求

赋予地方政府金融监管权的最根本考量,一定是为了维护金融安全与稳定。尤其是地方区域性的金融安全是国家金融安全的微观基础。而在过去几年中,由于中央一级的监管部门及其派出机构对于地方性金融监管的失灵与不足,多次出现区域性金融风险的案例。虽然这些区域性金融风险尚未造成全国性的风险,但是如果当这些区域性金融风险成为普遍现象时,全国必将走向整体性的、系统性的风险。将金融监管权部分下放给地方可以减轻中央金融监管的压力,也可以使得地方政府及其监管部门根据自己辖区内的实际情况进行因地制宜的管理,有效防范地方区域性金融风险。

3. 是地方政府职能转换的重要组成部分

地方政府在我国金融改革创新以及金融行业管理格局的发展过程中起着重要的作用,①并且随着全球化的治理运动和我国政治体制改革的深入推进,使得地方政府在我国国家治理体系中的地位有了进一步的提升,也必须承认地方政府利益的正当性。而不可忽视的一点就在于,地方经济的发展在很大程度上依赖于地方非国有经济,地方非国有经济在金融资源上相较于地方国有企业而言,更依赖于地方性金融的支持。②可以说地方非国有经济的发展与地方经济有着直接联系,地方政府就不得不重视地方金融对地方经济的支撑,因此需要地方政府参与对于地方金融的监管。赋予地方政府金融监管权,有利于其充分发挥和调动地方经济、文化、社会的健康发展。

## 三、我国金融监管权"央—地"配置制度的现有困境分析

### (一) 授权法律依据缺失

立法是监管的依据,中央政府及其部门授权下的地方金融监管,是国家金融监管权力在中央和地方之间的配置。在法治社会,公共权力的配置与行使都应当以有明确的法律依据为前提,这就要求金融监管权的"央—地"配置需要有其合法性依据,但目前我国在这一方面还存在着部分问题。

我国《立法法》中明确规定,金融的基本制度只能通过法律规定或者是由全

① 参见段志国:《金融监管权的纵向配置:理论逻辑、现实基础与制度建构》,载《苏州大学学报(哲学社会科学版)》2015 年第 4 期。

② 参见林毅夫、孙希芳:《信息、非正规金融与中小企业融资》,载《经济研究》2005 年第 7 期。

国人大及其常委会授权国务院先行制定行政法规进行规定。[①]但是目前而言，中央层面的"放权"大多都是以通知、办法等形式进行的，在法律形式上效力等级较低，[②]使得地方层面的立法文件的合法性得不到支撑，比如《河北省地方金融监督管理条例》中规定"本条例根据有关法律行政法规制定"，但在事实上却没有一部法律法规能够作为其立法依据，[③]这使得地方政府及其部门对于金融领域的权力本质上属于"管理权"，而非真正的"监管权"。在合法性层面依据不够，在实践中执法机关也难以仅仅依靠效力等级较低的文件作为执法的依据，此外，部分地方出台的文件可能还会与中央现行的相关金融监管类文件冲突。

授权法律缺失导致的另一大问题是权责划分不清，中央金融监管机构及其派出机构的监管职责与范围已经由金融领域的法律专门规定，而在 2017 年的第五次全国金融工作会议上对于地方金融监管的范围，明确了地方政府监管的对象包括"7＋4"类金融机构。但是对于没有被提及或是不能被划分到以上"7＋4"领域的金融机构，因为中央监管具有传统的局限性，而地方政府又由于未得到中央的明确授权而受到监管阻碍，在这些金融机构或金融形态上可能会出现监管空白的问题。此外，对于已经被授权的地方监管权限，也存在着限制，仅设置了准入门槛监管，缺少对于动态的全程监管权限。[④]此外，对于地方辖区内的全国性金融机构的监管，地方金融监管往往会"有心无力"，因为对于这些全国性的金融机构的监管往往是由原本的"一行两局"现如今的"一委一行一局一会"[⑤]来负责的，但是根据权责统一的原则，地方各级政府的监管责任依据属地风险处置责任的划分而定，也就是说，当全国性金融机构分支机构在该行政区域产生金融风险的时候，原则上应该由中央的"一委一行一局一会"进行监管，但是地方政府又负有属地风险处置责任，可能会出现监管重叠或是难以协

---

① 《立法法》第 8 条："下列事项只能制定法律：……（九）基本经济制度以及财政、海关、金融和外贸的基本制度……"

《立法法》第 9 条："本法第八条规定的事项尚未制定法律的，全国人民代表大会及其常委会有权作出决定授权国务院可以根据实际需要，对其中的部分事项先制定行政法规，但是有关犯罪和刑罚、对公民政治权利的剥夺和限制人身自由的强制措施和处罚、司法制度等事项除外。"

② 在已经出台的有关地方金融监管的文件中，仅有《融资担保公司监管条例》属于行政法规，其余监管对象的适用依据都为部门规章或者是其他规范性文件。参见余思吾：《论中央与地方金融监管协调之完善》，载《北方金融》2020 年第 12 期。

③ 余思吾：《论中央与地方金融监管协调之完善》，载《北方金融》2020 年第 12 期。

④ 如地方金融办通常只负责小额贷款公司的审批工作，而地方经济和信息化委员会仅负责融资担保公司的审批，金融机构事后的运行及退出环节存在地方监管的真空地带。参见宁子昂：《中央与地方双层金融监管体制的形成及完善》，载《经济纵横》2018 年第 5 期。

⑤ 《方案》中指出将金融监管机构由原来的一行（央行）两会（银保监会、证监会）调整为在中央金融委和中央金融工委统一领导下的一行（央行）一局（国家金融监管总局）一会（证监会），不再保留银保监会。

调的问题。①

### （二）地方金融监管目标异化与资源分配分散

首先，从目前实践来看，地方性的金融办和金融局是地方金融监管的主要机构与部门，但是它们除了具有金融监管的职能之外，还肩负推动地方经济发展的责任。中央层面金融监管着重把握不同地区之间的金融均衡发展，防范系统性金融风险，维护金融系统的稳定。而地方金融监管在地方经济压力下，会把金融监管和金融发展作为其双重职能定位，不少地方政府的金融监管工作易服从于地方政府的施政目标，将吸引资金流入、提高融资规模等能够带来短期经济利益的事项作为优先任务，而将防范金融风险、维护金融稳定等职责置于次要位置。②虽然在本质意义上金融监管保障金融高速发展，金融发展以有效金融监管为坚实后盾，但是金融监管往往以管束、限制的立场对金融发展施加条件，而金融发展则存在规避监管的内生动机，若将这两种职能赋予同一主体承担，在面对具体金融现象发展和监管权衡的问题上，难以准确作出客观判断，反而更会激化二者之间的矛盾。若一味将促进金融发展、培育市场等多项职能汇聚金融监管机构，既当指挥员又当战斗员，一定程度上泛化了监管机构的专门性，还会引起不同职能之间的摩擦抵触，弱化消解任一监管职能。③长此以往，地方金融监管反而不能保障地方金融的稳健发展，甚至会催就积聚金融风险与侵害金融消费者利益的温床。实践中，地方金融局作为地方政府的组成部门，部分地方金融局还会从事招商引资、社会信用体系建设等其他工作，如天津金融监管局在职责部分就包含招商引资这一点。这样一来，地方政府毫无疑问会面临“推动地方金融业以及经济发展”与“监管地方金融风险”这两者之间的矛盾与抉择问题。而在我国“GDP 中心主义”的行政考核体系之下，地方政府及相关人员难免会存在优先经济金融发展的选择倾向，金融办和金融局会存在“重发展、轻监管”的现象。地方金融监管机构存在目标异化的问题，在一定程度上反而加重了金融风险。

其次，地方金融监管还存在政出多门、监管机构及人员配置的问题。地方金融监管机构设置的“非标准化”，是政出多门的重要原因。因为地方金融监管机构在不同的行政区划内，所在的位置都不尽相同，如在省一级，有些金融办是

---

① 余思吾：《论中央与地方金融监管协调之完善》，载《北方金融》2020 年第 12 期。

② 参见李国峰：《金融科技时代的地方金融监管》，中国金融出版社 2019 年版，第 90 页。

③ 参见段志国：《分权背景下的地方金融监管权研究》，中央财经大学 2016 年博士学位论文，第 35 页。

直属机构，有些是直属事业单位，还有些挂靠在办公厅，市级及以下则更加复杂（见表1）。[①]政出多门的监管就会形成“谁都管，谁都又不管”的尴尬情形。此外，地方金融监管机构在监管人员的数量配置上总体也是欠缺的，并且专业性水平也存在严重不足。如今地方的金融正处于快速发展的进程中，十分需要大量的金融监管人员进行检查和规制，现有的人员配置根本无法满足监管的需要，使得地方金融难以做到有效全面的监管。

**表1　部分省(市)金融办设置模式**

| 级别 | 地　　区 | 部门性质 | 隶属关系 |
|---|---|---|---|
| 省级 | 北京、上海等 | 政府直属机构 | 政　府 |
|  | 江苏(2017年9月提出改为省政府直属机构) | 直属事业单位 | 挂靠政府办公厅 |
|  | 陕西、海南等 | 挂靠机构 | 挂靠政府办公厅 |
| 市级 | 杭州、昆明等 | 政府工作部门 | 政　府 |
|  | 合肥等 | 直属事业单位 | 政　府 |
|  | 宁波等 | 常设挂靠机构 | 挂靠政府办公室 |
|  | 安庆等 | 常设挂靠机构 | 挂靠财政局 |
|  | 辽宁等 | 常设挂靠机构 | 挂靠发改委 |
|  | 盘锦等 | 常设挂靠机构 | 挂靠国资委 |

资料来源：根据各地金融办网站的资料整理。

## （三）“央—地”金融监管工作协调不足

在地方金融监管的过程中，还存在着地方金融监管机构与中央金融监管机构的派出机构之间的协调配合问题，目前二者之间尚未形成一种有效的信息交流与协同配合机制，这样的情况难以发挥充分的监管合力。也即目前没有一个法定的协调合作机制，各地之间有关地方金融监管的协调合作都处于各地各自探索的局面，各监管机构之间缺乏统一的监管标准。现阶段普遍存在的协调机制，主要是由地方金融局牵头，“一行两会”的派出机构参与，共同组成联席会议，在联席会议之上，各机构之间进行交流与沟通。但是联席会议并不是一个稳定完整的机制，联席会议的召开等程序都没有一个明确的规定与标准，具有一定的随机性。并且联席会议目前看来更侧重于信息的交流与沟通，对于金融风险的处置等实体内容并未进行充分的展开。联席会议作为一个尚未由法律

① 管斌、万超：《论我国金融监管权“央—地”配置制度的科学设计》，载《中国矿业大学学报(社会科学版)》2020年第1期。

法规确定下来的协调制度，其对于各机构与部门不具有硬性约束力。

此外，中央与地方金融监管信息隔断现象仍然存在。一方面，地方政府具有地区金融监管信息优势，对本地区金融供给与金融需求的动态信息更加掌握，同时也更加了解地方金融机构或组织的建立与运行实况，能够及时发现违法违规问题，采取监管措施遏制风险发生，然而地方政府可能会基于政绩或社会影响考虑，只向中央报告正常运行的片面监管信息，弱化金融风险的现实存在，或是只向民众披露利好的金融发展状况，传达金融环境安全的信号，使中央与民众陷入信息壁垒，中央层面无法及时采取应对措施，民众也会受不完整或虚假的信息影响作出错误的投资选择，极易导致地区金融风险的聚集爆发。①另一方面，银行业、保险业、证券业分业经营分业监管的模式带来了监管信息的分割与散乱等隐性问题，存在专业限制下的信息协调阻塞，而地方金融往往基于创新打破专业界限催生出混业发展的金融组织或机构，这种情况下囿于对跨专业问题的有限认识，央地监管部门之间能否进行监管信息的有效沟通问题被放大，进而总体监管应对策略难以及时且有针对性地制定。再者，中央金融监管机构在地方的派出机构一般只将金融机构的相关信息数据和统计资料向直属上级报送，以保证银保监会和证监会能够掌握动态发展趋势，而地方金融监管部门属于地方政府机构，往往向政府汇报工作。如此一来，虽都活跃在地方金融监管的一线，彼此之间却缺少信息的有效交流，出现监管信息隔阂。另外，中央监管机构统领全国各地的金融监管，任务繁重，往往对各地方上报的监管信息过滤不周，若地方层面少报、瞒报或虚报，中央监管机构也未采取鉴别措施，进一步加剧了信息孤岛态势，不利于系统性金融风险的防范。实践中也发现，协调机制的信息共享程序较为繁琐，统计口径多样，应用范围较窄，信息综合运用的效果不佳，亟待解决。②

### （四）金融风险处置机制有待完善

我国宏观经济形势基本面长期向好，但不确定和不稳定因素较多，信用风险、流动性风险隐患等不容忽视。防范化解金融风险是金融工作永恒的主题，如何进一步提高金融风险认识水平，完善金融风险处置机制是接下来推进央地金融监管协作需要重点关注的问题。可靠的金融监管信息是风险处置的第一步，由于缺乏有效的信息共享机制，中央金融监管部门与地方金融监管部门之

① 王悦：《中央与地方金融监管协调法律机制研究》，天津工业大学2020年硕士学位论文，第30页。

② 参见陶玲：《中央和地方金融监管协调机制的设计和效应分析》，载中国网财经《央行研究》专栏，http://finance.china.com.cn/money/bank/special/pbcresearch/index.shtml，2022年11月10日访问。

间存在信息空白，难以及时有针对性地制定出风险处置策略，严重制约了监管合力形成与效能提升。此外，地方金融监管部门的属地金融风险处置责任不仅包括“7+4”类行业，还包括辖内由中央金融监管机构及其派出机构负责监管的金融机构的风险处置以及互联网金融风险、企业不良金融债务风险、政府金融债务风险以及非法金融活动等风险处置。[①]这其中大部分业务由中央金融监管部门负责监管，地方金融监管部门无法掌握前期风险情况，难以提前采取相应的风险防范措施，通常在风险爆发后被动进行处置，很大程度上增加了协调难度和处置成本。

## 四、《征求意见稿》与《方案》的主要内容与意义

### (一)《征求意见稿》的主要内容与意义

针对以上所提到的金融监管乱象与困境，2021 年 12 月 31 日，由中国人民银行牵头发布了《征求意见稿》，《征求意见稿》旨在明确地方金融监管规则和上位法依据，加强地方金融监督管理，按照“中央统一规则、地方实施监管，谁审批、谁监管、谁担责”的原则，将地方金融业态纳入统一监管框架，防范和化解区域性金融风险。光大银行金融市场部宏观分析师周茂华表示，《条例》明确了中央与地方监管分工，标志着中央与地方监管协调配合机制制度正式建立。[②]

该《征求意见稿》分为五章四十条，主要内容包括：明确地方金融监管职责，加强央地协调配合；明确地方金融组织定义和监管规则；赋予地方金融监督管理部门履职手段，加大对违法违规行为的处罚力度；明确地方对四类机构的监管要求；明确对非法金融活动的监测、认定、处置原则。[③]

自 2017 年起，多省都在自己的辖区内出台了本地的地方金融监管条例，但由于各地的做法不一且条例的效力位阶较低，无法在文件中设置行政许可与行政处罚，导致在实践中依旧存在管理混乱的局面。《征求意见稿》的起草说明中明确地方金融监管职责，赋予地方金融监管部门履职手段，为地方金融监管提供上位法依据。在由上位法明确了行政处罚的权利与范围之后，地方金融局将

---

① 参见吴曼华、田秀娟：《中国地方金融监管的现实困境、深层原因及政策建议》，载《现代经济探讨》2020 年第 10 期。

② 《央行发文！规范地方金融监管行为》，载《金融时报》，https://baijiahao.baidu.com/s?id=1721078674331854128&wfr=spider&for=pc，2022 年 2 月 15 日访问。

③ 王君晖：《央行：明确地方金融监管职责加强央地协调配合》，载《证券时报》2022 年第 1 期。

会拥有最高为10万元的罚款权限,[①]缓解以往无法实质监管处罚的困境。此外,《征求意见稿》首次明确了7类地方金融组织的定义:"本条例所称地方金融组织,是指依法设立的小额贷款公司、融资担保公司、区域性股权市场、典当行、融资租赁公司、商业保理公司、地方资产管理公司以及法律、行政法规和国务院授权省级人民政府监督管理的从事地方金融业务的其他机构。"[②]并且强调了对地方各类交易场所、开展信用互助的农民专业合作社、投资公司、社会众筹机构四类机构的风险防范、处置和处罚,应当参照本条例的有关规定执行,[③]强调了应当加强对于非法金融活动的检测、认定和处置。其中需要注意的是,《征求意见稿》第34条中拟将私募投资基金纳入地方金融监管体系"7+4"的"投资公司"中,第一次提出地方金融监管机构将对开展私募基金、各类金融产品代销、金融投资咨询等金融业务的投资公司的监管。[④]虽然《征求意见稿》赋予了地方金融监管机构监管与处罚权力,但是并不意味着地方金融监管机构就可以独立行使权力,地方金融监管机构的监管方式仍然需要与中央相协调一致,"国务院金融稳定发展委员会(以下简称金融委)办公室地方协调机制加强统筹协调,促进中央与地方在金融监督管理、风险处置、信息共享和金融消费者权益保护等方面的协作。省级人民政府建立地方政府金融工作议事协调机制,履行属地金融监督管理职责,负责地方金融风险防范处置。两个机制应当加强协调,形成合力"。[⑤]国务院金融发展委员会办公室则是央地联合管理的衔接重点。也因此,对于跨区域的违法违规金融活动,由国务院金融发展委员会办公室进行统筹协调,国务院金融管理部门及其派出机构给予配合。[⑥]

这些规则的制定,主要是强调了地方金融监管机构与中央之间的联动关系,进一步放权到地方,同时用协调机制进行补充管理,并且进一步划清地方金

---

① 《地方金融监督管理条例(草案征求意见稿)》第25条第3款:"违反本条例规定,未经批准在名称和经营范围中使用'金融''贷''融资担保''股权交易''典当''融资租赁''商业保理''地方资产管理''交易所''交易中心''理财''财富管理''股权众筹''资金互助''信用互助'等字样及其他类似显示金融活动特征的字样的,由地方金融监督管理部门责令限期改正;逾期不改正的,处5万元以上10万元以下的罚款,有违法所得的,没收违法所得。"

② 《地方金融监督管理条例(草案征求意见稿)》第9条。

③ 《地方金融监督管理条例(草案征求意见稿)》第36条。

④ 《地方金融监督管理条例(草案征求意见稿)》第34条第2款:"对开展私募基金、各类金融产品代销、金融投资咨询等金融业务的投资公司,应按照国务院金融监督管理部门规定取得业务牌照或完成登记备案。无法取得业务牌照或完成登记备案的,地方金融监督管理部门应限期清理规范。"

⑤ 《地方金融监督管理条例(草案征求意见稿)》第5条。

⑥ 《地方金融监督管理条例(草案征求意见稿)》第6条:"省级人民政府应当加强跨区域监督管理协作和信息共享,共同打击跨区域违法违规金融活动,金融委办公室对涉及跨区域监督管理协作的事项进行统筹协调,国务院金融管理部门及其派出机构给予支持配合。"

融监管部门的属地管辖性质，防止不同口径之间的套利问题，在某些程度上可以改善实践中有关央地金融监管所存在的问题。除此之外，《征求意见稿》还为此次的改革设置了过渡期，“本条例施行前设立的地方金融组织，不符合本条例规定的，应当在地方金融监督管理部门规定的期限内达到规定条件；已跨省级行政区域开展业务的，由国务院金融监督管理部门明确过渡期安排，实现平稳过渡；逾期仍不符合本条例规定的，不得开展本条例规定的相关地方金融业务”。[①]以此确保平稳过渡。可以说《征求意见稿》的出台，意味着我国金融监管权“央—地”配置制度的进一步发展。

然而在《征求意见稿》出台后，学术界与实践界出现了许多不同的声音，尤其是对于其中提到的跨省展业的规定，大体上有三种不同的看法。第一类看法认为中央鉴于对地方金融监管空白以及监管套利所潜在的系统性风险提出《征求意见稿》，是以排除系统性风险为首要任务的，同时也倒逼地方金融监督管理部门和地方金融组织积极开展监管创新、管理创新和商业创新；第二类看法则认为，《征求意见稿》没有充分考虑到供应链金融业务的特点，未能充分体现市场规律，也不符合全球化与国际供应链重构与竞争的趋势。如实践中的保理行业，从未产生过系统性风险，其自身风险与跨区域经营无关。因此如果不对《征求意见稿》进行修改，那么该条例的实施很可能会对保理行业产生较大的负面影响；第三类看法则认为该条例实施的关键在于能否兼顾防范监管套利，又最小化对供应链金融发展的影响，因此怎么整改、怎么执行才能带来最小的成本可能会更重要。[②]

## （二）《方案》的主要内容与意义

2023 年 3 月，随着《方案》的出台，我国金融监管体系再度迎来重磅变革，该《方案》中关于金融机构改革的内容有 6 项，分别是：组建国家金融监督管理总局，作为国务院直属机构，统一负责除证券业之外的金融业监管；证监会调整为国务院直属机构，划入国家发展和改革委员会的企业债券发行审核职责；统筹推进央行分支机构改革；完善国有金融资本管理体制，将中央金融管理部门管理的市场经营类机构剥离；加强金融管理部门工作人员统一规范管理；深化地方金融监管体制改革。

此次金融机构改革是中国金融监管体制迈向更加完善的重要一步。这也

---

① 《地方金融监督管理条例（草案征求意见稿）》第 38 条。

② 《三类不同意见|地方金融监督管理条例（草案征求意见稿）》，载腾讯网，https://new.qq.com/rain/a/20220206A055AY00，2022 年 12 月 6 日访问。

意味着，成立近5年的银保监会将完成其历史使命，“一行两会”时代落幕。

深化地方金融监管体制改革，是本次改革方案中备受关注的焦点。《方案》明确，建立以中央金融管理部门地方派出机构为主的地方金融监管体制，统筹优化中央金融管理部门地方派出机构设置和力量配备。地方政府设立的金融监管机构专司监管职责，不再加挂金融工作局、金融办公室等牌子。

地方金融办最早出现在2002年前后，最开始是由上海成立金融服务办公室，成为全国首个省级金融办。起初，金融办被定义为议事协调机构，上海金融办在当时并不在政府序列，也不具有行政审批权，主要任务是联系并配合“一行三会”和全国性金融机构在上海的工作。随后，地方金融办相继成立，并逐渐在职权、编制、机构设置上走向独立。2017年前后，不少省份将省级金融办升级为金融局。与此同时，随着部分省份以地方立法的形式制定地方金融监督管理条例，地方金融监督管理局从“内设事业单位”发展成为“审批、执法部门”。此次《方案》颁布改革之后，地方金融办应当何去何从，这也是业内在讨论的问题。

在学界对于《征求意见稿》存在不同看法与观点，以及《方案》颁布后所需要考虑的问题出现后的情况之下，我们不妨将目光投向域外，观察与分析域外金融监管权“央—地”配置的模式，从中总结经验并吸取适合我国国情的做法，为我国所用。

## 五、域外金融监管权“央—地”配置模式借鉴

### （一）美国：双线多头分权监管模式

美国的金融体系实行的是“双轨制”，[①]金融监管权的划分是基于金融体系的，美国的金融监管权实行央地双线多头监管模式，双线指的是在机构设置方面分别设立联邦政府和州政府的金融监管局，赋予不同的权限，双方制定适合自己的金融监管方式。多头是指按照金融监管对象的不同分成不同的行业，不同的行业设立不同的监管机构进行多头监管。即在金融监管机构层级方面，联邦层面是由美联储等联邦金融监管机构负责全国的金融监管权，对整个联邦进行宏观审慎监管，建立金融稳定委员会负责协调不同监管功能的金融机构之间的运行。此外，美联储还建立了消费者金融保护局。地方层面则是由每个州独

① 美国金融体系的“双轨制”指的是联邦政府和州政府分别制定不同的监管规则，同一行业的金融机构虽然经营的业务相似，但根据注册地的不同，受联邦政府和州政府区别监管。孟飞：《地方金融监管立法：纽约州的经验及启示》，载《上海金融》2019年第10期。

立设置金融监管机构。对金融监管机构类别来说，银行的监管是由美联储、货币监理署、联邦存款保险公司负责监管；证券业的监管是由证监会、商品期货交易委员会和美国投资者保护公司进行监管；联邦政府和州政府分别对保险业享有立法权和管理权，联邦政府设立了全美保险监督官协会和州保险监督机构，各州政府设立保险委员会进行监督管理。①

美国地方金融监管协作以分权为前提，并围绕信息互通、监管标准等方面实现了有限互动。由于联邦和各州之间的权利边界相对清晰，地方层面的金融监管协作主要侧重于信息互通，即通过联邦政府部门本级与各州的金融业监管官或立法部门等实现。行业协会通过提供“模板法律”，实现对各州立法和监管规则的指导，有效避免了因各州法律法规差异过大导致的监管效能降低和金融机构合规成本上升问题。国际金融危机后，通过设立金融稳定监督委员会(FSOC)，中央和地方金融监管部门间的协调力度得以强化。FSOC 的 15 名委员中，10 名委员拥有投票权，全部来自联邦各金融监管部门；5 名委员没有投票权，其中有 3 名委员分别来自州银行监督官、保险监督官和证券监督官代表。虽然来自各州的委员没有投票权，但保证了各州层面的信息和监管诉求能够在 FSOC 中得到一定程度上的反映。总体而言，联邦和各州之间各司其职，地方层面受到的行政干预的压力相对较小，对于协作的需求、空间和力度较为有限，中央与地方的交集较少，协作层次低。

在这一模式中，由于权力边界相对明确，中央和地方的协作主要是联邦政府部分本级与各州金融业监管官、立法部门等的协作侧重于信息互通。可以说，美国的央地金融监管以分权为前提，央地双方各司其职，但也因此导致央地之间互动有限，监管的力度也有限，在某种程度上也带来了监管真空和监管重叠并存的情况。②

### （二）英国：集权型单层配置模式

在历史上，英国最开始实行的是金融自律监管和分业监管，但是经历了 1986 年的“金融大爆炸”之后，英国就开始从分业监管模式逐步转变为统一监管模式，即中央直接向地方派出监管机构，或者中央机构直接对地方金融业进行监管，地方政府不具有金融管理职责，与中央不存在直接协作关系。③但是该模

① 王美荣：《地方金融监管权配置的法律问题研究》，山西财经大学 2021 年硕士学位论文。

② 参见罗培新：《美国金融监管的法律与政策困局之反思——兼及对我国金融监管之启示》，载《中国法学》2009 年第 3 期。

③ 参见蓝虹、穆争社：《英国金融监管改革：新理念、新方法、新趋势》，载《南方金融》2016 年第 9 期。

式仅适用于面积较小、政府层级不多的经济体，德国、新加坡也采用了这种模式。1997年，英国成立专门的金融服务局负责英国金融业的统筹监管。1998年开始，英国金融监管业形成了金融服务局、英格兰银行和英国财政部“三方共治”的监管体系，该监管体系持续了许久，直到2008年全球金融危机的到来，但是“三方共治”也存在着明显的缺陷，即三个主要监管机构之间缺乏协调机制，缺乏负责宏观审慎分析和处置的机构。①2008年全球金融危机对英国造成了严重的影响，因此2009年保守党上台后便开始了英国金融监管的全方面改革，此次改革使得有观点认为英国自此进入了“双峰监管”②时代。2013年实施的新《金融服务法》确立了英格兰银行负责货币政策、宏观审慎管理与微观审慎监管的核心地位。就央地关系而言，虽然英国内部各王国的自治权不小，但是中央政府仍旧负责总体的经济和货币政策。《金融服务法》提出，金融政策委员会负责对金融机构的准入审批和行为监管，审慎监管局负责对1500家金融机构进行审慎监管。在机构设置方面，二者均无地方分支机构，而英格兰银行在国内12个地区设立了小型办事机构，负责收集市场信息，加强与地方金融机构的合作，体现中央对地方的垂直管理。因此在金融监管领域，中央政府机构也是掌握了全部权力，地方的立法和行政机构不干预金融事务，中央与地方政府之间没有也无需搭建常设的互动机制。③该模式适合政府部门设置简单以及面积较小的国家或地区。

### （三）欧盟：合作型双层架构模式

欧盟的诞生促进了欧洲经济的一体化，欧盟的超国家性必然要求国家之间的合作，合作性便是欧盟金融监管权分权的最大特点。在这种模式之下，欧盟的成员国往往会让渡自己国家部分的金融监管权给欧盟统一的中央银行或者其他金融监管机构来行使，在某种程度上，我们可以将欧盟统一的金融监管机构看作是“中央金融监管机构”，将欧盟的成员国视作“地方政府”。2012年，欧洲中央银行被授予统一监管欧元区银行业的权力，并且被允许接管至少150家欧洲大型银行和部分小型银行，该举动意味着欧盟形成了“欧盟—成员国”的双层监管体制。这一体制对于欧盟和各成员国之间的合作要求很高，因此这所谓的“央地”之间的互动必然也会更加频繁与深入。举例来说，欧洲中央银行之下设立了系统性风险委员会，系统性风险委员会可以就某项风险向各成员国提出

---

① 参见蓝虹、穆争社：《英国金融监管改革：新理念、新方法、新趋势》，载《南方金融》2016年第9期。

② 所谓双峰，是指代英格兰银行和金融行为局，一者负责金融审慎监管，二者负责金融行为监管和消费者保护。参见黄志强：《英国金融监管改革新架构及其启示》，载《国际金融研究》2012年第5期。

③ 陈盼：《央地金融监管协作：经验、回顾与展望》，载《金融监管》2020年第4期。

警告和建议，这些机构必须“遵循或解释”，此外，系统性风险委员会还要求各国以法律形式明确宏观审慎管理机构，对其进行指导和建议，促进各国之间进行沟通协作。①这些制度框架基本确立了欧盟与各成员国之间的分工与权限。各成员国的分业监管机构均在欧盟银行业、证券业以及保险业专业监管委员会中具有投票表决权，有利于实现内部决策的协调统一。各国银行业监管机构对本国的中小银行实施日常监管，但在必要时，欧洲央行可直接接管中小银行并采取应急处置机制对其进行早期干预。如果某国处置当局不遵循单一处置委员会的决议，委员会可直接对违规银行进行处置。总而言之，欧盟层面直接对系统性风险和系统重要性机构实施监管，各成员国则负责国内其他机构的监管和宏观审慎管理，欧盟和成员国、成员国之间均有制度化的协调途径和平台，且通过一系列的机制设计保障了实施效果。欧盟的金融监管模式最值得借鉴的地方就在于欧盟和成员国、成员国之间都有制度化的沟通协调途径。

总结以上各国家或地区具有代表性的央地金融监管权分配的模式，我们可以看出，不同模式的监管往往建立在该国家或地区的地理环境、人文历史以及法律体系之下，并与之相协调。本文列举这些模式旨在分析不同模式的利弊，而非单纯地鼓吹我国去学习借鉴域外已有的这些模式，正是由于我国本身疆域辽阔且国情复杂，更应当从这些模式中吸取有利且适宜我国环境的部分，并加以本土化，与我国的金融环境相匹配。例如中央和地方层面均应设置权责分配合理的金融监管机构及内设机构，合理配置央地金融监管权，明确划分金融监管范围。同时，适当将符合区域特征的监管权，分配给地方金融监管机构。制定对全国金融进行全方位监管的政策，防止监管空白与疏漏。加强金融监管机构之间协调机制的建设，强化信息交流与共享，建立高层次的争端解决和决策机制，提升监管实效。

## 六、完善我国金融监管权“央—地”配置制度的建议

### （一）立法明确“央—地”金融监管权划分职责

《征求意见稿》的出台使得地方金融监管权有了行政法规层级上的依据，但是这对于日渐发展的金融行业是否可以长久适用也是一个需要讨论的问题，本文建议应当在该《条例》正式出台之后，观察与总结该《条例》在实践中的运用情

① 陈盼：《央地金融监管协作：经验、回顾与展望》，载《金融监管》2020 年第 4 期。

况与结果，进一步以人大立法的形式制定法律，在制定法律的时候，参考之前已经出台的规章、地方性立法等文件，吸收文件中的合理之处，再结合实践中已经采取并且获得成功的经验，将合理成功之处整合使其成为一个统一且系统的整体，并且上升到法律的高度，以法律保障实践。

此外，在制定法律时应当确立且遵循以中央为主导、地方监管为补充的原则。在我国金融监管的历史中，单一的中央监管体制和后来发展而来的中央与地方双层监管体制都经历过历史实践的检验，在长时间内为我国金融业的发展和金融风险的防范发挥了重要作用。在我国现阶段及未来的一段时间里，金融监管仍旧应当坚持中央监管的主导地位，地方金融监管是中央监管下的有机补充，对于中央监管力不能及的范围进行负责。

### （二）建立健全地方金融监管机制

如上文所提到的，目前地方金融监管的突出问题在于机构设置混乱、监管资源配置混乱，如专业监管人员数量不足与专业素质不高的问题。基于此，监管立法应当明确授权独立的地方金融监管机构并规定其在地方政府内部的位置，各地金融监管机构还应当积极完善机构内部的组织架构的人员编制，积极培养吸收专业人才进入机构，实现高效率的监管。此外，在设置职能之时，还应当坚持“权责明确，风险自担”，确保地方监管的独立性，包括权力的独立行使和责任的独立承担，首先应当明确地方监管部门的监管职责，在明确规定监管范围之时可以留有兜底条款，即赋予地方金融监管机构以一定的自主权，与时俱进地放开监管范围。建立地方金融监管规范性文件审查制度。给予地方政府一定地方金融监管立法权并由中央金融监管部门对其进行备案审查，可以有效保障地方金融监管的有效性、强化地方金融监管的统一性，同时也便于中央能够动态调整地方金融监管的权限。①其次，应当明确地方金融监管机构的监管手段与权限，处理好地方金融监管机构所负有的监管与发展这对矛盾，夯实地方金融监管职责。最后，要明确责任制度，加强对监管行为的监督，及时纠正不正当监管行为，保障监管权力的高效行使。

### （三）完善“央—地”金融监管协调机制

监管协调是处理好金融监管权“央—地”配置的重要保障。完善“央—地”金融监管协调机制首先是要建立信息共享平台。信息共享是协调合作的前提，

① 潘李美、周俊均：《主要国家和地区地方金融监管模式比较及启示》，载《中国银行业》2021年第10期。

“央—地”金融监管的信息共享同样也分为两个部分，一方面是中央金融监管机构与地方金融监管机构层面的纵向信息共享平台，另一方面是地方金融监管机构与中央金融监管机构派出机构以及地方非监管机构之间的横向信息共享平台。在纵向信息共享平台上，各地方应当及时上传与更新本辖区内的金融监管信息，中央可以通过该平台实时掌握各地区的具体情况并且进行汇总整合，这样有利于中央金融监管机构制定具有针对性的监管政策并且防范系统性金融风险发生。在地方横向信息共享平台上，丰富上传信息的主体，如还应当包括政府各部门以及法院等提供的相关数据，丰富“风险”的轮廓，对地方金融监管与地方发展之间的协调提供数据支持。

其次，在地方层面可以成立地方金融稳定委员会，取代当前较为松散、没有固定形式与程序的联席会议制度。金融稳定委员会的成员应当包括中央金融监管机构派出机构、地方金融监管机构、政府其他部门以及金融消费者或者学者等人员，金融稳定委员会作为地方金融监管机构的最高级别机构可以对中央与地方进行双向联系，地方金融监管机构在地方金融稳定委员会的指导下开展监管工作，金融稳定委员会还可以建立相应的问责程序，一旦发现地方金融监管机构有监管不力或者其他违法情况，金融稳定委员会可以对其问责。此外，可以赋予地方政府在非常态情况下，统筹各方参与风险应急处理的权力，提高地方金融监管机构的监管水平。

### （四）建立全面高效且常态化的信息共享机制

在央地金融信息共享方面，多地已经建立了相应的信息协作机制，然而由于地方监管机构监管范围广、工作量大，采集数据、统计指标、评估风险的难度较高，央地数据采集标准和监测指标侧重点不尽相同等问题，使得信息共享协作呈现出碎片化、非常态化的态势。因此，亟须在央地之间建立起全面、高效、常态化的信息共享协作机制。

首先，应当推进常态化资源共享的信息沟通制度，具体而言应当包括：其一，设立自下而上的信息报告制度，应由地方金融监管机构或地方政府定期将本区域的金融监管信息上报给中央，包括但不限于地方金融的运行数据以及风险的预警信息等，以便中央能够及时有效地对全国范围内的金融市场运作情况有所了解和把握，在此基础上，中央政府能够充分利用地方政府的地方金融信息获取优势，进而作出更符合地方金融市场实际情况的理性决策；[①]其二，应当

① 参见舒颖超：《央地分权背景下的地方金融监管权研究》，华东政法大学2021年硕士学位论文，第41页。

建立自上而下的信息共享机制，通过中央层面建立辐射全国范围的监管信息共享平台，以此加强央地之间以及地方各部门之间的信息共享，减少甚至避免机关之间信息不流通、不对称的现象，打破“信息孤岛”；其三，应当建立信息共享的责任约束机制，为了提高信息互动的质量，应以制度化的形式将信息共享的标准、内容等予以明确，内容应当包括金融机构成立和运行情况、具体金融业务行业发展数据、整体市场运行态势、风险处置进程以及对金融消费者和投资者保护的强化措施等。在搜集的监管信息基础上进行分级分类管理，依托信息技术处理后得到监管优势、监管劣势、监管盲区、监管重叠等一系列综合结果，为中央和地方金融监管机构的内部改革或责任强化提供研判依据。①

其次，加强金融委办公室协调机制与地方金融监管议事协调机制的信息沟通与协作，发挥多部门联动作用，在高风险机构风险化解、非法金融活动风险防控等方面联合发力，实现金融监管全覆盖。

最后，监管工作人员的业务水平影响着央地监管协作的效率，为加强政策传导堵点的疏通协作，需促进中央金融监管派出机构与地方金融监管部门间的人才流动，提升监管人员业务水平，鼓励监管人员运用大数据、区块链等监管科技手段分析监管数据，深度挖掘信息。②通过信息共享，加强跨部门、跨行业信息的深度运用。

### （五）建立金融风险处置协调机制体系

可靠的金融监管信息是风险或危机处理的第一步，便于快速找到风险发生原因，进而从风险原因出发分析可能造成的结果，有针对性地制定处置策略。信息共享平台的建设为金融风险协同分析处理打下了坚实基础。此外，中央与地方还要进一步完善后续风险预防和处置的协同机制。首先，准确判断各部门功能、有效整合各部门防控资源，发挥比较优势，在具体行动中发挥联动作用，减少各部门摩擦，由金融委以及金融委办公室地方协调机制作为统筹负责人，进行统一指挥、全局谋划，利用信息优势和中立地位进一步制定统筹过程具体协商和决策的规则与流程，保障防控力量可以在风险发生时快速集中；其次，借助算法、大数据、云计算等新型互联网技术建立金融运行动态监测系统和联动处置机制，基于区域性风险和全国性风险的区别，以及风险源的不同特点，应当

① 参见王悦：《中央与地方金融监管协调法律机制研究》，天津工业大学 2021 年硕士学位论文，第 44 页。
② 参见张奎：《构建央地信息共享协作机制》，载《中国金融》2020 年第 18 期。

针对性地分配风险防控任务，[①]视情况协调中央与地方监管部门及财政等相关部门，确定风险处理主要部门和配合部门，制定突发问题的处理策略，确保主次责任分明，防止推诿扯皮，及时遏制风险蔓延，降低风险带来的经济损失；最后，积极运用激励约束的利益调节手段，尤其对于地方金融监管部门，积极参与风险防控，并实现良好金融发展秩序的，给予适当的激励；若出现监管不力职责落空，或出现大规模金融风险，也应有约束管制机制，形成赏罚分明的问责制度，[②]为金融风险处置保驾护航。

此外，司法是防范风险、解决争议的最后一道防线，但是在有关金融监管与纠纷解决的领域，由于司法的属地化和地方利益的考量，金融司法上存在明显的消极态度以及地方保护主义倾向。[③]这样的情况使得司法机关很难及时发现金融风险，难以保障金融消费者的合法权益，造成系统性风险。在“央—地”金融监管权配置的制度内，必须完善其司法体系，为其提供事后纠纷解决的保障。首先可以参考上海金融法院的成立，借此推动金融法院或金融法庭的设立，应对地方保护主义，推进金融司法的正规化与专业化。其次应当推进金融消费者的司法保护。在我国现行的法律框架下，对于何为“金融消费者”以及其是否能适用《消费者权益保护法》的问题，理论界和实践中都没有达成统一意见，导致实践中对于金融消费者的保护和救济方式十分有限。而对金融消费者权益保护的消失更被认为是金融危机发生的一大重要原因，因为金融危机爆发的直接导火索是金融机构的不正当行为导致金融消费者疯狂挤兑。因此，建立金融司法风险防范体系必须要解决的一大问题就是金融消费者权益保护问题，可以在诉讼机制中引入金融消费者的公益诉讼机制，消除现有的实践中关于金融消费者原告身份不适格的问题。

## 结　　语

金融监管权的“央—地”配置制度，不仅要解决地方要不要管、该不该管的问题，还要解决中央与地方之间该怎么管的问题。地方金融监管的合法性必须依托于监管权力的法定化，因此我国必须出台相关的法律，明确地方金融监管

---

① 参加马灿坤、洪正、韩雨萌：《地方金融发展、监管与风险处置——基于地方性政策文件的研究》，载《财经理论与实践》2021 年第 1 期。

② 张斯琪：《“一委一行两会”格局下中国金融协调框架探析》，载《中国行政管理》2020 年第 3 期。

③ 黄韬：《“全国”金融市场与“地方”法院——中国金融司法的央、地关系视角》，载《法学评论》2016 年第 3 期。

的合法性，并且对于中央和地方金融监管之间权力、机构和协调工作进行规定。但是其中每一部分的制度设计都涉及多个主体与行业之间的利益分割，因此都是一个复杂的系统问题，本文只是从宏观层面提出了制度完善的几个方向，而具体的制度设计还需要理论界与实务界共同探讨和制定。

# 我国金融基础设施建设和监管的现状及完善

梁一婷　杨海波①

**内容摘要：**近年来金融基础设施建设得以快速推进，我国围绕建立现代中央银行制度，完善金融监管体系，深化金融机构改革，优化金融组织结构，健全金融风险防控处置机制，发展普惠金融、绿色金融、数字金融，进行了许多重要领域课题的研究和探讨。本文梳理了金融基础设施建设的基本定义和特点，以及我国金融基础设施现状、运营情况和未来发展趋势。本文根据两个主线展开：一是对比美、英、欧盟的金融基础设施和监管特点以带来启示；二是分析我国金融基础设施建设的现状和痛点。然后，根据两个主线分析目前我国金融基础设施从系统运营到体系监管存在的问题，最后依据国际经验提出相关运营发展方向和监管完善的相关建议。

**关键词：**金融基础设施　基础性　公共性　立法　监管统筹　多层监管

## 前　言

金融基础设施作为国家金融体系的重要组成，在连接金融机构、保障市场运行、服务实体经济、防范金融风险等方面发挥着至关重要的作用，其建设和发展水平直接关系到能否更好发挥金融功能、推动我国经济高质量发展。改革开放以来，我国金融业发展取得了长足进步。2021 年 7 月 6 日，国务院金融稳定发展委员会召开第五十三次会议。会议强调，当前及未来一段时期，要按照高质量发展要求，以供给侧结构性改革为主线，加强对金融领域战略性、前瞻性、基础性、针对性的问题研究。要围绕建立现代中央银行制度，完善金融监管体系，深化金融机构改革，优化金融组织结构，加强金融基础设施建设，健全金融风险防控处置机制，发展普惠金融、绿色金融、数字金融，建设中国特色资本市场，促进金融、科技、产业良性循环等重大课题，加大研究力度，增强政策储备。我国金融系统将继续坚持稳中求进工作总基调，立足新发展阶段，贯彻新发展

① 梁一婷，法学硕士，上海格联律师事务所。杨海波，法学硕士，上海格联律师事务所。

理念，更好地统筹发展和安全，继续做好“六稳”“六保”工作，为构建新发展格局和经济高质量发展提供有力有效的支持。作为金融体系的核心环节，金融市场基础设施既是便利金融交易、维护金融稳定进而促进经济增长的重要基础，亦是金融市场系统性风险的来源。国内外已有大量研究证实了金融市场基础设施对金融市场稳定的重要性，以及对经济增长的宏观推动作用。①与此同时，金融市场基础设施存在的风险也逐渐被学者们关注到，包括支付系统和结算系统的信用、流动性及运营风险，②交易数据丢失或操作系统损坏的风险，③以及金融市场基础设施之间高度互联性引发的风险。④因此，有必要对国际上重要经济体的金融基础设施建设和监管的情况进行研究和分析，并结合我国实际情况提出我国金融基础设施建设和监管的方向及思路。

## 一、金融基础设施的定义及特点

### （一）金融基础设施的定义

从对金融基础设施基本概念的研究来看，对金融基础设施并没有统一的定义，不同文献同时有使用金融基础设施和金融市场基础设施这两个概念。除了国际清算银行支付结算体系委员会（CPSS）和国际证监会组织（IOSCO）技术委员会在 2012 年联合发布的《金融市场基础设施原则》（以下简称《FMI 原则》）中明确使用了金融市场基础设施这一概念之外，各国政府部门及学者均分别在不同的语境下使用了金融基础设施、金融市场工具、后交易系统等概念来指代金融基础设施。

根据《FMI 原则》中的定义，金融市场基础设施是指“参与机构（包括系统运行机构）之间，用于清算、结算或记录支付、证券、衍生品或其他金融交易的多边系统，包括重要支付系统、中央证券存管、证券结算系统、中央对手和交易数据

① 李稻葵、刘淳、庞家任：《金融基础设施对经济发展的推动作用研究——以我国征信系统为例》，载《金融研究》2016 年第 2 期。

② See Mark Manning，Erlend Nier，and Jochen Schanz，The Economics of Large—value Payments and Settlement：Theory and Policy Issues for Central Banks，New York：Oxford University Press，2009.

③ See Michael J. Fleming and Kenneth D. Garbade，Explaining Settlement Fails，Current Issues in Economics and Finance，2005.

④ See Froukelien Wendt，Central Counterparties：Addressing Their Too-Important-to-Fail Nature，The Journal of Financia Market Infrastructures，2015.

库等五类金融公共设施”。①

美国 2010 年制定的《多德—弗兰克华尔街改革和消费者保护法》(Dodd-Frank Act Wall Street Reform and Consumer Protection Act of 2010)中使用“金融市场工具”(Financial Market Utilities, FMUs)的表述,用来指“为金融机构之间或金融机构与金融体系之间的支付、清算和结算、证券和其他金融交易提供基础设施的多边系统”。②

在欧盟,监管部门将金融基础设施区分为交易前(Trading)和交易后(Post-Trade)两类,并重点监管交易后设施,包括清算系统、结算系统、中央对手方和数据库。这一种区分也被部分学者认同。比如 David A. Wishnick 教授就将金融基础设施分为交易场域(Trading Venues)和交易后系统(Post-Trade Syestems),其中交易后系统指具备清算、结算、支付和报告四个功能的系统。③

德意志联邦银行 Martin Diehl 在《金融市场基础设施:金融体系的支柱》一文中将金融基础设施定义为“促进货物、服务、信息及其权利交换的机构”,这类机构主要目的是促进交易,但并不代表自身交易,因此不包括涉及价格形成的机构(如交易所)和涉及寻找交易对手的机构(如众筹平台)。④

作为世界上第一部金融市场基础设施的专门立法,瑞士 2016 年颁布的《金融市场基础设施法》将证券交易所和其他交易场所、中央对手方、中央证券存管机构、支付系统和交易存储库列为金融市场基础设施。

还有学者从更加广义的角度,认为金融基础设施除了上述系统硬件外,还应包括为金融活动提供公共服务并保证金融市场稳健、持续、安全运行的各种制度安排,比如金融会计准则、信用环境、定价机制等内容,甚至还包括确保金融市场有效运行的法律规则、监管框架、金融标准与交易规则等一系列机制。⑤

具体到我国,官方对金融基础设施的提法首见于中国人民银行于 2005 年发布的《中国金融稳定报告》,其中提出金融基础设施是金融运行的硬件设施和制度安排。在 2012 年《FMI 原则》发布之后,中国人民银行和证监会先后发布

---

① [英]李儒斌:《运转全球市场:金融基础设施的机构治理》,银行间市场清算所股份有限公司译,中国金融出版社 2019 年版,第 8 页。

② 郑彧:《金融市场基础设施的历史进路及其监管应对》,载《国家检察官学院学报》2022 年第 4 期。

③ See David A. Wishnick, Reengineering Financial Market Infrastructure, Minnesota Law Review, 2021.

④ [美]马丁·迪尔等:《金融基础设施:经济学分析》,中央国债登记结算有限责任公司译,中国金融出版社 2019 年版。

⑤ 叶林:《金融基础设施的金融法解读》,载《社会科学》2019 年第 11 期。

《关于实施〈金融市场基础设施原则〉有关事项的通知》，这意味着我国官方已认可《FMI 原则》的价值和适用。2020 年 3 月，中国人民银行等六部门联合印发《统筹监管金融基础设施工作方案》（以下简称《方案》），《方案》指出金融基础设施通常是指为各类金融活动提供基础性公共服务的系统及制度安排，并指出我国金融基础设施主要包括金融资产登记托管系统、清算结算系统（包括开展集中清算业务的中央对手方）、交易设施、交易报告库、重要支付系统、基础征信系统六类设施及其运营机构。2022 年 12 月，中国人民银行发布的《金融基础设施监督管理办法（征求意见稿）》中沿用了这一定义。

综上所述，尽管各国政府和学者分别对金融基础设施有着不同角度的认识，但核心基本不脱离《FMI 原则》中界定的五种基础设施。因此，我国在沿用了《FMI 原则》中对于金融基础设施的定义基础上，增加了对于金融系统具有重要意义的征信系统以及交易设施。总体而言，可以说金融基础设施主要指金融交易中具有重要性和媒介性的硬件系统。为了表述的一致性，如无特殊说明，本文中同时使用金融基础设施和金融市场基础设施两种表述。

### （二）金融基础设施的特点及总体架构

1. 金融基础设施的特点和作用

（1）金融基础设施的特点。从词义来看，金融基础设施和交通基础设施、信息基础设施一样，必然具有作为基础设施的一些基本特点，比如基础设施生产的产品或提供的服务在某种程度上是必不可少的，具有核心设施属性；基础设施自身能构成一个网络，或者是网络的提供方；呈现规模经济特征；具有高额的沉没成本；属于自然垄断产业；具有某种程度的作为公共物品的经济外部性特征（但不同于公共物品的是，从整个国际市场来看，基础设施的运营机构之间也存在充分竞争）。①

但由于金融基础设施虽然以硬件为依托，但核心的产品或价值主要体现在联通的系统上，因此也有一些自身特性，这些特性主要体现在：偏向后台设施，具有支持性和辅助性；主要还是指信息系统等依附于互联网的软硬件结合，而非制度、环境等软约束系统；参与主体的多元化及功能的中介化等。

（2）金融基础设施的作用。金融基础设施作为现代金融体系的关键节点，在现代化经济体系建设中发挥着不可替代的重要作用。有学者因其在金融系

① ［英］李儒斌：《运转全球市场：金融基础设施的机构治理》，银行间市场清算所股份有限公司译，中国金融出版社 2019 年版，第 12 页。

统中扮演着重要的角色，包括保证交易的有效、安全和顺利进行，支持金融稳定等，从而将金融基础设施比喻为整个金融系统的脊梁。相关研究也表明金融基础设施的建设与金融市场的发展密切相关。发达的金融基础设施能促进金融市场发展，提高资本的边际效率，有助于投资者作出有效的投资决策。同时，因为金融基础设施之上承载了大量的交易数据，也能为构建金融市场和宏观经济的风险指标提供有价值的信息参考。除了能为金融市场提供内部赋能外，从监管的角度，金融基础设施体系还可以支持中央银行的货币政策和监管职责。中央银行为实现货币政策和金融稳定目标，在整个货币政策制定和执行、公开市场操作、提供最终结算资产等方面都需要金融基础设施的稳定和高效支持。从社会效益来看，金融市场基础设施能促使互联互通，并有助于扩大劳动分工。如果没有成熟的金融基础设施，金融机构就需要与所有的交易方进行交易，从而就需要更多的业务系统和更多的监管。也因为金融基础设施的集中化，设施的经营单位就可以实现更深层的专业化，从而为金融系统内的机构提供更高效的服务。

从微观来看，各类金融基础设施也在为各类金融交易提供必不可少的辅助功能，比如清算结算系统的"资金交割"功能、重要支付系统的"资金转账"功能、登记托管系统的"确权"功能、交易场所的"价格发现"功能、基础征信系统的"信用信息"功能、交易报告库的"市场信息"功能等。①

正因为金融基础设施的重要性，金融基础设施也集中了金融市场中的风险和考验，整个金融基础设施如果缺乏从运营到监管等全生态化、有效监管，哪怕是最基础的流动性错配和信用风险等都会成为金融系统受到冲击的源头，甚至成为系统性风险的源头及扩散渠道。2008 年的金融危机为整个国际金融市场敲响了警钟，许多国家的监管当局达成共识，认为金融基础设施有责任参与协助风险管理，是实施宏观审慎管理和强化风险防控的重要基础建设。如今，一个广泛的共识就是具有系统重要性的金融基础设施的正常运转对维持金融稳定异常重要。

2. 金融基础设施的构成

（1）重要支付系统。支付系统是一套用于在参与实体之间转移资金的规则和程序，它根据实体与运营商之间的协议运作，使公众能够贷款和偿还资金、进行商品和服务的支付、工资和福利发放等。支付系统通常分为大额支付系统、

---

① 陈彦达、隋学深、王玉凤：《我国金融基础设施运营与监管存在的问题及政策建议》，载《企业经济》2021 年第 5 期。

小额或零售支付系统以及外汇支付系统。在我国，体现为以中国人民银行现代支付系统为核心，银行业金融机构行内支付系统为基础，同城票据清算系统、全国支票影像交换系统、银行卡跨境支付系统、互联网支付、网联清算系统、人民币跨境支付系统等为重要组成部分的支付清算结算网络。其中，我国根据《FMI 原则》认定的系统重要性支付系统为中国人民银行清算总中心。

(2) 中央证券存管和结算系统。中央证券存管处持有一个证券账户，用于以证书或非证书形式进行资金转移。它可以保留合法所有权的安全记录，因此也在确保安全问题的完整性方面发挥着关键作用。中央存管和结算系统履行的职能可能因其运作所在的司法管辖区而异，具体负责资产和服务的电子会计、资金转移和证券转移，包括证券交易所、场外交易衍生品、股票和货币市场工具。

在我国，中央国债登记结算公司(中央结算)、中国证券登记结算公司(中国结算)、银行间市场清算所股份公司既是中央证券存管系统，也是证券结算机构。根据《FMI 原则》的认定，我国的中央证券存管和结算系统为上海清算交易所、中央结算和中国结算。

(3) 中央对手方。中央对手方是交易的中间人，其运营机构也被称为清算所。中央对手方将自己置于买方和卖方之间，以降低贸易的复杂性。一旦买卖双方完成交易，交易后系统通过匹配市场上的所有买卖订单(清算)，根据每份合约转移证券(结算)和保管证券(托管)来确保所有交易协议得到有效执行。

目前，我国主要有中证登、郑州商品交易所、大连商品交易所、上海期货交易所、中国金融期货交易所、上海清算所、上海黄金交易所等在相应产品的集中清算中充当中央对手方。但根据《FMI 原则》，中国只有 6 个中央对手方，分别是上海清算所、上海期货交易所、郑州商品交易所、大连商品交易所、中国金融期货交易所和中国结算。

(4) 交易数据库。交易存储库是集中维护交易数据电子记录的单位，并非单纯的技术性操作系统、储存系统或数据库。它是金融基础设施的新组成部分，在场外衍生品市场中扮演的角色也越来越重要。交易数据库通过集中交易以及收集数据的传播和存储，提高了信息对有关当局和公众的透明度。同时交易数据库作为"设施中的设施"，其他金融基础设施的运作也需要接入其中，从而可以为监管决策提供交叉验证和全景分析的支持。①

根据金融稳定理事会发布的《2021 年全球场外衍生品市场改革进展报告》，

① 张阳：《金融交易数据的监管应用》，载《财经法学》2022 年第 3 期。

目前17个国家和地区正在运营24家交易报告库，5个国家正在运营13家准交易报告库，其中我国有中国期货市场监控中心和中证报价两家交易报告库，以及外汇交易中心和交易商协会两家准交易报告库。

(5) 交易设施。关于何为交易设施，在现有的制度体系下并没有进行明确定义，但一般认为交易设施是一个比交易所更具广延性的概念，它能够为金融资产提供交易的场所、设施和服务，便利投资者进入市场，制定交易规则。因此，交易设施还应包括同业拆借中心、票交所、北交所、上金所等机构。甚至有学者认为，交易设施还应包括与金融产品具有弱相关的交易所，如碳交易所、大数据交易所、元宇宙交易所等。①

(6) 征信系统。征信是指对法人和自然人的信用信息进行采集、整理、保存、加工，并向信息使用者进行提供的活动。严格来说，征信本身并不是金融活动，只是为金融活动提供辅助和支持。但考虑到征信系统建设不仅可以便于金融机构进行信用风险管理，降低金融系统性风险发生的可能，我国将其纳入金融基础设施的一部分。目前，我国的征信体系以中国人民银行金融信用信息基础数据库为主，市场化征信机构为辅。②

3. 我国金融基础设施的监管体系

目前我国金融基础设施已经形成了以国务院金融稳定发展委员会为协调机构，中国人民银行、中国金融监管局(原银保监会)、中国证监会等部门依职责监管，其他相关部门参与监管的金融监管框架体系。

我国金融基础设施采取分业监管原则，不同的监管部门管理不同的金融基础设施。其中，中国人民银行主要监管银行间债券市场、银行间外汇市场、银行间黄金市场、银行间货币市场和银行间场外交易市场的基础设施、支付系统、基础征信系统。证监会负责监管公司证券及衍生品的结算系统、清算系统、交易所。金融监管局(原银保监会)监管信贷资产、债券、信托、理财、保险等金融产品所涉及的金融基础设施。地方政府监管地方金融类资产交易场所及基础设施。行业数据信息收集机构由中央金融监督管理部门按照监管职责范围进行监管。在此基础上，系统重要性金融基础设施及其运营机构，在维持由国务院金融管理部门负责监管的现行监管体制不变基础上，由中国人民银行负责宏观审慎监管。

---

① 张阳:《论金融市场基础设施风险治理的“三边机制”》，载《甘肃政法大学学报》2023年第3期。

② 张成思、尹学钰:《现代中央银行制度下的金融基础设施体系建设路径》，载《深圳社会科学》2023年第7期。

## 二、国外金融基础设施建设及监管的经验

### (一) 美国

美国拥有较为完善的金融基础设施，因此美国金融市场也是全球最大、参与方最多的市场。庞大而全面的金融市场也将全球参与者带入其中，在金融创新上也始终引领着全球发展趋势。

1. 金融基础设施运营系统

美国最重要的金融市场基础设施主要由以下八个被金融稳定委员会认定为具有系统重要性(Systemically Important)的机构组成，①包括：

清算所同业银行支付系统(CHIPS)：CHIPS 创建于 1970 年，由纽约清算所协会拥有和运营，主要用于进行大额国内和国际美元支付，是世界上最大的私人支付和清算系统之一。目前，CHIPS 每天有超过 1.9 万亿美元的超过 34 万笔交易，约占国际美元交易的 95%。

外汇交易结算系统(Continuous Linked Settlement, CLS)：CLS 是一种用于外汇交易结算的跨境支付系统，由 CLS 国际银行运营。CLS 国际银行成立于 2002 年，其是一家结算外汇的有限目的银行，总部位于纽约。

芝加哥商品交易所(Chicago Mercantile Exchange Clearing, CME)：CME 是世界上最大的中央对手方清算服务提供商，美国市场 96%的期货、期权交易的清算由其起算部门 CME Clearing 完成。

全美存托公司(The Depository Trust Company, DTC)：负责证券托管结算，为全美证券清算公司的净结算、机构交易结算以及货币市场工具提供证券转移服务。DTC 是美国联邦储备系统的成员，并且是美国证券交易委员会的注册清算机构。

固定收益证券清算公司(Fixed Income Clearing Corporation, FICC)：主要提供国债和 MBS 的结算服务。

洲际交易所信用清算所(ICE Credit Clearing, ICC)：ICC 是洲际交易所旗下的信用清算机构，主要负责为洲际交易所的信用衍生品提供清算。

全美证券清算公司(National Securities Clearing Corporation, NSCC)：为几乎所有经纪商对经纪商的交易提供清算、结算、风险管理、中央对手方服务，

① See IMF Country Report, Technical Note on Supervision of Financial Market Infrastructures, Resilience of Central Counterparties and Innovative Technologies, 2020.

以及某些交易的完成保证等服务，交易涵盖股票、公司债、市政债、美国存托凭证、ETF、单位投资信托。

期权清算公司(Options Clearing Corporation, OCC)：期权清算公司由芝加哥期权交易所和美国证券交易所联合建立。自 1974 年成立以来，负责发行、保证、登记、清算、结算所有交易所挂牌期权的交易。

除上述 8 个实体外，还有美联储负责运营的一些相关系统，其中主要是联邦电子资金转账系统(Fedwire)。Fedwire 是由美国联邦储备银行运营的，也是世界上最大的实时结算资金和证券转账系统，金融机构可以通过在当地联邦储备银行开立的账户在任何地方发送和接收美元资金。另外，美联储同时还运营着一个自动结算所(Automated Clearing House, ACH)，主要是为银行间的零售交易提供跨行结算。

另外，美国还有证券价格研究中心(Center for Research in Security Prices, CRSP)、标准普尔公司、纽约股票交易所日内高频数据(NYSE TAQ)等数据库，一些股票、指数、国库数据、共同基金数据以及大多数公司的财务报表等都能在数据库中查到。

总体而言，美国的金融基础设施的特点就是高度的集中和相互依存。所有的金融基础设施、银行和其他金融机构都直接或间接依赖于美联储进行零售业务或大额的银行间支付。银行、中介机构或它们的客户也越来越依赖中央对手方进行资产结算，而中央对手方也严重依赖银行提供监管、支付和清算等各方面的安排。甚至在很多情况下，银行就是中央对手方的结算成员。①

2. 金融基础设施监管

监管机构：在美国，负责监管金融基础设施的主要是美联储、美国商品期货委员会和美国证监会。美联储的监管对象是美联储银行运营的支付系统和证券存管及结算系统、金融稳定委员会认定为系统重要性的支付系统，以及属于美联储系统成员的金融基础设施。美国商品期货委员会则主要监管其职权范围内的中央对手方，比如期权、商品衍生品和场外衍生品交易的中央对手方。美国证监会监管其职权范围内的中央对手方及证券存管及结算系统，包括政府证券、企业债、政府债、权益衍生品交易的中央对手方和证券存管和结算系统。除此之外，金融稳定委员会也承担了重要的角色，作为一个跨部门的协调机构，《多德—弗兰克华尔街改革和消费者保护法》授权金融稳定委员会根据法律规

① See IMF Country Report, Technical Note on Supervision of Financial Market Infrastructures, Resilience of Central Counterparties and Innovative Technologies, 2020.

定的标准来考虑是否将某一金融基础设施纳入系统重要性金融基础设施，如纳入系统重要性基础设施则会受到美联储与行业监管机构多重监管。

监管法律体系：《多德—弗兰克华尔街改革和消费者保护法》，《美国联邦储备法》(Federal Reserve Act)，《商品交易法》(Commodity Exchange Act, CEA)以及1934年的《证券交易法》(Securities Exchange Act of 1934)构成金融基础设施的监管法律体系。

监管重点：美国在监管重点方面主要针对的是支付和结算基础设施，并不是将所有的金融基础设施都纳入宏观审慎监管的范畴，轻重分明的监管也有利于资源的合理利用，节约成本。在分工上面，美联储不会直接介入金融基础设施的监管，而是建立了良好的风险处置体系，建立了货银兑付制度、盯市制度、担保品管理制度、互保金制度等来应对金融危机带来的违约风险。与金融稳定委员会和行业监管机构进行协商制定各项标准。

## （二）英国

1. 金融基础设施运营系统

在英国，一些主要的金融基础设施包括中央对手方、支付系统、存管系统和一些特殊的金融服务提供商都处在英格兰银行的监管之下。①这些系统包括：

支付系统：与美国不同，英国同时存在多种支付系统，它们分别是伦敦票据交换所银行同业制度系统(Clearing House Automated Payments System, CHAPS)、快速支付系统(Faster Payments Services, FPS)、银行自动清算业务系统(BACS)、持续连接结算系统(Continuous Linked Settlement, CLS)、英镑最终支付系统(Sterling Finality Payment System, SFPS)、关联支付系统(LINK)等；其中，CHAPS是最重要的支付系统，主要是为其他金融基础设施机构处理大额支付，比如CLS、商业银行以及它们的客户。而FBS主要负责网络支付、移动支付、转账支付等零售业务的结算。

中央对手方：英国的主要三个中央对手分别是伦敦洲际交易所(Clear Europe Limited Clears, ICE)、伦敦结算有限公司(Limited Clears, LCH)和伦敦金属交易所结算有限公司(LME Clear Limited)。伦敦结算有限公司是英国最大的中央对手方清算所，该公司的主要职责包括对固定收益、衍生品、权益类产品以及商品市场交易等进行清算，是欧洲政府债券的主要结算中心，同时也

① See Bank of England, The Bank of England's Supervision of Financial Market Infrastructures, 2021.

为多个多边贸易设施提供清算服务，主要有伦敦国际金融期货交易所、伦敦金属交易所、国际石油交易所等。

存管系统：欧洲清算中心(Euroclear UK & International, EUI)运营着英国最主要的证券结算系统——CREST 系统。该系统不仅具有中央托管功能，同时还通过与境外的结算系统互联，实现外国证券交易也可在 CREST 系统上进行结算和托管的功能。英格兰银行不仅通过 CREST 系统来接收担保品、抵押品、支持货币政策执行，保证系统日间流动性充足，也通过 CREST 系统来操作它自身以及客户的相关托管业务。

其他服务提供商：Vocalink 是一家设计、构建和运营支付系统和 ATM 的 IT 基础设施切换平台，其服务属于支付系统的一部分。

交易报告库：在英国脱欧之前，交易报告库由欧盟的 ESMA 统一进行监管，包括在线统计收集系统、GDP 实时数据库、Gabriel 在线系统，内容涵盖了所有与金融相关的数据，包括资本和负债、存款、利率、汇率等，英格兰银行还对各项数据进行解释，不清楚的还能通过答疑系统进行咨询。

2. 金融基础设施监管

监管主体：英格兰银行和金融服务管理局是英国金融基础设施的监管主体，财政部在必要时也会加入监管。英国在推动金融市场基础设施改革和践行金融市场基础设施监管方面都走在世界前列，其金融市场基础设施的监管目标也通过英格兰银行单一机构监管的模式得到一致性贯彻。随着英国在 2020 年底正式脱欧，以前存在由欧盟监管的金融基础设施也重新回到了英国政府。从分工来看，英格兰银行主要负责三类金融基础设施的监管，即支付系统、中央证券存管系统和中央对手方。财政部对整个英国的金融体系负责，确保具有系统重要性的银行间支付系统顺利运转，英国金融行为监管局主要负责对交易场域的监管。同时，根据 2023 年新通过的金融服务法，英国政府还将设立一个新的指派行动机制(Designated Activities Regime)来对金融市场进行监管。

立法体系：英国针对金融市场基础设施的高位阶法律架构确保了监管目标的有效落实，而相对集中的规则设计避免了规则分散模式下法条间可能出现的冲突。法律在具体规范设置上较为细致，构建起了清晰、稳健且可执行的法律基础，并根据实践情况修订监管规定、扩充监管对象，从而保证了金融市场基础设施运行及监管的高度确定性。具体来看，在脱欧之前，英国监管金融市场基础设施的法律主要是 2009 年的银行法(Bank Law 2009)、2000 年的金融服务市场法(The Financial Services and Markets Act 2000)、2001 年无纸化证券法令(The Uncertificated Securities Regulations 2001)、欧洲市场基础设施监管条例

(The European Market Infrastructure Regulation, EMIR)、中央证券存管条例(The Central Securities Depository Regulation, CSDR)、结算终局性指令(Settlement Finality Directive, SFD)。根据2023年6月29日通过的金融服务市场法,EMIR、CSDR等法律将不再国内适用。新的金融服务市场法的通过,也将为英国金融市场基础设施的监管带来新的局面。①

在监管落实方面,充分调动内部资源并注重与外部监管机构及其他国家的监管合作,并通过持续的监管评估进一步完善现有监管机制。国际货币基金组织的评估也指出,英格兰银行在推动全球金融市场基础设施改革方面发挥重要的积极作用,英国的监管框架在近几年有效地应对了金融市场基础设施产生的风险。

## (三) 欧盟

1. 金融基础设施运营系统

欧洲核心的金融基础设施是TARGET服务系统,具体包括TARGET2、TARGET2S、TARGET Instant Payment Settlement(TIPS)。这一服务系统在欧元体系下开发和运营一系列服务,以确保现金、证券和抵押品在整个欧洲市场的自由流动。具体而言,TARGET2主要用于欧元结算支付,支持银行间转账和商业支付,TARGET2S用于多币种证券结算平台,TIPS用于即时支付。整个TARGET服务系统由市场基础设施委员会(The Market Infrastructure Board, MIB)负责运营。目前大约有1 000家银行在使用TARGET2进行欧元交易,如果包括分支机构或其他子公司,大约有41 000家银行机构可以通过TARGET2接入。2022年全年,TARGET2平均每天要处理399 653笔交易,涉及2.219万亿欧元。同时,TARGET2S还连接着20个欧盟成员国的19个中央证券存储机构。②

中央对手方:截至2017年底,欧盟共有成员国认可的17个中央对手方以及欧洲证券及市场管理局(European Securities and Markets Authority, ESMA)认可的第三方国家的28个中央对手方及其清算成员。

存管系统:Target2-Securities发起于2015年,于2017年9月完成,负责处理以欧元结算的高达90%的证券交易。截至2022年10月,欧盟成员国共有21个中央证券存管系统。

---

① See Shearman & Sterling, A Boost for U.K. Financial Services: The U.K. Financial Services and Markets Act 2023, https://www.shearman.com/en/perspectives/2023/07/a-boost-for-uk-financial-services.

② See European Central Bank, Annual Report, 2022.

系统重要性支付系统：欧元体系主要负责监管 TARGET2、欧元区大额支付结算系统 EURO1、欧元区跨境零售支付系统 STEP2-T，以及万事达卡清算管理系统（Mastercard Clearing Management System, MCMS）这几个具有系统重要性的支付系统。其中 MCMS 是 2020 年才纳入系统重要性的支付系统。除了重要性支付系统外，还存在一些非系统重要性支付系统，具体分为三类：非系统重要性的大额支付系统（Non-systemically Important Large-value Payment Systems, LVPS）、显著重要性的零售支付系统（Prominently Important Retail Payment Systems, PIRPS）和其他零售支付系统（Other Retail Payment Systems, ORPS），其中 LVPS 由于处理一些与金融市场相关的大额支付，因此也必须严格遵循《FMI 原则》对支付系统提出的一些监管原则。另外，欧洲银行系统还对两个支付系统的重要服务提供商进行监管，包括 SWIFT 和 SIA-COLT。①

2. 金融基础设施监管

监管机构：欧盟金融基础设施的监管机构分为欧盟和各成员国两个层面。欧盟层面监管系统由欧盟系统风险理事会（European Systemic Risk Board）以及三个监管主体构成。其中，2010 年成立的欧盟系统风险理事会目标在于宏观审慎管理整个欧盟金融市场，并致力于缓释系统性风险。三个监管主体则包括欧洲银行管理局（European Banking Authority, EBA）、ESMA 和欧洲保险和职业养老金管理局（European Insurance and Occupational Pensions Authority），这三个机构均设立于 2011 年，也都是 2008 年金融危机后的产物。具体到欧盟成员国家层面，监管金融基础设施的机构主要以成员国的中央银行为主。

监管职能：ESMA 主要监管的对象是中央对手方、报告数据库，其职责在于制定监管规则和实施技术标准，同时执行 EMIR 的规定。特别是对于中央对手方，欧盟在 2020 年还专门设立一个中央对手方监管委员会来支持和协调 ESMA 的工作。中央存管系统则主要由各成员国自行许可和监管，各成员国指定主管机构负责在其境内设立的存管系统进行授权和监督，并将相关情况通知 ESMA。

立法层面：目前欧盟对金融基础设施监管的法律主要包括 1998 年的结算终局性指令（Settlement Finality Directive）、2002 年的金融抵押品指令（Financial Collateral Directive）、2012 年的 EMIR 条例、2014 年的中央证券存

---

① See European Central Bank, Daniela Russo, Payments and Market Infrastructure Two Decades after the Start of the European Central Bank, July, 2021.

管条例、2015年关于证券融资交易与担保品再使用的透明度的条例，以及2014年的欧盟金融工具市场法规(MiFID)。

## 三、我国金融基础设施建设和监管中的问题

### (一) 国际金融基础设施的建设和监管方向

1. 国际金融基础设施建设方向

20世纪90年代之前，各国主要都在本土集中进行金融基础设施的建设，但随着经济全球化和互联网技术的发展及跨国的经济交易日趋频繁，各国政府也因此在不断对国内的金融基础设施进行更新和升级。过去三十年，金融基础设施无论是从形式、功能、结构上都发生了巨大的变化，这主要来自市场环境的驱动、技术的快速发展，以及监管部门对金融基础设施的监管塑造。

首先，从金融基础设施采取的组织形式上，大多数金融基础设施从以前作为相互组织或非营利组织转变为以公司为组织形式的营利机构。从世界范围来看，金融基础设施主要采取四种组织形式，即政府运营的非营利组织、由成员单位共同组建的相互组织、私人有限公司和上市公司，但其中采取公司形式的运营机构占到了绝对多数。根据统计数据显示，世界前40大交易所中，有20家是上市公司、12家是私人有限公司。①比如纽约证券交易所、纳斯达克、日本证券交易所等都是上市公司。

其次，从金融基础设施具有的功能来看，金融基础设施从开始相对封闭的向成员单位提供单一服务转变为面向整个金融市场提供综合性服务。最开始，作为相互组织的金融基础设施相对封闭，并且只为组织内部成员或会员提供简单的交易服务。但随着金融体系的不断壮大和复杂，同时技术发展和金融创新也不断催生新的金融工具和金融产品，整个金融市场的需求也越来越集中化，金融基础服务的对象也越来越多样化。传统的金融基础设施主要是为某一特定交易提供特定环节的中介服务，这些服务往往是间接的，对象也比较单一，但现在的金融基础设施能直接向终端目标客户提供从交易前到交易后完整的服务产品。

最后，从金融基础设施的内部结构来看，从主要为某一交易环节提供服务的供应商转变为包含上中下游的全流程服务的金融基础设施集团。以交易所

---

① See Jens-Hinrich Binder, Paolo Saguato, Financial Market Infrastructures: Law and Regulation, Oxford EU Financial Regulation Series, Oxford University Press, 2021, pp.20—23.

为例，传统的金融交易主要在特定的交易场所内进行，而交易所的功能就是收集各成员的报价信息，并提供给潜在的卖方，但随着电子自动报价系统的发明，整个交易所的功能和结构都有了新的改变。随着交易所不断国际化，其也在不断将其服务的范围进行上下游延伸，从而形成纵向或横向的集团化。纵向的金融基础设施集团中包含各种同时提供上下游服务的机构，比如同时提供交易所和结算服务；而横向的金融基础设施集团可以同时在不同国家通过设在当地的分支机构提供同一种金融基础服务。

2. 国际金融设施监管方向

从国家战略发展来看，金融市场的稳定和发展是经济增长的两大首要目标，而金融基础设施机构的监管和治理也因此成为这一战略中不可或缺的重要目标。自从 2012 年《FMI 原则》发布以来，各国已经对金融基础设施的建设和监管方向基本达成了共识。《FMI 原则》的发布和执行也因此成为国际金融领域制度标准化的一个典型范例。《FMI 原则》中明确了金融市场基础设施运行的 24 条原则，还包括中央银行、市场监管机构和其他管理部门持续有效监管金融市场基础设施的五项职责，并由支付与市场基础设施委员会和国际证监会组织的常设工作小组负责对成员开展检测评估。

从监管模式来看，由于金融基础设施具备的功能广泛，包括了金融交易的几乎全流程，历史上这些基础设施也是由各自独立的监管部门在实施监管职责。但随着金融国际化和金融基础设施的集中化，各国也逐渐采取了集中化的监管模式。从美国、欧盟、英国等西方国家的经验来看，基本都采取了以中央银行为核心，证券监管机构为主要辅助机构的多部门合作来共同实现对金融市场基础设施的监管。从监管的法律体系来看，也制定了专门的金融基础设施法，并形成了以法律、部门规章和自治规范三层立法的法律结构。

### （二）我国金融基础设施建设中存在的问题

1. 系统缺乏核心技术

目前，我国金融机构的交易和风险管理系统基本从外资厂商采购，涉及大量复杂金融工程计量模型的系统极少尝试自主研发，部分金融基础设施软硬件设施受制于人，采用的是基于 IOE 的系统架构，一旦国外对软硬件供给体系进行限制，可能带来重大风险。中后台信息处理依赖国外厂商，使得我国金融机构不仅在业务能力上受制于人，且存在很大信息安全隐患。①

① 张阳：《金融交易数据的监管应用》，载《财经法学》2022 年第 3 期。

2. 金融基础设施缺乏体系化的顶层设计

目前我国主要的金融基础设施均已搭建完成,功能在逐渐完善。一些区域性的交易平台、非银行支付机构也在逐渐规范发展。但一些重要的金融基础设施还处于空白状态,从而影响了金融基础设施整体功能的有效发挥,比如还未成立专门的交易报告库,不同市场的交易数据统计口径不一,导致监管主体获得的数据不同。由于缺乏法律授权,金融监管部门对数据报告存在博弈空间,不仅导致国内数据标准不一,也影响和国际机制的对接。①同时,我国的金融基础设施体系零散,缺乏协同。比如债券市场,国内存在沪深交易所债券市场和银行间债券交易市场,不同债券品种的发行分属不同监管主体管理。债券的托管清算也分别由中债登、中证登和上海清算所分管。这种人为的分散不仅缺乏效率,也隐藏着大量风险。②

3. 金融基础设施风险管理有待加强

金融基础设施重要的作用在于保证交易和记录的持续进行,但目前我国在金融基础设施连续性保障方面存在一些主要问题:一是应急管理不完善。我国目前没有针对重大突发公共卫生事件的场景演练,各类金融基础设施之间缺乏应急协调和沟通,金融基础设施在应急体系建设、应急能力评估等方面还缺乏统一明确的标准。二是缺乏风险模型建设,风险管理覆盖的范围有限。金融基础设施应该有足够的模型效果监控、策略和治理规则,以及时识别和处理出现的模型风险问题,在这方面,目前我国的金融基础设施还未能有效地达到期望的覆盖水平。

同时,我国的金融基础设施在账户体系中还存在"单点失效"风险,以及在交易所市场中还存在一定的结算风险。③此外,我国金融市场基础设施成员高度聚集。期货交易所80%的会员属于所有的交易所,而中央结算公司和上海清算所(银行间市场的活跃成员)的会员重叠率超过50%。中国结算公司的数据显示,若最大的两家会员违约,将伴随着这些会员在其他金融市场基础设施的违约,包括几家中央对手方。最大的8家银行在8家金融市场基础设施均有接入,成为一个范围很广的脆弱性来源。④

---

① 赵健兵、李海东、冯小龙、陈欣:《金融基础设施建设与监管的国际经验借鉴》,载《河北金融》2021年第5期。

② 蔡达:《我国金融基础设施建设的现状、问题和对策研究》,载《现代管理科学》2019年第1期。

③ 陈彦达、隋学深、王玉凤:《我国金融基础设施运营与监管存在的问题及政策建议》,载《企业经济》2021年第5期。

④ IMF,《中华人民共和国金融体系稳定评估》,2017。

4. 金融基础设施缺乏运行效率

金融基础设施一般为市场所有参与者提供服务，往往带有公共设施性质，具有市场公共品的特点。以此作为出发点，我国的大部分金融基础设施运营机构都采用事业单位或国有企业的形式。但在实际的运作中，这些运营机构因为其国有身份及其垄断地位，利用垄断定价来获取高额垄断利润，增加了市场成本；同时，由于缺乏竞争机制，运营机构没有提升服务水平的主动性，市场运行效率还有待提高。

5. 金融基础设施支持的交易规模有限

我国虽然已经建成了各种类别的金融基础设施，但在支持的金融业务品种、交易额占比等方面与国际相比还存在一定差距。比如我国的中央对手方存在分散、单个中央对手方支持系统和交易货币有限的问题。①

## （三）我国金融基础设施监管体系中存在的问题

1. 监管模式

（1）缺乏统一的监管理念和监管目标。由于我国目前尚未正式出台《金融稳定法》以及《金融市场基础设施监管暂行办法》，也就没有明确的对于金融市场基础设施的定义和监管目标。虽然在 2012 年发布《FMI 原则》后，央行和证监会均下发了贯彻落实的文件，但由于缺乏一个上位法或上位机构将金融基础设施建设体系化，各监管部门也缺乏足够的依据开展对《FMI 原则》的实施。为此，当时央行能做的也仅仅是“根据《中华人民共和国中国人民银行法》等法律制度，尽快将《FMI 原则》与自身职责相整合”。而金融基础设施其所具有的基础性、公共性、不可替代性、内部关联性的特点，决定了对其监管需要有一个国家层面的战略方向，以明确在一定时间内的监管方向和监管重点。同时需要说明的是，目前正在征求意见的《金融市场基础设施监管暂行办法》在法律位阶上仍属于部门规章。

（2）缺乏明确和统一的监管体系。在分业监管大背景下，我国金融基础设施行业特性很突出，对不同市场的金融基础设施的监管都有不同的监管主体和监管标准。在过去总体上适应了金融市场的整体需求，有利于监管机构的职责界限，并有助于监管技术和能力的专业化培养。然而目前各类金融市场基础设施的会员单位存在大量重叠，监管资源浪费和重复监管的尴尬局面难以避免，

① 陈宁：《推动我国金融基础设施高质量发展的建议》，载《重庆理工大学学报（社会科学版）》2021 年第 1 期。

且在缺乏统一的上层制度安排及监管理念的背景下，也容易导致各机构的监管目标、监管标准不相一致。从新兴科技企业（互联网平台）提供的类基础设施服务来看，由于相关法律并未落实“实质重于形式”的原则，导致对新兴科技企业（互联网平台）无明确的监管主体。从纵向来看，中央和地方金融基础设施建设监管和规划缺乏统筹。

（3）监管和运营的一体化导致监管失效。目前我国承担基础设施运营的机构几乎完全依附于对应的监管部门，使得监管部门既是运动员又是裁判员，监管的效果和效率都受到影响。除了部分机构直接采取监管部门下属的事业单位形式，即使有些采取公司制的机构也实际由监管部门在管理。比如中证登由证监会管理，上清所由中国人民银行管理等。这样的机构和模式必然导致监管在一定程度上的失效。

（4）监管资源的缺乏。根据国际货币基金组织2017年发布的《中华人民共和国金融体系稳定评估》中提出的问题，中国人民银行和证监会的雇员数量没有根据《FMI原则》确定的新任务和市场新发展而相应增加，中国亟需增加熟知国际标准和熟练掌握风险管理实践（包括中央交易对手的量化风险模型）的员工来实现对金融基础设施的监管。

2. 立法体系

（1）缺乏对金融市场基础设施监管的基础法律。我国目前尚无专门针对金融市场基础设施的监管法律，而是以《中国人民银行法》《证券法》《期货和衍生品法》领衔，辅之以《期货交易管理条例》《证券登记结算管理办法》以及中国人民银行、证监会的通知等部门文件。有学者指出，高位阶法律法规尤其是监管法规的缺位是金融市场基础设施法律监管体系的一大缺陷。然而，简单的一部高位阶法律并不能自动优化监管机制、提升监管绩效。相反，即使法律位阶不高，但倘若理念科学、结构合理、具体规范契合调整对象内在机理，也能实现监管效果。此外，我国目前还存在规则零散、缺乏关于金融市场基础设施的专门立法的问题，在具体监管措施、标准与风险忍受限度方面还存在制度空白，与《FMI原则》就金融市场基础设施活动的每个方面均应具备稳健、清晰、透明并且可执行的法律基础的要求仍存在一定差距，导致监管目标缺乏上位法支撑，监管机构和监管对象都难以获得明确的指引从而形成一致认识。虽然根据《2018年中国金融基础设施评估报告》提出的建议，中国在2022年通过了《期货和衍生品法》，但关于《国家支付系统法》《金融基础设施监管规则》等目前也仍未完成相关立法。

（2）法律细化不够，自律规范缺乏依据。目前，我国在金融基础设施的监管主要依据中国人民银行、银保监会等中央金融监管部门的部门规章，还没形成完善的监管法律框架体系。从世界范围来看，金融基础设施的基本法律框架由法律、行政法规和自律规范构成。而我国却以行政法规为主，法律不够细化，自律规范缺乏依据。比如《中国人民银行法》虽然授权人民银行监管银行间同业拆借市场、债券市场、票据市场和黄金市场，但未明确服务这些金融市场的基础设施范围和监管标准。①

部分基础设施虽然制定了自律管理的规范，但仅有少数基础设施得到了法律的授权进而享有自律管理的职权，部分基础设施通过会员契约的方式寻求市场参与者的私人授权，大多数基础设施只是得到监管部门不同形式的许可而制定自律管理规范，事实上缺乏法理基础，难以形成普遍意义上的规范拘束力。②

（3）部分立法之间存在冲突。目前在我国的清算规则中，存在清算规则的最终性与《企业破产法》的“零点原则”的冲突一直未得到解决，导致在法律适用上的不一致。还有，提前终止净额结算条款与破产法强制性规定的冲突。③

## 四、国际经验的启示以及对我国金融基础设施的建议

### （一）金融基础设施建设的方向选择

经过多年建设，我国逐步形成了为货币、证券、基金、期货、外汇等金融市场交易活动提供支持的基础设施体系。金融基础设施运行整体稳健，功能不断完善。在2008年的全球金融危机中，我国的金融基础设施也经受住了挑战。但随着科学技术的不断发展，加上我国金融市场建设的后发性，给我国的金融基础设施建设带来了新的挑战。

1. 标准化还是封闭性

在经济全球化发展的趋势下资本跨市场或跨境流通需要依靠不同的金融基础设施提供高效服务，从而要求金融基础设施的标准化，以实现跨境交易系统的对接。但与此同时，也带来了金融基础设施之间的高度依赖性以及由此引发的管理困难。这种依赖关系包括系统型依赖、机构型依赖和环境型依赖。网络的跨国化和监管的本土化将对金融基础设施的管理问题更加复杂化。比如

① 赵健兵、李海东、冯小龙、陈欣：《金融基础设施建设与监管的国际经验借鉴》，载《河北金融》2021年第5期。

② 季奎明：《金融市场基础设施自律管理规范的效力形成机制》，载《中外法学》2019年第2期。

③ 郑彧、季奎明、曾大鹏：《金融市场基础设施的法律保护：现状、冲突与改进》，上海人民出版社2018年版。

美国和欧盟就商品交易所的认定和监管标准，直接导致一个交易所在其他法域能否得到承认并提供对应的服务。

2. 集中化还是分布化

一直以来，从规模化的角度来看，金融基础设施的集中化都认为是一种必然且必要的方向。以美国为例，随着证券和衍生品交易的私有化和股份化，一些 FMI 机构开始进行大规模的并购，从而使其影响力慢慢扩展到全球。根据集中的方式划分来看，大致可分为纵向联合（机构间合并收购）以及横向联合（机构与机构合作，例如产品合作、场内与场外的联系等）。从横向联合来看，主要是登记与托管一体化，比如欧洲多数国家仅有单一的中央托管机构。从纵向来看，交易所存在集团化倾向，全球许多国家目前只有一个交易所集团。①

但随着 DLT 技术的发展，也给国内的金融基础设施建设带来了新的方向。根据高盛 2016 年发布的一份报告，DLT 技术能明显降低交易成本。②而重要的是，DLT 技术可能会使原先为了实现交易风险控制的集中化安排回归到金融市场发展初期那种分散式、多点分布的交易结构状态。③

3. 市场化还是公有化

一直以来，国际金融市场基础设施的发展都是以市场化作为发展方向，体现为这些基础设施的运营机构越来越倾向采取上市公司的治理模式，即由市场投资者来进行管理。但正如上文所述，金融基础设施具有一定的公共性，其如何在以营利为目标的模式下实现公共产品的提供确实存在一定的悖论。我国目前大型的金融基础设施都是以事业单位或者是“非政府公共组织”④的形式存在，实质上也就是为政府所有，这也是其他公用基础设施服务提供机构采取的主要模式，其不以营利为主要目的。但也因此存在效率上的问题。

### （二）是否应将互联网金融纳入金融市场基础设施监管——以第三方支付系统为例

1. 互联网金融和第三方支付

金融监管是一个复杂的体系，与一个国家的政治、经济、法律体系密切相

---

① 陈宁：《推动我国金融基础设施高质量发展的建议》，载《重庆理工大学学报（社会科学版）》2021 年第 1 期。

② See Randy Priem, A European Distributed Ledger Technology Pilot Regime for Market Infrastructures: Finding a Balance Between Innovation, Investor Protection and Financial Stability, 2022, https://www.emerald.com/insight/1358-1988.htm.

③ 郑彧：《金融市场基础设施的历史进路及其监管应对》，载《国家检察官学院学报》2022 年第 4 期。

④ 季奎明：《金融市场基础设施自律管理规范的效力形成机制》，载《中外法学》2019 年第 2 期。

关，也正因如此，在国际范围内各国往往对不同的金融机构采取不同的监管手段。互联网金融作为传统金融机构与互联网企业利用互联网技术和信息通信技术实现资金融通、支付、投资和信息中介服务的新型金融业务模式，对我国经济增长、社会进步、国际竞争力提升以及广大人民群众的生活便利带来了深刻影响。可以说互联网金融的发展无论是以传统金融互联网化的方式，还是以金融科技化的形式推进，都具有不可逆转性。

根据《关于促进互联网金融健康发展的指导意见》，我国互联网金融包括两个部分，一是传统的金融机构借助互联网技术开展的创新金融服务，比如互联网保险、互联网信托、互联网基金销售等，二是新型金融机构或非金融机构借助互联网技术提供的金融服务，包括互联网支付、网络借贷、股权众筹融资等。由于第一部分属于传统金融机构开展的新兴业务，而传统金融机构早已纳入严格的金融监管体系中，所以不作为本文的研究范围。而作为第二部分的新型金融机构和互联网企业提供的金融服务，则面临着如何监管的挑战。作为第二部分互联网金融的核心，第三方支付平台扮演着重要的角色，因此其地位的界定也直接影响着监管所采取的措施。在国内典型的第三方支付包括支付宝、Apple Pay等。这种支付服务实际是传统的电子支付系统的另外一种表象，要完成这种支付服务，消费者或公司必须将其第三方支付账号关联某一银行账号，而且支付的最终完成仍需要借助底层的银行。但由于这种支付服务涉及的交易量巨大，不可避免地对金融体系造成重大的影响，对比于金融基础设施的中心化，这种第三方支付体现出间接中心化的特点。

2. 第三方支付的国际监管

（1）美国。对于第三方支付，美国采取两种不同模式。对于非银行的支付服务提供商，如果也同时是银行服务的提供商，那么将要与银行一样受到银行业监管机构的监管。如果这类支付服务商并非银行服务的提供者，那么将被视为"货币转移方"（Money Transmitters）受到州政府的监管，同时作为"货币服务商"（Money Service Businesses）在联邦层面受到财政部监管。与此同时，第三方服务提供商提供的服务属于《银行服务法》（Banking Services Company Act，BSCA）中规定的某类服务，那么联邦和州的银行监管部门也有权监管。整体而言，美国并没有将第三方支付视为金融市场基础设施里的"重要支付系统"。①

（2）欧盟。在欧盟，最开始监管的重点都放在大额支付系统上，而对于小额

① See US Congressional Research Service，U.S. Payment System Policy Issues：Faster Payments and Innovation，2019，https://crsreports.congress.gov/product/pdf/R/R45927.

的零售支付系统并没有过多的关注。但随着 2012 年《FMI 原则》的发布以及 2013 年 6 月欧盟对《FMI 原则》的正式采用，系统重要性成为监管关注的重点，而不再仅仅考虑交易量。为此，欧盟在对第三方支付系统是否纳入基础设施严格的遵循基本原则关于重要性的认定标准，即交易量、市场份额、国际化和是否为其他 FMI 提供结算的四个方面。2017 年，欧洲央行系统对系统重要性的认定标准增加了新的标准，比如流动性风险和网络安全性等指标。2021 年，再次对系统重要性的监管标准进行修订，包括监管主体清晰化以及修正系统重要性支付系统的推出机制等。但总体而言，对于支付系统是否纳入金融基础设施的监管，严格按照是否属于系统重要性的标准来对待。①

(3) Paypal。由于目前第三方支付运营中 Paypal 是最国际化的，为此我们以 Paypal 为例来看各国和地区对第三方支付系统的监管。根据国际清算银行 2014 年发布的《零售支付中的非银行机构》(Non-banks in Retail Payments)，Paypal 在欧盟被视为银行而进行审慎监管，但并不认为是一个存款接收者，因为其主要的服务是发布电子货币(Issuance of Electronic Money)，因此也不受存款保证系统的保护。在美国，Paypal 在许多州均取得"货币转移方"牌照，同时在财政部注册的营业范围为提供货币服务。在新加坡和中国香港，Paypal 也不被金管局视为一个接受存款的主体，而仅仅被认定为一个储值支付工具。

3. 我国的选择

中国目前第三方支付系统包括支付宝、微信支付、Apple Pay 等，其中最具有影响力的是阿里巴巴旗下的支付宝。与此同时，在世界范围内还有 Paypal、Google Pay、Master 等支付平台和系统。虽然都是第三方支付系统，支付宝和微信支付和 Paypal 等其他第三方支付平台存在一定的差异。Apple Pay、Google Pay、Paypal 主要是提供支付前端服务，即通过使用现有的支付系统基础设施来处理和结算支付，而支付宝和微信则提供从前端到后端的所有服务，后端安排主要由各自公司专有，并且不与现有支付基础设施交互或依赖现有支付基础设施。②

由于支付宝和微信支付在整个基础设施的架构上不同于其他第三方支付平台，也因此意味着我国需要选择一条属于自己特色的监管模式。虽然有学者认为支付宝作为为消费者提供小额或零售支付的支付系统，若强使其遵守"系

① See European Central Bank, Daniela Russo, Payments and Market Infrastructure Two Decades after the Start of the European Central Bank, July, 2021.

② See Deloitte, Regulatory Treatment of Paypal Australia, 2015, https://www.aph.gov.au/DocumentStore.ashx?id=e36a8137-e070-497b-b890-1e55e2109f25&subId=302522.

统重要性支付系统”的规则,可能会提高成本或降低效率。[①]但笔者认为仍应将支付宝和微信支付作为具有重要性的支付系统纳入中国现有的金融基础设施监管。理由在于:一是根据《FMI 原则》和我国《金融基础设施监管暂行办法》中规定对系统重要性的标准,由于支付宝和微信都有着庞大的用户群,因此也必然满足“参与者数量大、分布广”“市场占有率较高”等特点。二是支付宝和微信支付提供了从前端到后端的完整服务,导致其可以完全独立于现有的支付基础设施,也即意味着监管机构对现有支付系统基础设施的审慎监管并不能避免第三方支付系统发生系统性风险,从而波及其他金融领域。三是由于支付宝和微信支付实际在履行部分类银行的功能,但却游离于现有的金融监管体系之外,必然对现有的金融监管形成挑战。四是将第三方支付平台纳入金融市场基础设施监管的框架可以引导、激励和推动第三方支付平台做好风险的全面管理,进一步有利于金融消费者权益保护。

### (三)对我国金融基础设施建设和监管的建议

对金融基础设施的监管和监督需要运用系统思维,不仅要加强对金融基础设施安全性、可靠性的监管,还要厘清金融监管部门对金融基础设施的监管职责,弥补监管空白,减少重复监管,加大对金融基础设施的统筹监管。更为重要的是,由于金融基础设施是传播系统性风险的关键渠道,需要从防范系统性风险和维护国家金融安全角度,对金融基础设施体系进行跨行业、跨区域的系统性、贯通性综合监管,加大对金融基础设施运营和监管的监督。

1. 整理监管理念,明确监管目标

监管理念缺位是我国金融基础设施监管的弱点,没有各环节的协同互补,就无法实现监管目标。而整体性的监管理念是链接各环节、制度保障落实的关键。监管理念需通过监管目标落实,而明确的监管目标既是监管部门划分监管职权、分配监管资源、确定监管优先事项的前提,也是保障监管部门有效采取监管措施、判断风险及评估监管效果的标准、是确保监管一致性的基础。因此,我国应在高位阶监管法律中阐明整体监管目标及策略。这将有赖于我国出台正式的《金融稳定法》以及专门的金融基础设施监管条例或法案。

2. 加快金融基础设施法治建设,强化法律基础,完善具体规则

根据《FMI 原则》的第一项原则“法律基础”,金融市场基础设施应该具有稳健、清晰、透明的和可执行的法律基础(包括法律框架和规则、程序、合约)。同

① 叶林:《金融基础设施的金融法解读》,载《社会科学》2019 年第 11 期。

时应该为金融基础设施活动的每个实质方面提供高度确定性，并能消除法律管辖冲突。[①]我国作为国际清算组织成员国，应尽快根据原则出台金融稳定法，将整合散落在《中国人民银行法》《证券法》及中国人民银行、证监会相关文件的规定，形成与《FMI原则》要求相契合的监管思路，提升相关制度的法律层级。中国人民银行和证监会根据统一监管法律的要求，修订和完善各类金融市场基础设施现有规则并填补其空白，丰富监管手段。同时也应推动相关领域的法律法规的制定与完善，如解决结算最终性问题可能与《企业破产法》关于无效行为等方面的规定冲突，应结合实践情况及国际经验，识别现有规则体系中的漏洞。以监管对象的范围为例，由于支付系统、结算系统等对其关键服务提供商具有较高的依赖性，服务提供商的操作关乎相关金融市场基础设施的可靠运行，因此有必要加强对这类服务商的监督。在此基础上，有学者提出两步走的立法路径，即先由国务院金融稳定发展委员会代国务院拟定金融基础设施管理条例，然后逐步将管理条例升级为金融市场基础设施的统一法律，笔者基本认同这一建议。[②]因此，尽管目前《金融基础设施监管办法》已经开始征求意见，但由于立法层级仍然只是部门规章，且缺乏上位法律的明确授权，必然会制约人民银行实施有效监管。

3. *厘清监管职责，加强金融基础设施统筹监管，防范监管套利风险*

梳理金融基础设施监管机关的监管职责和权限，分别从横向（中央各监管部门）和纵向（中央和地方监管部门）两个层面，加强金融基础设施统筹监管，按时完成《方案》工作部署，加强监管协同，消除监管套利。针对多头监管问题，以“同业务同监管”为原则，制定统一的分类监管与运营标准，建立统一的评估检查机制，明确各部门在法规制定、业务管理、打击治理等方面的责任划分，并根据金融基础设施的系统重要性程度，实施分层监管，统筹中央层、区域性（部分地方金交所、地方登记结算机构等）、行业性（为资管产品等金融资产提供登记托管、清算结算服务的托管银行）提供基础设施服务的机构。

4. *构建多层次金融基础设施体系*

合理布局金融基础设施，清晰规划顶层设计和整体格局，着力解决市场分割、重复建设、供给不足等问题，优化金融基础设施的治理以实现“优先维护公共利益、防止过度追求利润”的目标，构建“适度竞争、有序联通”的多层次金融基础设施体系。“适度竞争”的评价标准通常用市场参与者是否有选择权来衡

---

① 支付结算体系委员会/国际清算银行编：《金融市场基本设施原则》，中国人民银行支付结算司译，中国金融出版社2014年版。

② 朱小川：《我国金融市场基础设施管理：现状、难点和立法路径》，载《金融监管》2020年第4期。

量。根据每一功能类型的金融基础设施市场现状不同,“适度竞争”也呈现不同的要求。

5. 切实解决监管空白问题

针对类基础设施服务的新兴科技企业(互联网平台)无明确的监管主体等监管空白问题,采用功能监管和机构监管相结合的方式,健全准入管理,解决混业经营模式与现行分业监管体制之间的制度性错配问题。从科技创新来看,一方面,探索运用大数据、人工智能等新型科技手段,建立风险预警监测指标体系和模型,建设非现场监管系统,提升监管效能;另一方面,加强具有重大战略意义的新兴技术在金融基础设施中的谋划和应用,特别是加强央行数字货币推广和应用,强力支撑人民币国际化结算和“一带一路”倡议。积极应对中美金融博弈过程中可能出现的美国利用 SWIFT 和美元清算系统实施金融制裁的情况,加强对 SWIFT 监管,全方位掌握我国跨境交易数据,同时积极推广独立自主的跨境报文传输系统,从根本上解决被美国“卡脖子”的问题。

## 结　　语

反思我国金融基础设施建设,内心更多的还是充满着希望和期盼。各国的金融基础设施建设各有特点,不论交易体系的庞大规模还是监管完善地处处兼顾,适合自己国情并能有效发挥作用的才是好的金融基础设施。未来随着我国互联网科技进步、互联互通、资本跨境流通、人民币国际化进程的加快,对我国金融基础设施建设提出了更高的要求和新的挑战。金融基础设施建设始终将是我们关注的重要课题。

# 我国数据跨境流动法律规制的问题及对策研究

——以金融领域数据为例

李　缘　陈　贺　梁　俊①

**内容摘要**:我国建立了比较完备的跨境数据流动的法律法规体系,为我国的跨境数据流动提供了规则遵循。从跨境数据流动的实务来看,我国的跨境数据流动规则还存在限制数字经济发展、安全评估规则过于抽象、监管规则不利于数据跨境流动的客观需要等问题。本文提出了完善我国跨境数据流动的政策建议,如积极主导、参与数据跨境的国际合作,从而推广中国治理方案等。

**关键词**:数据跨境流动　法律规制　对策研究

## 一、数据跨境流动相关法律现状分析

### (一) 有关数据跨境流动法律的现有研究

1. 域外法研究

(1) 美国、欧洲和日本数据跨境流动合规法律。金晶研究欧盟在制定有关保护个人数据法规时采用的主要原则,以及这些原则在数据跨境流动中的实用性和应用范围,同时研究欧洲的司法系统如何帮助实现个人数据跨境流动的。马光提出美国和欧盟对数据跨境流动管理的要求是不一样的,美国是针对控制数据的机构进行规制,如这些机构违反法规进行跨境传输数据,则对它们进行处罚;欧盟不是针对数据控制机构,而是对地区进行管控,要求指定的区域符合跨境数据流动的有关要求,属于间接性管理数据控制机构的行为。傅盈盈提出日本重视在跨境流动中保护个人信息,并通过制定有关的法律来管理;这些法律不仅考虑数据通过国外机构进行管理的情况,而且考虑关联公司之间数据的跨境流动。

(2) 各国对国家利益、数据安全的维护与保障对于跨境数据流动的影响。

---

① 李缘,中国社会科学院大学工业经济系企业管理专业高级课程班学员;陈贺,浙江天册律师事务所律师;梁俊,中国社会科学院大学金融学专业高级课程班学员。

张茉楠提出因各国对本国利益的维护和信息数据的保护，很难形成各个国家均认可的跨国数据流动规则，对于此类数据的管理也存在较大的难度。洪延青研究欧洲国家和美国之间的数据跨境流动情况，分析和比较世界贸易组织（以下简称 WTO）电子商务谈判中美国和欧盟提出的最新观点，讨论《全面与进步跨太平洋伙伴关系协定》（以下简称 CPTPP）的法律框架，以及两者间的差异。

（3）国际数据跨境流动机制存在的问题。谢卓君和杨署东提出 WTO 和 CPTPP 等多边机制中有关跨境数据流动的内容不能适应新的形势需要，而《区域全面经济伙伴关系协定》（以下简称 RCEP）等区域机制中跨境数据流动的内容比较零碎，没有形成完整的体系。时业伟提出《服务贸易总协定》（以下简称 GATS）和《关税及贸易总协定》（以下简称 GATT）考虑各国之间利益和安全的平衡，虽然制定了经常性项目的跨境数据流动政策，但对复杂的跨境数据流动问题仍不能给出解决方案。

2. 国内法研究

（1）《数据安全法》的研究。高通认为根据《数据安全法》的规定，应该对数据进行分等级管理，按照数据的重要性程度差异采取不同的管理标准，数据的重要性越高，采用的安全标准也越严格，类似的规则同样可以应用于数据跨境流动的管理中。雷名洋和孙玉荣认为《数据安全法》给数据跨境流动提供了依据，但是该法并没有给出具体数据评估的方法，在实际应用中还需要补充个人信息、重要数据等跨境流动的评估办法等配套机制。

（2）《网络安全法》的研究。冯镇波认为《网络安全法》缺乏对关键基础设施具有可操作性的规定，还需要相应的配套机制进一步明确关键基础设施的数据安全管理的实施细则。黄雅晴认为《网络安全法》规定了数据的控制者在开展境外数据活动时应该承担的法律责任，对违反法规进行跨境数据流动的组织应由有关的监管部门进行处罚。

（3）《个人信息保护法》的研究。张凌寒比较了我国现行的有关数据跨境流动的法规，认为《个人信息保护法》是一部比较全面针对企业和个人信息跨境流动的法律，它的实施有利于我国加强个人信息保护，并给企业和个人参与国际贸易和合作提供了法律保障。朱晓娟认为在跨境电商领域的有关法律对个人信息的保护还不充分，需要进一步完善。重点完善跨境数据流动的内容包括但不限于企业经济利益和数据安全性的平衡；处理好政府管理和企业自我约束的关系；兼顾国内外的法规差异性，因地制宜地制定法规。

（4）地方性法规的研究。刘俊敏和郭杨提出上海作为改革开放的前沿阵地，与外国进行国际贸易和交往十分密切，客观上需要对数据跨境流动进行先行先试。其中还提到了选择临港新区作为试点地区，对不同国家和地区开展数据跨境流动的试验。同时总结这些试点经验，形成切实可行的管理制度，给国家制定有关法律法规提供参考。刘耀华重点研究了商务部和海南省对跨境数据流动方面作出的政策性指导，这些政策帮助海南在进行跨境贸易和数据传输中明确准则、范围和申报流程等，促进海南地区发展国际贸易和跨境电商业务。

3. 关于数据跨境流动中国际合作的研究

(1) 我国与美国、欧洲国家的合作。熊鸿儒和田杰棠认为我国应积极参与国际跨境数据流动法规的制定，与国际主要国家签订有关协议，保证我国跨境数据流动法规的国际延展性。同时，要在国际法规的框架下，加快在国内的试点工作，找出国际跨境数据流动中存在的问题和不足，不断完善我国的数据跨境流动法规。做到既能保护我国国家、企业和个人的信息安全，又能符合国际跨境数据流动的法规和协议。陈兵和徐文提出跨境数据流动涉及不同地区和国家，因此我国在制定有关跨境流动法规的时候，要充分考虑数据跨境流动部分的内容。而且，要考虑国内外法规的差异性，做好法律上的衔接。

(2) 我国与亚太地区国家的合作。刘宏松和程海烨提出亚太经济合作组织在我国数据跨境流动中处于重要的地位，我国应加强与该组织的联系和合作，共同制定有关跨境数据流动的法规，并把有关管理制度应用到具体的经济活动中。牛哲莉提出从地理位置上看，日本和韩国与中国邻近，而且在文化和社会经济上具有相似性和互补性，我国应该与它们建立数据跨境流动合作机制和法律，促进三个国家之间贸易交流和跨境数据传输。

(3) 我国与东盟国家的合作。冯洁菡和周濛提出中国和东盟国家应该加强合作，根据共同的发展目标，制定多边合作的跨境数据流动机制，并完善国内法规和国际法规的对接。这些机制促进各国之间贸易往来和交流合作，保护数据的安全性，推动区域经济的协同发展。

4. 关于金融领域中数据跨境流动的研究

(1) 王志远认为欧洲国家对整体金融数据管理非常严格，尤其是银行数据，过于注重维护人权，以及对个人隐私的保护。但是，淡化了对普通金融数据跨境流动客观需求的考虑，管理上缺乏灵活性。

(2) 李梦宇认为美国并未在联邦层面制定统一的数据隐私保护法，但在金融领域美国依靠《银行保密法》对金融客户的隐私进行保密。金融运行的安全性和数据本身的价值是美国对金融领域数据的管制考虑的重点，两者不可偏废。《银行保密法》要求银行业的交易数据保留一定的年限，以便配合监管机构的审查。

(3) 蔺捷和田晨认为我国个人信息和重要数据的安全评估制度是总体框架,可在这些安全评估制度范围内进一步制定适合金融领域数据跨境传输的评估办法,充分考虑金融数据特有的性质以及重要性。同时,充分利用现有个人金融数据的分级和分类方法,构建多样的、灵活的个人金融数据出境规制模式。

(4) 郭子訸提出与金融有关的集团在经营过程中产生很多用户金融信息,这些数据通常在集团内部进行存储、使用和流动,但是如果集团总部和分公司不在同一个国家内,那么这种情况下进行数据流动可能涉及跨境传输。因此,集团内部金融数据的流动,不能保证数据只在同一个国家内传输,对于这种行为仍需采用跨境数据流动有关的法律法规管理。

## (二) 有关数据跨境流动的主要国内法律

通过对我国现行有效的数据跨境传输相关法律法规的梳理,本文将重点介绍《个人信息保护法》《数据安全法》《网络安全法》以及相应的法律法规和配套国家标准,并讨论适用于金融领域的特殊规范。

1. 数据安全领域核心法律规范

(1)《个人信息保护法》。规定了我国个人信息处理和存储的有关要求,并且明确指出个人信息必须经过安全评估后才能进行跨境流动。这是我国最具系统性的个人信息保护法律,该法的实施有力地保障了我国公民个人信息的安全。该法自 2021 年 11 月 1 日开始实施。

(2)《数据安全法》。明确了数据安全和数据处理的定义和范围,规定了数据出口管制的具体要求,并阐述了个人、组织向外国司法或执法机构提供数据的限制条件。同时,该法也明确了数据安全主管部门,以及相关国家行政机构的管理职责。该法自 2021 年 9 月 11 日开始实施。

(3)《网络安全法》。根据跨境数据的类型采取具体的规制方法,对于向境外传输个人信息和重要数据的情形,要求须经过国家有关部门的安全评估方可出境。后续颁布生效的《个人信息保护法》同样延续了这一规定。该法自 2017 年 6 月 1 日开始实施。

2. 我国金融领域涉及数据跨境传输的法律规范

(1)《反洗钱法》。该法规定了我国与国外机构进行反洗钱合作中如何进行信息交换,也规定了我国反洗钱的主管机构,但并未对境内金融机构遭到境外司法、行政机构直接要求提交数据的情形进行讨论。《中华人民共和国反洗钱法(修订草案公开征求意见稿)》对这一问题进行了补充和完善。该法自 2007 年 1 月 1 日起施行。

(2)《中华人民共和国反洗钱法(修订草案公开征求意见稿)》。该征求意见稿对《反洗钱法》存在的问题进行了修订,规定外国要求我国提供金融机构有关反洗钱的信息,只有在符合特定条件的情况下,我国的金融机构才能提供这些信息。而且,金融机构向国外提供反洗钱信息必须经过一定的审批流程,不得自行决定向国外提供反洗钱信息。该征求意见稿自 2021 年 6 月 1 日发布征求意见。

(3)《证券法》。该法规定负责证券监管的境外机构想要开展调查取证等活动,必须经过我国有关部门同意后方可实施,未经许可不得调取。我国境内机构如需向境外机构提供证券业务有关信息,必须经过我国证券有关主管部门审批通过,才能进行跨境流动。该法自 2020 年 3 月 1 日起生效。

### (三)有关数据跨境流动的配套规范和指引性文件

本部分将主要介绍与数据跨境传输、金融数据安全相关的法规、规章,以及国家标准等相关规范和指引性文件。

1. 数据安全相关法规、规章

(1)《网络安全审查办法》。该办法规定了网络安全审查的对象、条件、内容和具体流程等,既有助于我国加强网络安全管理,又有利于符合条件的组织和个人实施跨境数据流动。该办法是《网络安全法》《数据安全法》的配套办法。该办法自 2022 年 2 月 15 日起实施。

(2)《关键信息基础设施安全保护条例》。该条例进一步明确了《网络安全法》中关于关键信息基础设施的要求,是对《网络安全法》的一个有益补充。该条例自 2021 年 9 月 1 日起施行。

(3)《网络数据安全管理条例(征求意见稿)》。《网络安全法》《数据安全法》和《个人信息保护法》就数据安全管理的规定存在一定关联性,如何把三部法律进行有机结合,同时制定具有可操作性的安全管理制度是该条例试图解决的一个重要问题。该征求意见稿于 2021 年 11 月 14 日发布。

(4)《数据出境安全评估办法》。该评估办法规定数据处理者如需向境外提供数据,需进行评估的具体条件、重点评估风险点和有关申报材料等。该办法自 2022 年 9 月 1 日起实施。

(5)《个人信息出境安全评估办法(征求意见稿)》。该评估办法规定个人信息如需跨境流动,负责网络运营的机构必须向国家有关部门申报并进行安全评估。申报成功后必须按要求记录和保存个人信息跨境流动的记录。该征求意见稿于 2019 年 6 月 13 日发布。

2. 数据安全领域国家标准

(1)《信息安全技术　个人信息安全影响评估指南》。该指南针对各类组织提出个人信息安全影响评估和分析的总体框架与具体流程。该指南自 2021 年 6 月 1 日开始实施。

(2)《信息安全技术　个人信息安全规范》。该标准基于《网络安全法》等相关法律,规定了个人信息的控制者在存储和使用个人信息时的行为规范。该规范自 2020 年 10 月 1 日开始实施。

(3)《信息安全技术　关键信息基础设施边界确定方法(征求意见稿)》。该管理办法规定了关键信息基础设施边界识别的基本原则、识别模型、识别流程等内容,明确了关键信息基础设施的边界。该征求意见稿于 2020 年 8 月 10 日发布。

(4)《信息安全技术　关键信息基础设施安全控制措施(征求意见稿)》。该标准规定了与关键信息基础设施运营者有关的一系列安全管理措施,其中包括识别风险、安全评估和防范以及预警措施等内容。该标准自 2018 年 6 月 13 日发布征求意见。

(5)《信息安全技术　关键信息基础设施网络安全保护基本要求(征求意见稿)》。该标准规定了与关键信息基础设施安全保护有关的基本要求,其中包括识别认定标准和安全防护措施等方面的内容,并按照等级进行保护。该标准于 2018 年 3 月 18 日发布征求意见。

(6)《信息安全技术　数据出境安全评估指南(征求意见稿)》。该指南规定了数据出境之前需要进行的安全评估及其方法、流程和要点等。该评估指南于 2017 年 8 月 25 日发布征求意见。

3. 我国金融行业数据出境安全管理规范

(1)《个人金融信息保护技术规范》。该技术规范规定我国境内产生的个人金融信息应在境内存储和处理,只有在符合国家有关要求的条件下,才可向境外机构进行提供。该技术规范是《个人信息保护法》在金融领域的细化应用,有利于促进《个人信息保护法》在金融领域里发挥作用。该技术规范自 2020 年 2 月 13 日发布并实施。

(2)《银行业金融机构反洗钱和反恐怖融资管理办法》。该管理办法涉及金融领域数据的安全管理,规定如不符合我国有关法律法规要求,金融机构不得向境外机构提供在反洗钱和反恐怖融资中获得个人信息。如涉及跨境信息流动问题,应向行业的管理机构报告后处理。该管理办法自 2019 年 1 月 29 日开始实施。

## 二、我国数据跨境流动的主要规则和存在的主要问题

### (一) 我国数据跨境流动的主要规则

1. 以“本地存储”为原则

出于保障信息安全、减少网络犯罪、防范海外间谍、保护个人隐私等方面的考虑,世界各个国家、地区和国际组织对于“重要数据”和“个人信息”,都有着不同程度的本地存储的要求。根据世界各地的实践情况,本地存储要求一般针对两类数据:个人信息和非个人信息。根据我国《网络安全法》《数据安全法》和《个人信息保护法》的规定,要求本地存储的数据包括“个人信息”和“重要数据”两大类。

关于本地存储的义务主体,《网络安全法》将关键信息基础设施的运营者列为义务主体,要求关键信息基础设施的运营者应当将在境内经营过程中收集和产生的“个人信息”以及“重要数据”存储在境内。在《网络安全法》的基础上,《数据安全法》和《个人信息保护法》对个人信息出境和重要数据出境情形作了进一步规定。例如,国家机关处理的个人信息应当在境内存储;关键信息基础设施运营者以及处理个人信息达到网信部门规定数量的个人信息处理者同样应当将境内产生和收集的个人信息存储于境内。

2. 如有必要出境,需经过安全评估

如前所述“重要数据”和“个人信息”以本地存储为原则,如有必要跨境提供,根据各个国家和地区的法律规定,基本上都需经过复杂的安全评估和审查程序。欧盟《通用数据保护条例》(GDPR)规定,在向欧盟境外第三国传输数据时需要经过两个步骤的审查:一是数据传输行为本身是否有合法授权和依据;二是数据接收国是否符合欧盟委员会的相关安全性要求。

我国数据出境安全评估的实践时间还很短,法律规定方面尚未形成统一、明确的规定,有关规定散见于《网络安全法》《数据安全法》《个人信息保护法》《网络安全审查办法》《数据出境安全评估办法》《关键信息基础设施安全保护条例》中;另有正在制定中的条例和办法,包括2019年6月发布的国家互联网信息办公室关于《个人信息出境安全评估办法(征求意见稿)》、2021年11月发布的国家互联网信息办公室关于《网络数据安全管理条例(征求意见稿)》,重点内容归纳如下。

第一,需要进行安全评估的情形包括:(1)关键信息基础设施的运营者向境

外提供个人信息和重要数据；(2)出境数据中包含重要数据；(3)处理个人信息达到一百万人的个人信息处理者向境外提供个人信息；(4)累计向境外提供超过十万人以上个人信息或者一万人以上敏感个人信息；(5)国家网信部门规定的其他情形。

第二，安全评估义务主体在向境外提供相关数据前，须预先进行数据出境风险自评估，重点评估事项主要有：(1)数据出境活动可能对国家安全、公共利益、民事主体合法权益带来的风险；(2)数据出境的目的、方式和范围，以及出境的合法性、必要性和正当性；(3)数据跨境传输过程中保障措施是否符合法律规定并达到强制性标准。

第三，违反安全评估要求的法律责任包括：责令改正，给予警告，没收违法所得，并可责令暂停业务、停业整顿，甚至吊销相关业务许可证或营业执照；企业及相关负责人还会分别面临顶格罚金为 1 000 万元及 100 万元的罚款。

3. 需经我国主管机关批准，外国执法或司法机构才能调取存储于境内的数据

全球化、数字化使得不少证据材料以电子数据的形式存在并存储在境外，外国执法或司法机构跨境调取电子数据成为越来越普遍的现象。执法或司法机构跨境调取数据主要包括两种情形，一是本国执法或司法机构需要的数据存储在境外，二是外国执法或司法机构所需的数据存储在本国境内。因此，一国政府或某一地区的国际组织往往既有从境外(域外)“取”数据的需求，又有“防”境外(域外)从本国(本地区)获取数据的要求。

尊重国家主权、维护国家安全与公共利益，是每一个主权国家的共同原则。对于外国机构调取存储于我国境内数据的情况，根据我国法律规定需经主管机关批准。根据《国际刑事司法协助法》第 4 条的规定，非经国家主管机关同意，境内的任何主体不得向外国提供证据材料和协助。该条的立法目的系抵制外国的“长臂管辖”要求，以应对实践中外国机构绕过国家主管机关，直接要求我国境内主体提交数据的情况。

随后颁布、生效的《数据安全法》和《个人信息保护法》，就外国执法或司法机构跨境调取数据的规定和《国际刑事司法协助法》第 4 条规定一脉相承。《数据安全法》第 36 条规定，我国主管机关根据有关法律、国际条约、协定或按照平等互惠原则处理外国执法或司法机构关于跨境提供数据的请求，未经我国主管机关批准，境内任何主体不得向境外提供存储于我国境内的数据。《个人信息保护法》第 41 条的规定和《数据安全法》第 36 条类似，未经我国主管机关批准，个人信息处理者不得向境外提供存储于我国境内的个人信息。

## (二)我国数据跨境法律规定存在的主要问题

1. 本地存储要求和数据出境限制或将降低数据流动效率,限制数字经济的发展

从保护国家安全的角度来看,加强数据本地储存要求、限制数据出境无可厚非;但需要注意的是这将在一定程度上抑制我国数字经济的发展。所谓数字经济,在技术层面,包括区块链技术、人工智能技术、云计算技术、4G/5G 通信技术等;在社会生活层面,包括"新制造""新零售""新金融"等多种表现形式。数字经济以"数据"为基础,对数字经济产业来说,数据在全球自由流动是"刚需",而这种"刚需"与各国政府/各个地区的数据本地储存规定和限制数据出境的立法导向相冲突。具体体现在:

第一,和技术发展趋势相冲突。在信息网络技术的支撑下,数据本身呈现出去地域化的特征,数据存储于何地、以何种方式存储,以数据高效流动和使用为决定因素;这与当前各国政府和各地区数据跨境立法取向相悖。

第二,增加企业的合规成本,阻碍新产品、新技术的发展和普及。不同国家和地区对数据本地存储要求不尽相同,这种不同不仅体现在存储规范要求方面,也体现在数据分类方面。而数字经济产业往往需要多中心布局,各个国家和地区对于数据本地存储的不同要求使相关企业面临不断上升的合规风险,为化解该风险企业需承担数额不低的合规成本。这些合规成本可能包括:(1)需要建立当地数据存储中心;(2)需要建立内部合规审查机制对需要本地储存的数据进行分类筛选和存储;(3)还需要采购或者开发相应技术并且雇用专门技术人员负责操作和落实。相关合规成本一方面加重了企业的运营负担,使得一些掌握新技术但缺乏资金的中小企业对开发新产品、新市场望而却步;另一方面迫使部分经营者避免在某些国家或地区开展业务,进而阻碍新产品、新技术在全球范围内的普及和发展。

第三,有损网络空间治理的实际效能。任何一个国家和地区都无法掌握全部数据,尤其是在经济全球化、网络全球化的今天。以网络犯罪为例,一国执法机构掌握的数据常常无法与证据材料的需求相匹配;而犯罪分子通常会利用地域管辖、属人管辖等限制,采用多种方式将有关数据储存或转移至境外,人为制造取证不能、取证困难,逃避法律责任。一个国家对数据的控制和对数据出境的限制将通过对等原则传递至本国,限制本国侦查机构的域外取证能力,造成恶性循环,降低网络空间治理的实际效能,从而降低新型犯罪(尤其是网络犯罪)的打击能力和治理能力。

2. 安全评估规则过于抽象，可操作性不足

根据《数据出境安全评估办法》的规定，数据出境方有义务进行数据出境风险自评估。相关规定一旦实施，企业合规成本将显著提升，法律市场需要及时调整适应以满足相关新兴法律服务需求。评估义务主体中不乏境外上市的互联网企业、跨国企业、从事国际贸易与服务的企业，自评估尺度过紧，则将限制自身开展业务，降低企业本身的竞争力；自评估尺度放宽，则可能产生合规风险，面临巨额处罚，不利于企业长期发展。企业自评估的范围应限缩在一定范围，以事实判断为主，定性判断为辅；不但要让企业有法可依，还要让企业有章可循。

3. 缺乏数据跨境国际合作，未参与国际规则的制定

在现有国际法的框架内，数据跨境调取主要存在五种方式：国际公约、多边或双边条约、平等互惠原则、司法协助以及国际警务合作。这五种方式的共同特征是主权国家充分参与、程序复杂、效率低下。美国学者的研究结果表明，外国政府向美国提交法律协助请求，平均处理时间为 10 个月。在瞬息万变的网络时代，这样的速度显然无法满足现实需求。

为寻求出路，美国、欧盟、日本等国家和地区积极建立联系与合作，推动数据跨境合作联盟的形成。早在 2011 年美国就主导建立了亚太经济合作组织下的跨境隐私规则体系（CBPR），并倡导非亚太经济合作组织成员参加，试图在隐私保护和数据跨境流动问题上率先建立对其有利的国际规则或惯例。2018 年出台的欧盟 GDPR 则采用“充分性认定”机制，对他国数据保护立法水平、执法能力、救济途径等进行评估，只有在这些方面与欧盟达到同等水平的国家和地区才能被列入白名单参与欧盟市场的数据交换。此前欧盟与美国已签署多项提供司法协助的国际条约和协定，在此基础上 2021 年 6 月美国—欧盟贸易和技术委员会成立。美国和欧盟就关键技术数据出口、数据跨境流动方面建立更紧密的合作。此外，日本也积极加入以西方为中心的数据跨境“朋友圈”；不仅加入了 CBPR，还与欧盟达成了充分性认定协议。

而我国在国家主权和国家安全面前，更多的是采取“防守”策略；出于数据出境安全等方面的考虑，我国在加入国际公约或协定时也显得非常保守。比如，我国一直拒绝加入《网络犯罪公约》，原因之一就是根据该公约第 32 条成员国可以通过互联网直接获取境外电子数据，这与我国的数据出境法律规定相违背。

### （三）我国金融领域数据跨境监管制度存在的主要问题

我国通过出台一系列通用的法律法规，较好地保护我国企业和个人数据跨

境传递的安全，维护企业和个人的权益。同时，在金融领域内修订或出台了《证券法》《反洗钱法》《个人金融信息保护技术规范》等法规，这些法规更加具体地规定了金融数据的处理要求。但是，当前的金融数据监管机制还存在金融数据安全与经济效益的平衡性问题、缺乏金融数据跨境国际合作、缺乏接收国标准以及金融数据主权维护等方面的问题，具体如下。

1. 过于严格的金融数据流动监管制度影响企业经济效益的发挥

目前，根据《个人金融信息保护技术规范》的规定，如果出于业务需要，确实需向境外机构（包括母公司、子公司等关联机构）提供个人金融信息，均应履行包括个人金融信息出境安全评估在内的各类合规义务。关于金融数据的申报和评估的流程和时间目前尚未有特殊规定，但参考现有规范及征求意见稿，省级网信部门对于一般个人数据的安全评估至少需要 15 个工作日，而网络安全审查办公室进行网络安全审查则至少需要 30 个工作日才能完成初审。在瞬息万变的金融市场，跨国银行和金融机构（包括在海外拥有大量业务的国有银行）往往无法承担如此高昂的时间成本。此外，现行有效的《证券法》增加了向境外提供证券业务活动相关文件的限制，非经国务院主管部门同意不得提供。

可见，我国对金融领域数据的跨境流动管理是很严格的。在严格的管控下，金融数据流动的成本就会提高，加重企业和个人的负担，甚至会因为数据不能跨境流动导致业务无法正常开展，影响企业的经济效益。在保证国家安全和企业权利的前提下，实现金融数据的跨境流动是目前我国金融行业面临的一大难题。

2. 未参与或构建国际间金融数据跨境流动合作机制

金融数据的跨境流动与资本市场的效益和效率密切挂钩，在保障国内数据安全的前提下，如何尽可能地降低金融数据跨境流动的监管及合规成本一直是国家和企业研究的重点。

目前在涉及数据跨境流动的国际协作机制中，金融数据往往遭到特殊“关照”。以 CPTPP 为例，其电子商务章节中对于数据的“禁止本地化要求”明确对于跨境金融服务排除适用。也就是说，CPTPP 的缔约国虽然不得对于一般企业施加一刀切的数据本地化要求作为其在该国开展业务的前提，但有权对于金融数据的本地化提出严格要求。针对于此，为了更好地实现其金融霸权、掌控在美上市企业的数据，美国则在其部分贸易协定（如《美墨加自由贸易协定》）中对于金融数据进行了特别规定，基本实现了带条件的“禁止本地化要求”，即：禁止缔约国对于金融数据施加计算设施本地化要求，但前提是该等禁止不妨碍缔约国金融监管机构（即美国证监会）立刻、直接、完整、持续地获取相关信息。

中美两国作为当今世界最大的经济体，同样承载了最大规模的数字经济。在美国持续与其盟国推动金融数据跨境流动的同时，我国尚未与其他国家构建国际间的金融数据跨境流动机制，亦未对金融数据的跨境流动设置任何绿色通道。长此以往，将不利于我国金融行业的发展，也或将失去制定金融数据流动规则的话语权以及保护金融数据安全的主动权。

3. 缺乏及国内法下的数据接收国标准及白名单机制

在国内立法层面，针对数据跨境传输的接收国设定审核评估标准，对于提升监管效率和数据流动效率均有重要意义。例如，前文提到的欧盟 GDPR“充分性认定”机制，在对他国数据保护水平进行评估后，将符合欧盟要求的国家和地区列入白名单，允许参与欧盟市场的数据交换，从而降低了执法部门逐案审核接收国保护标准的负担，大幅降低了监管成本，提升了数据流动效率。GDPR 的“充分性认定”机制尽管并非针对金融数据专门设立，但同样对金融数据的流动和保护具有极高的参考和应用价值。

目前，我国尚无明确接收国标准或白名单机制，这意味着任何金融数据流动，即便敏感性低、存在用户主体同意，仍需要依法通过有关部门评估审查方能出境，这对数字金融发展效率产生较大限制。因此，应在国内设立数据接收国标准和白名单制度，有助于促进金融数据跨境流动的高效监管机制。

4. 现行法律仍无法有效维护金融数据跨境的司法管辖权和国家数据主权

在现行《证券法》《数据安全法》和《个人信息保护法》生效之前，我国数据安全法律框架以及数据主权维护机制明显滞后，缺少相关法律规定，难以有效保护数据主权，在对于境外企业数据的司法行政管辖权的国际竞争中频频失利。金融、证券、保险、计算机、手机、汽车等领域内的境内外资企业将大量数据存储于海外数据中心；类似地，持有大量境内数据的中国企业境外分支也被迫将数据提交给境外监管机构。

如前所述，现行《证券法》增加了对于向境外提供“与证券业务活动有关的文件和资料”的限制，以及长臂管辖条款“在境外的证券发行和交易活动若损害境内投资者合法权益，也可适用《证券法》追究法律责任”。同样，《数据安全法》和《个人信息保护法》中也存在非经主管部门同意禁止向境外司法/执法部门提供数据的规定，其相关规范还明确了特定数据的本地存储要求。

上述规定从国家立法的层级上对于司法行政管辖权及金融数据主权进行了有力保护。然而，该等规范要想落到实处，对于境内机构及个人金融数据安全提供切实保护效果，还需更强有力的实施措施和办法进行保障。从一方面来说，当主管机关拒绝批准个人或企业向外国司法机关提交数据的申请，外国司法机关仍可以对拒绝提交数据的主体进行高额惩罚以迫使其提交，例如，2015年至2016年，美国纽约南区联邦地区法院曾对中国银行纽约分行实施每日高额罚金，强迫其提交中国境内客户信息。另一方面，当企业主动向境外监管机构递交数据时，存在“先斩后奏”的潜在风险，例如，2021年6月10日，《数据安全法》公布的同日，滴滴正式向美国证券委员会（SEC）递交招股书申请上市，6月30日，在没有举办敲钟仪式和新闻发布会的情况下，滴滴在纽交所低调挂牌上市，而滴滴向美国证监会递交海量数据的行为没有经过主管机关的正式审查或批准，造成了极大的安全风险，是对我国数据主权的巨大损伤。因此，上述漏洞和难题，还需在相关法规的实施过程中通过实施办法等法规规章的形式进一步进行封堵和解决。

## 三、我国数据跨境制度建设的对策及建议

### （一）数据跨境制度建设的对策及建议

*1. 在合适的领域和地域建立数据跨境流动试点，探索符合我国国情的数据跨境新模式*

科技进步和数字经济的发展，极大程度改变了人们的工作和生活方式；数据跨境流动难以避免，也无法避免。同时，掌握数据的数量和处理数据的能力也逐渐上升成为国家核心竞争力之一；换句话说，哪个国家能更好地管理数据、运用数据、为数据处理者提供更好的平台，就能在国际舞台上获得更大的竞争优势。

因此，数据跨境制度不能只考虑国家安全，大规模禁止或阻碍数据流动；而应正视现状，不畏挑战，勇于尝试。在现有情况下，建议先选取符合条件的领域和地域建立数据跨境流动试点。在确保国家安全的前提下，允许一部分数据出境，吸纳更多的数据入境，在数据交换的良性互动中，探索符合我国国情的数据跨境新模式。

目前已经开展的试点工作有：2021年4月，海南自由贸易港国际互联网数据交互试点启动，允许企业在自由贸易港和境外开展数据处理、数据交互等业务；海南移动则开通国际互联网数据专用通道，为符合条件的企业提供国际语音、国际互联网服务。2021年7月，上海将“建设国际数据港”纳入其“十四五”规划，将在临港自贸区建设国际数据港，在确保数据安全可控的前提下，探索数据跨境流动。

上述试点都在自贸区、自由贸易港开展，领域也相对局限；期待更多数据跨境流动试点的建立，覆盖更多地区更多领域，在实践中不断完善我国数据跨境法律体系，建立健全符合我国国情的数据跨境法律制度。

2. 出台更具有可操作性的数据跨境国家标准

我国数据安全法律框架中规定的安全评估规则过于抽象，企业合规缺乏具体指引。应该加快制定、出台相关配套文件，尽快推动各类征求意见稿的实施和落地。建议在《信息安全技术　数据出境安全评估指南(征求意见稿)》或类似文件中明确完全禁止数据出境的情形、需一事一议数据出境前审批的情形、仅需备案的情形，以及企业无需申报可自行决定的情形。只有具体的、具有可操作性的指南才能为企业合规进一步指明方向，推动形成数据出境管理新局面。

同时，我国应推进数据跨境传输安全管理和技术保障。一方面，要支持数据跨境流动安全保障技术的研发，如数据加密技术、差分隐私技术等，降低数据跨境的技术安全风险。另一方面，加强对数据跨境全过程的安全管理，使用技术手段监测和跟踪出境数据的使用和管理，制定数据跨境传输安全管理技术标准，将安全管理技术的使用标准化、常态化。

3. 积极主导、参与数据跨境国际合作，推广中国治理方案

正在进行的“一带一路”建设是建立数据跨境合作的良好契机。我国应基于平等互惠原则，将数据跨境合作作为一项议题纳入双边、多边贸易协定谈判事项，在尊重各国国家主权、维护国家安全的基础上，建立统一的数据跨境合作模式，并推动形成统一的数据跨境合同条款以及相互认可的数据保护认证机制。此外，还应积极参加与数据跨境相关的国际会议，启动与主要合作伙伴的数据跨境协助协议的磋商与谈判。在发表中国观点的过程中，逐渐加深国际规则制定的参与程度，并最终掌握数据跨境国际规则制定话语权。

面对以欧美为中心的西方国家在数据跨境方面多维度的合作机制，我国也可以考虑有条件地加入，或者根据自身数据安全需求与经济贸易合作伙伴构建区域数据流动机制，推广中国治理方案，建立安全高效、平等互惠的数据跨境模式，实现数据安全有序地跨境流动。

## (二) 金融领域数据跨境制度建设的对策及建议

1. 制定适度管控金融数据跨境流动的行业规定，处理好控制风险和经济发展的关系

金融数据可能包含潜在的敏感信息和重要数据，在特定情况下会影响国家

安全与公共利益，应当严格管理。但是也要对金融数据划分等级，采取差异化的管理方式，而非对于一切金融数据跨境流动均施加前置审批要求。对于严重影响国家安全、国计民生的金融数据必须严格控制，对于不影响国家安全和公共利益的金融数据，则应适度放宽跨境流动的标准。例如，针对跨国企业内部传输低敏感性金融数据的情形，应制定相应的法律条款或管理办法，保障数据合法跨境流动，保证正常业务的开展，提升企业参与国际竞争的能力。

总体而言，金融数据的自由流动是资本市场及经济健康运转的重要条件。对于金融数据跨境流动的监管必须以维护国家主权和利益必要为限度。因此，我国应把握好上述原则，通过多层级、全方位的努力，调整好金融数据安全监管与金融数据自由流动的微妙平衡。

2. 积极参与、主导金融数据跨境流动国际规则的建立

在国际上，积极利用“一带一路”、RCEP 等平台，与我国的主要经贸合作伙伴签订单独或补充的金融数据跨境传输协议或条款，为区域性金融数据跨境流动规则的建立打下良好基础。在国际经贸合作中，积极参与、主导金融数据跨境流动国际规则的建立，选择贸易投资往来频繁、政治关系紧密的国家或地区，签署双边或多边经济协议，着力数据安全、个人信息保护以及金融数据流动等领域的监管合作。

进一步而言，我国应与金融数据流动频繁、已经形成金融数据监管共识的国家和地区共同构建专门的区域金融数据互信制度，形成区域金融中心之间的高效联通。在区域金融互信机制内的国家或地区，为监管或业务必须之目的跨境流动的数据，只要属于特定类别、满足特定要求，则可以降低审查限制，通过监管绿色通道进行安全传输，确保传输效率，提升经济效益。

3. 设立数据接收国标准和跨境传输白名单等

在国内立法和监管中，参考 GDPR“充分性认定”，针对接收国金融数据安全保护水平制定评估认定标准，并将充分满足接收国标准的国家考虑纳入接收国白名单。目前我国《个人信息保护法》中已经有类似要求：“个人信息处理者应当采取必要措施，保障境外接收方处理个人信息的活动达到本法规定的个人信息保护标准。”同理，在建立数据接收国标准制度后，假如接收方国家数据安全法律实质上满足我国数据安全的接收国标准，则自然可以认定接收方企业依其国内法处理个人信息的活动能够满足我国《个人信息保护法》的保障要求。与此同时，对于向接受国传输的金融数据，仍需设定特定的允许自由流动的数据类型白名单，以确保敏感数据、重要数据不会意外出境。

通过设定接收国数据安全保护水平的评估认定标准以及接收国白名单、数

据类型白名单,能够更好达到对于我国金融数据的保护。对于向白名单中的国家和地区传输白名单中数据的,应允许其在最低的合规限制下尽可能自由流动,以匹配金融体系的运转效率;如果接收国未被列入我国白名单,或传输的敏感数据不属于白名单允许范围,则应根据相关法律法规进行严格审批。

4. 制定严格的金融数据控制权和司法管辖权保障规范和实施办法,维护数据主权

对于前述数据主权问题,我国需要积极制定相关法规和实施办法,对于金融机构、企业和其他社会组织的金融数据跨境传输行为进行严格规范,没有主管部门的审核及批准,严禁向境外政府及非政府组织传输数据。同时,对于敏感度较高的领域或涉及人数较高的金融数据,应当予以更严格的规范,在必要时将其明确归类为重要数据,实施更高级别的保护要求,防止对于重要、敏感的数据失去监管主动权。

针对境外司法、执法机构要求中国企业提交数据,或要求外国企业提交存储于中国境内的数据的情形,应当要求企业或个人及时向我国主管机关备案,及时通报案件进展,在必要时由行政主管机关出面沟通、释明或协助聘请有相应经验的境内外律师事务所维护其合法权益。

针对企业未经批准主动向境外组织机构提交敏感金融数据的情形,应当参考现行《数据安全法》框架对于数据安全负责人的要求、《个人信息保护法》对于个人信息保护负责人的要求,以及《个人金融信息保护技术规范》对于个人金融信息保护责任人的要求,综合确定并完善各类金融数据的监管/保护负责人机制。对于存在敏感金融数据的企业,应当提高审批标准、提高备案频率,对于特定类别的金融数据跨境传输设立严格限制,在不影响经济效益的同时,保护好金融数据和数据主权。进一步而言,由于相关法律法规出台时间较晚,业界尚未形成实践规范,具体可操作的指引和实施办法以及对于责任的明确界定显得尤为重要。在尽快细化标准的同时,为维护金融数据主权完整,避免数据安全事件发生,应当对于金融数据保护责任人的责任予以具体化,针对逃避备案、审批的跨境金融数据传输,应当对于企业及具体数据安全负责人进行问责和严肃处罚。

# 论我国公司资本形成制度现状与授权资本制改革

鲍　翔①

**内容摘要：**我国公司资本形成制度将迎来第四次转折性意义的修订，即引入授权资本制，但是引入授权资本制并不意味着我们就应当放弃对旧有法定资本制框架下认缴登记制的考量，认缴制主要造成两个方面的问题，即对债权人保护不足以及筹资灵活性不够的问题，在司法实践中尚能对股东的投机行为通过对法律的解释来加以规制，而对于剩余的问题学者分别提出了“加速到期”和“董事会催缴制”两种解决方案，经过考量这两个问题都具有不足之处并且在实践中可能会造成新的问题，为此从而有“不破不立”地引入授权资本制的必要性，但是仍然需要注意借鉴境外经验和我国现行法律框架进行制度构建，结合我国公司法草案中逐渐引入无面额股，为此应当抛弃传统法定资本制下以保护注册资本为中心的传统思维方式，认识到授权资本制下注册资本的全新定义，并且将采取实缴还是认缴的决定权交给董事会来决定以充分发挥授权资本制下筹资的灵活性，随着市场机制的日益成熟，政府更应当逐渐改变法定资本制以“家父”情怀干预市场的倾向，将所有者权益人为划分为注册资本和资本公积金反而不利于债权人的保护。在制度上需要区分不同公司类型可能导致董事会滥用发行权的风险，设定不同的法律规则，同时为了维护股东的“比例利益”，需要通过法律对董事会权限进行必要的限制，并通过董事的信义义务来加以规制，股东也可以通过优先购买权来维护自身利益。

**关键词：**资本形成制度　授权资本制　认缴登记制　注册资本

## 引　言

1993 年《公司法》确立了可谓是最严苛法定资本制，规定股份有限公司的注册资本最低限额为 1 000 万元，有限责任公司分别为生产性和商业批发型的 50 万元，商业零售型的 30 万元，科技开发、咨询、服务性的 10 万元，如此高的注册

① 鲍翔，上海大学法学院经济法学硕士研究生。

资本给设立公司设置了一个相当高的门槛，原因在于当时市场不发达以及商人普遍经商经验不足，导致相当多的交易相对方的损失由于这些公司缺乏偿债能力而无法得到补偿。①

然而事实证明，法定资本制度并没有起到预期效果，反而导致大量商人采取在公司设立阶段向别人借款，而公司成立之后“抽逃出资”的违法行为，政府则根本难以有足够的能力去监管这种层出不穷的规避监管规定的行为，导致根本无法实现法定资本制下“社会本位”价值取向下保护债权人的目的，并且法律一刀切地规定过高的最低资本限额以及相应的严格验资审查程序，不仅为公司的创立设置了极大的障碍，同时由于一些行业初始所需资金并不需要那么多，从而导致了公司资本的积压和闲置，并且随着市场的发展和人们经商经验的积累，“资产信用”在证明公司的资信状况上显得越来越比“资本信用”具有说服力，比如有足够经验的公司一般都会采取低面值进行溢价发行，因为如果采取平价发行一旦发生亏损，将导致股票的价值低于其面额值，而我国不允许折价发行，这意味着公司只能通过修改章程、减资等复杂程序减少股票数从而使得股票价值重新与面额值持平，同时若公司采取一开始平价发行的方式，但随着公司不断盈利和留利，股票市值的上涨导致溢价发行成为必然，溢价发行现象的普遍化使得注册资本占所有者权益的比重越来越小。美国、英国和欧盟的公司法学者在对法定资本制进行检讨后，得出一个结论认为法定资本制是“一种高成本、低效率的保护债权人的模式，虚幻的迷宫，失败的主张”。②因此，绝大多数市场经济国家纷纷放弃原有的法定资本制，大陆法系国家纷纷立法对传统的法定资本制进行了不同程度的修正，汲取“法定资本制”和“授权资本制”各自的优点，从而衍生出一种介乎其中的制度——“折中资本制”，③我国对法定资本制的修正也是采取这种思路，2005 年《公司法》一方面降低了最低资本限额(但是并未删除)，另一方面允许分期缴纳，只不过按照不同公司类型，划分了不同的固定认缴期限，比如股份公司、有限公司须在 2 年内缴足，投资公司须在 5 年内缴足，从上述规定看出尽管给予股东出资和公司筹资以一定灵活性但依然过于死板，因此 2013 年《公司法》更进一步地彻底将最低资本限额废除，回归 1992 年两部规范意见④的“资本认缴制”，并且将认缴期限的决定权交由股东，意味着股东可以通过认缴期限的设置来灵活安排

① 朱锦清：《公司法学(修订本)》，清华大学出版社 2019 年版，第 66 页。

② 傅穹：《路劲依赖与最低资本额安排》，载《法制与社会发展》2002 年第 6 期。

③ 李建伟：《公司资本制度的新发展》，中国政法大学出版社 2015 年版，第 129 页。

④ 1992 年 5 月国家体改委公布的《有限责任公司规范意见》和《股份有限公司规范意见》。

自己的出资计划。

只不过我国虽通过认缴制修正了法定资本制，但依然处于法定资本制框架之中，日本、德国、法国等国家抛弃不合时宜的法定资本制而实现所谓的“折中资本制”都通过赋予董事会在章程规定的资本范围内或者范围外发行新股的权利，①因此虽然本质上我国依然属于法定资本制，但由于不能归入典型的法定资本制、授权资本制和折中资本制之中，为了便于分析这一我国以认缴登记制为基础的特有的资本形成制度不若将其称为“自主认缴制”，②自主认缴制主要造成两个问题，一方面其延续了法定资本制的筹资不灵活的缺陷，另一方面为了修正法定资本制而将认缴期限的决定权交给股东将助长投机行为，损害债权人的利益从而使得法定资本制原本的功能丧失殆尽，因此《公司法草案》第 97 条将授权资本制引入或可成为自 1993 年以来公司资本制度的第四次转折，具有积极意义，但是事实上并不存在完美无缺的制度，我们仍需注意授权资本制固有局限性以及本土化问题，避免出现水土不服的现象。

## 一、自主认缴制的困境

自主认缴制一方面取消了公司发起设立时的验资程序，使得公司的全部股份只要股东“认缴”而不必实缴到位，并且由股东自行决定“实缴”的期限，未尝能切实地保护债权人的利益，同时正如上述论证，自主认缴制仍不过是在法定资本制下的“修修补补”，董事会仍然没有根据公司实际经营需要发行新股筹资的权力，因此自主认缴制仍然面临着筹资灵活性的问题。

### (一) 债权人保护困境

首先，有学者指出，在认缴制下，这类公司注册资本虽大但是很少实缴到位，由于公司不能支付到期债务并且债权人无权要求享有期限利益的股东提前履行出资义务，不得不先对欠债公司申请破产，再通过破产管理人要求股东缴付未缴纳的出资，从而带来高昂的出资成本。③其次，由于上述纠纷的存在，这些出资上的纠纷最终会转嫁到法院身上从而增加法院的司法成本，并且在过长的认缴期限下，公司不得不随时监视股东的资信状况以确保其能按时履行出资义务从而增加公司的治理成本。最后，有学者认为最理想的状态应当是资产信用

① 李建伟：《公司资本制度的新发展》，中国政法大学出版社 2015 年版，第 132 页。
② 朱锦清：《公司法学(修订本)》，清华大学出版社 2019 年版，第 67 页。
③ 甘培忠、吴韬：《论长期坚守我国法定资本制的核心价值》，载《法律适用》2014 年第 6 期。

为主、资本信用为辅的模式，而认缴制下注册资本与实缴资本的巨大差异将会使得资本信用的功能彻底虚化，交易相对人不得不完全抛开注册资本这一参考标准而对公司的复杂资产状况作全面的调查，无形中增加了交易成本，同时相对人如果不愿意花费这么多成本进行调查更可能的做法是让公司提供担保，这同样为公司的融资造成了困难。①

### （二）筹资灵活性困境

自主认缴制显然不同于授权资本制，发行资本的决定权主体仍然是全体股东或公司设立后的股东会而非董事会，认缴的注册资本总额即公司设立之初的发行总额，公司设立时即将全部资本认缴即发行完毕等并未改变，从根本上并未颠覆我国较为严格的法定资本的本质，归根到底不过是对我国现行法定资本制的改良而已。②因此，自主认缴制由于依然被限定在法定资本制框架下有着同样筹资缺乏灵活性的问题，首先，认缴制的设计其实假定了股东有能力预见公司未来若干年甚至是数十年的资金需求，但是这个假设显然无法成立，股东在章程中规定的分期实缴出资期限，往往仅是股东个人的粗略估计，而且更可能的结果是股东利用这项制度来无限延期自己的出资义务而不是对公司的资金需求进行规划，当公司事后无法以负债的方式融资，就不得不通过修改章程提前出资期限或者增资引进新的投资者来为自己提供融资；其次，分期出资的对象仍然仅限于现有股东，公司在筹资对象上也缺乏机动性，假如现有股东出资能力不足，公司依然要通过修改章程、增资等方式引进新的投资者。因此，认缴制虽然允许股东分期缴纳出资增加了股东出资期限的灵活性，但是并未增加公司在法定资本制框架下筹资的灵活性。③

## 二、自主认缴制修正路径的可行性分析

是否要破除既有法定资本制的藩篱首先要考虑的是目前自主认缴制所带来的缺陷是否无法通过相较于引进一个完全不同的资本形成制度成本更低的替代方式来解决，我们不能仅仅泛泛而谈某个制度的危害而不思考在现行法框架下可行的解决路径。

---

① 冯果：《论授权资本制下认缴制的去与留》，载《政法论坛》2022 年第 6 期。

② 李建伟：《公司资本制度的新发展》，中国政法大学出版社 2015 年版，第 155 页。

③ 王军：《公司资本制度》，北京大学出版社 2022 年版，第 101 页。

### (一) 对债权人保护困境的替代修正路径

在认缴制下，债权人保护的困境主要源于两类情况，一类是股东恶意的投机行为，通过修改章程减资、延后缴资期限来规避自己的出资义务，另一类是股东虽然没有恶意地规避自己的出资义务，但是在现行法下，在公司进入破产或者非破产清算程序前，公司已陷入清偿困境，股东没义务提前缴纳出资，公司债权人也无权主张股东提前实缴出资或直接对其承担债务，股东得以期限利益抗辩债权人要求其补充清偿公司债务的主张。

对于第一类情况，首先讨论股东通过修改章程减资规避自己出资义务的情形，股东任意修改章程扩大注册资本，以彰显公司实力，在交易完成后又通过修改章程减资来规避自己的出资义务，在香通国际公司诉昊跃投资公司等一案中，①法官以该减资未通知债权人为由，认定减资无效，公司资本不变，尽管《公司法》并未规定未通知债权人的减资应当认定为无效，但是法院判决理由在于减资是作为保护债权人利益的重要措施，若公司没有尽到投资义务即应认定减资无效，显然法官并未拘泥于法律文义而是通过积极解释弥补减资规则的法律漏洞，通过现行法的解释来矫正股东的投机行为具有积极意义，当然由于法律没有明确规定减资未通知债权人将导致减资无效，也有法院认为没有通知债权人并不导致减资无效，只是"不能对抗债权人"，股东因减资而取回的财产相对于提起诉讼的债权人而言仍然属于公司的责任财产，法院得以类推适用"抽逃出资"的规定要求参与减资的股东在减资金额范围内对债权人承担补充赔偿责任。②其次对于股东通过股东会决议修改章程，恶意延后缴资期限的，在金谷信托公司申请执行浙江优选公司财产一案中，③债权人金谷信托公司发现债务人股东会在2014年6月作出决议，将出资期限从2014年10月15日推迟到2032年10月15日，债权人以"股东出资不实"为由主张将债务人公司中一名自然人股东许某某追加为被执行人，但北京市第二中级人民法院严守法律和司法解释文义，认为债务人公司修改章程延后出资期限均符合法律规定要求，债务人公司股东未至实缴期限并无出资义务无法构成"出资不实"，从而不支持债权人的

---

① 上海香通国际贸易有限公司诉上海昊跃投资管理有限公司等案，上海市普陀区法院(2014)普民二(商)初字第5182号判决。

② 上海德力西集团有限公司诉江苏博恩世通高科有限公司等案，载《最高人民法院公报》2017年第11期，第38—41页。

③ 中国金谷国际信托有限责任公司诉浙江优选中小企业投资管理有限公司等申请执行案，北京市高级人民法院(2016)京恢复106号裁定。

主张，而北京市高级人民法院作为复议法院一改中院的裁定思路，显然是发觉了股东利用修改章程延后出资期限规避出资义务的投机目的，认为股东的出资认缴构成一种记载于章程并通过工商管理局公示的出资承诺，从而使得交易相对人产生了值得法律保护的“信赖利益”，而股东修改章程延后出资期限的行为显然违反了诚信原则，损害了债权人的信赖利益，因此应当认定其构成“出资不实”。虽然北京市高级人民法院基于对商事实践的清晰判断道破了股东延后出资期限实质为一种投机行为，损害债权人信赖利益，在法益衡量上可谓恰当，但是如此尚不能解释股东延后出资期限的行为是一种“出资不实”。有学者认为，恶意延后出资期限的行为，类似于“减免股东的出资义务”，从而可以类推适用减资程序处理，按照减资规范，债权人有权要求公司清偿债务或者对债务提供担保，如果公司没有清偿债务或提供担保，则减资应无效或者对债权人不生效力。同时更贴合的现行法规定的解决路径在于可以适用《民法典》关于债权人撤销权的规定，债务人在大额债务到期前通过修改章程延后股东出资期限，实际上是“恶意延长”自己债务的履行期限，降低自己的偿付能力，使债权人债权难以实现。①

综上可见，对于股东利用认缴制的投机行为现行法框架下未尝没有规制方法，唯一在现行法下难以解决的是，在公司自身丧失偿付能力而股东的实缴期限尚未届至的情况下债权人利益的保护问题，为此有不少学者提出了“加速到期”的规则，即公司若无力清偿债务，即便它没有进入破产或解散清算程序，股东也应提前缴纳出资；股东如果拒不提前缴资，则应认定违反“出资义务”，公司债权人有权请求这些股东对公司债务承担“补充赔偿责任”，但首先这样的主张难以得到现行法的支持，如李建伟教授试图扩大解释《公司法解释三》第 13 条第 1、2 款中“未履行或未全面履行出资义务”，因为《公司法解释二》第 22 条第 1 款、《企业破产法》第 35 条中均有规定“股东尚未缴纳出资”包括“到期应缴未缴的出资”和“分期缴纳尚未届满缴纳期限的出资”。②然而《企业破产法》和《公司法解释二》的上述规范适用于公司破产或非破产的清算程序，而《公司法解释三》第 13 条不以其为条件，规范适用范围不同，不能进行简单地类比适用，同时李建伟教授还从公司有限责任出发论证加速到期制度在我国现行法下的依据，根据《公司法》第 3 条第 2 款规定，“有限责任公司的股东以其认缴的出资额为限对公司承担责任；股份有限公司的股东以其认购的股份为限对公司承担责任”，

① 王军：《公司资本制度》，北京大学出版社 2022 年版，第 252 页。

② 李建伟：《认缴制下股东出资责任加速到期研究》，载《人民司法·应用》2015 年第 9 期。

其中所谓的股东“认缴出资额”和“认购股份”并不区分是否届至实缴期限，因此无论出资期限是否届至，股东都应以其“认缴的出资额”或“认购的股份”为限，对公司债务承担责任，[①]但实际上有限责任并不是强调公司股东应当在一定范围内对公司债务承担责任，恰恰相反的是股东原则上仅应对公司履行出资义务不承担公司债务，从股东有限责任的规范并不能推出强制股东提前履行出资义务。其次，李建伟教授还主张基于资本维持原则，股东有义务“保证债权人至少能够在注册资本额度内受偿”，[②]但问题在于资本维持原则所要规制的如抽逃出资、公司不得回购自己的股份、非货币出资必须保证足额等都在于公司对自己实收资本的维持，而对于股东未至实缴期限而没有交到公司手中的资金，公司如何维持？资本维持原则应当仅仅指的是公司就其实收资本范围对债权人负责，但是显然就不能推出股东有义务保证债权人在注册资本额度内受偿。最后“加速到期”制度未必符合股东和债权人的整体利益，对于股东而言其可能宁愿公司破产，因为其获得的收益（公司存续）可能远远小于其为此支付的代价（股东自有资产减少），若“加速到期”制度常态化，会导致股东可能选择尽量减少认而未缴的出资金额和缴资期限，如此尽管减少了极高认缴资本而实缴不到位的“空壳公司”，挤出了注册资本中许多水分，但也吓退了想为公司作长期投资安排的股东。从而使得资本认缴制下本就不多的筹资灵活性进一步减少，而对于债权人而言“加速到期”制度的常态化将导致个别清偿的扩大化，势必鼓励债权人在两种清算程序启动之前通过强制执行获得“个别清偿”，此种情况下各个债权人的利益处于不稳定、不确定的状态，将迫使各债权人不得不展开诉讼和强制执行的竞赛，基于“先到先得”的分配将会虚置破产清算程序“公平分配”的理念，未必符合债权人的利益。[③]2019 年 11 月公布的《九民纪要》原则上不支持“提前到期”的观点，仅在公司具备破产原因而不申请破产以及股东恶意延长出资期限的两种例外情形下支持“出资期限的提前到期”，最高人民法院的态度依然是保持谨慎，显然现行法下“加速到期”制度只能作为一种基于公平原则、例外的补救措施，并不能作为一种常态化的措施来补正认缴制下对债权人保护不足的问题。

综上可见，股东恶意利用认缴制规避自己出资义务的行为可以通过对现行法的解释得到有效的规制，但是在股东实缴期限未至而公司缺乏偿付能力时，“加速到期”制度不能常态化来对债权人的利益予以保护，债权人为了维护自己

---

①② 李建伟：《认缴制下股东出资责任加速到期研究》，载《人民司法·应用》2015 年第 9 期。

③ 王军：《公司资本制度》，北京大学出版社 2022 年版，第 272—273 页。

的利益依然需要先行申请债务人公司破产，然后通过破产管理人要求未实缴出资的股东履行出资义务。

### （二）对筹资灵活性困境的替代修正路径

关于认缴制下筹资灵活性的问题，我国学界主要提供了两种解决方案，第一种方案是引进授权资本制，将筹资的决定权从股东手里转移到更具有专业能力并且切实地经营公司的董事会手上，这一种方案在此先按下不表。第二种方案则是建立董事会催缴制，英国公司法和美国特拉华州普通公司法都允许公司发行“部分实缴股份”，此类股份发行后余款按照章程规定缴付，而章程可能授权董事会视公司业务需要自行决定向股东催缴。[①]这种方案的实行无须通过《公司法》修法赋予董事会催缴权，在现行法下公司章程就可以做此种授权，但是此种制度下，董事会催缴的范围、对象依然仅限于股东认缴的出资和股东，并且董事会的催缴权来自章程规定，而在实践中股东更可能的行为不是为了公司的筹资灵活性而是为了减轻自己的出资义务进行设计，因此很难想象有股东会赋予董事会这样的权力，并且由于董事会实质上控制在大股东手中，形成所谓的“内部人控制”，当股东不愿意出资时董事会也难以行使自己的催缴权要求大股东缴纳出资。[②]因此，董事会催缴制下股东仍然是筹资事项的最终决策者，董事会催缴制只能在股东预先设定的出资框架下增加一点筹资的机动性。

## 三、授权资本制的引进必要性以及方案分析

通过上述分析可以看出，在现行法定资本制框架下难以解决的问题主要在于实缴期限未届至而公司丧失偿付能力时债权人利益保护以及筹资灵活性问题，而授权资本制引进的必要性正在于解决这两个问题，同时为了落实授权资本制本土化，有必要结合我国公司法现行框架加以分析。

### （一）授权资本制引进的必要性

首先授权资本制如同我国现行法规定一样，普遍放弃最低注册资本，因为显然真正为债权人作担保的不是注册资本而是公司的所有者权益，但是这并不意味着法律完全将商事判断的风险转嫁给了债权人，在美国法上替代“最低资

① 王文宇：《简政繁权——评中国大陆注册资本认缴制》，载《财经法学》2015 年第 1 期。

② 王军：《公司资本制度》，北京大学出版社 2022 年版，第 102 页。

本额”发生作用的是从判例法中发展出来的“揭开公司法人面纱”制度，而公司资本充足与否是适用该制度的重要理由之一，如果法院认为公司设立时所投入的资金并不能承担公司经营业务的通常风险，就有该股东滥用有限责任将风险转嫁给公众的嫌疑，从而有适用刺穿公司面纱制度的余地，显然授权资本制不再依仗形式上、统一、僵化的数字，而是通过个案中法院结合公司的实际经营情况、经营规模、经营风险对公司所需资本是否充足来对债权人进行实质保护。①

其次授权资本制虽然同法定资本制一样将要求将公司的资本总额明确记载于章程，但在授权资本制下，公司资本总额不必一次性全部发行完毕，公司可以先发行授权额度的一部分，剩下部分由公司董事视公司的实际资本需求分一次或多次发行，法律不对可授权发行的股票总量作限制性规定，也不关注是否会全部发行，授权股票的总量能够满足将来公司融资需求即可。当然授权股票的数量一般不会设置得过多，因为过多的授权股票意味着股东权益被稀释的可能性越大，公司章程的起草者往往会考虑这一点。②

最后从资本缴付角度来看，授权资本制可以分次发行、分次认缴，即发起人只需认购并足额缴纳章程所规定的第一次应发行的股份数，公司即可成立，未发行及认足部分，授权董事会根据需要，在公司成立后随时募集。并且依据美国《示范公司法》规定：董事会可决定是一次缴足，还是分期付款或依据董事会催缴通知而缴付，显然美国公司的成立仅仅要求提交章程即可，即便是第一次发行所认购的股份依然可以采取认缴制的模式分期付款或者按照董事会的要求进行缴付，并不要求在公司成立之时就实缴到位。③

显然相较于认缴制而言，将融资的自主权交还给董事会从而解放了公司融资的灵活性，同时虽然授权资本制下将导致注册资本虚化更加严重，因为授权资本制下并未规定公司首次发行股份的最低数额，也未对公司首次发行资本的发行期限作出限制，从而使得公司章程内规定的公司资本仅仅为名义资本而实缴微乎其微，但是可以通过揭开公司面纱、资本市场制度完善本身来在个案中更加具体地保护债权人的利益。④

### （二）授权资本制引进方案分析

要引入授权资本制不可能原封不动地照搬过来即可，因此必须考虑其在现行法律框架下的适配问题，那么就要面临如下问题：(1)注册资本的重新定义；

---

① 李建伟：《公司资本制度的新发展》，中国政法大学出版社 2015 年版，第 124—125 页。

② [美]理查德·D.弗里尔：《美国公司法(第七版)》，崔焕鹏、施汉博译，法律出版社 2021 年版，第 243 页。

③④ 李建伟：《公司资本制度的新发展》，中国政法大学出版社 2015 年版，第 126 页。

(2)认缴制的去留;(3)股份公司(公开募股公司)与有限责任公司(非公开募股公司)增资扩股决定权的区别规则;(4)如何保护原股东的“比例利益”。

首先就注册资本的重新定义问题,由于授权资本制下“注册资本”不再是全体股东认缴的出资总额或者认购的股本总额,而应当是公司章程设定的、公司最多可募集的股本总额或最多可发行的股份总额。

其次就现行法律框架下认缴制的去留问题,有学者认为认缴制与授权资本制存在功能重叠,因为二者都旨在减轻设立公司的门槛以及提升公司筹资的灵活性,而认缴制不仅存在固有难以通过现行法改善的缺陷,徒增修正的立法成本并且导致制度过于复杂,而且阻碍了授权资本制功能的发挥,比如董事会增发新股时,股东会可通过决议要求董事会延长增发新股的认缴期限,从而导致了“1+1<2”的结果,因此该学者主张应当去除现行的认缴登记制,改为“授权资本制+实缴制”的模式,这样授权资本制促使筹资灵活性,而实缴制使得注册资本再次成为交易相对人可以评估公司资信的重要依据,同时周全了对债权人信赖利益的保护并且节省了其交易成本,可谓两全其美之举。①

但管见以为,这样的观点成立的前提依然是注册资本本身能够为债权人的保护提供帮助,即一方面能够成为债权人考虑交易相对人资信的重要依据,另一方面担保债权人受偿,个人并不认同将注册资本等同于实收资本的做法,因为首先并不符合普遍对注册资本的定义,引发概念上的混乱,另一方面实收资本项目完全可以通过企业公示的财务报表查询,完全没有必要为了突出注册资本的作用而偷换概念,注册资本在授权资本制的定义只是如上所述,指的是公司章程设定的、公司最多可募集的股本总额或最多可发行的股份总额。同时依据美国《示范公司法》规定:董事会可决定是一次缴足,还是分期付款或依据董事会催缴通知而缴付,显然在授权资本制下依然可以采取认缴制的模式,只不过认缴的期限决定权在董事会而不是有自利倾向的股东手中,这样的做法更加增强了融资的灵活性,尤其对于尚未公开募股的非公众公司而言,找寻投资者尚须一定的时间,如果允许采取认缴制和授权资本制并存的模式,那么大可以在董事会决定增发新股后引入新的投资者,并由董事会决定分期认缴或者视情况由董事会随时催缴,这样等同于多了一个随时成为资金来源的资金库,更加提升了资本的运用效率和筹资的灵活性。

公司法强调公司的注册资本,因为计入公司注册资本的是股票票面金额与股份总数的乘积。法律人士认为,公司的注册资本才是公司股本,溢价部分因

① 冯果:《论授权资本制下认缴制的去与留》,载《政法论坛》2022 年第 6 期。

为没有计入注册资本中，就不是公司股本。这个被称为公司法上的“美丽错误”，还容易导致司法实践中对公司财产分配基本原则的偏离。例如，有法院认为资本公积可以较为自由地返还给股东，不需要像资本减少那样遵循严格的减资程序。在“硅谷天堂案”中，投资者共投入 4 900 万元，其中 700 万元作为新增注册资本，另外 4 200 万元被记作资本公积。法院一方面认为投资者无权要求公司回购其 700 万元的股权，另一方面又认为公司应当返还给投资者 4 200 万元的资本公积，同时应当支付利息。本案中，所有者投入的大部分资本被计入资本公积，而非注册资本。既然不是注册资本，当然应该不受公司股本不得返还的规则限制。这种处理方法颇具典型意义，但却是不恰当的。因为对投资人而言，其投入公司的全部财产都是其获得公司股份的对价，具有同质性。①因此，个人认为单纯强调为保护注册资本的作用而放弃认缴制转向实缴制的依据并不充分，对于中国当下日趋成熟的市场虚化注册资本的作用已经几成必然趋势，如美国多数州在《示范公司法》下放弃了注册资本不能用于公司分配的限制，而是采用“能否偿付到期债务”作为对公司分配的限制条件，②因此与其费劲地删除认缴制，又再次“回到过去”花去大量制度成本去建立一套统一严苛的验资程序，不若允许董事会采取两套可行的选择，如果公司急需资金，允许董事会增发新股并且要求新股必须一次性实缴到位，若公司在为未来的交易作准备而暂时无须那么多资本，则同样允许其增发新股并且规定实缴比例甚至无须实缴，分期缴纳或者随董事会催缴缴纳剩余的股款。

王军教授则认为应当将自主认缴制与授权资本制交给章程自由约定，③但管见以为，之所以需要采取授权资本制正在于为了强化董事会的独立地位，如果允许股东选择更可能倾向于使得自己掌握更大权力的自主认缴制从而无法在现实层面改善融资困难问题，因此个人认为应当强制性地规定授权资本制，相当于法律强化董事会在融资决策方面的地位，同时允许董事会在作出融资决策时作出采取认缴制还是实缴制的决定。

建议考虑为股份有限公司与有限责任公司设定不同授权资本制的规则，从而周全董事会独立性与股东利益的保护，如英国公司法规定，在只有一种股份的非公开募股公司（我国则通常指有限责任公司），如果章程没有限制性规定，则董事会拥有决定股份发行的权力，在此种情况下董事会享有全部股份发行

---

① 冯果：《论授权资本制下认缴制的去与留》，载《政法论坛》2022 年第 6 期。

② ［美］理查德 · D.弗里尔：《美国公司法（第七版）》，崔焕鹏、施汉博译，法律出版社 2021 年版，第 250 页。

③ 王军：《公司资本制度》，北京大学出版社 2022 年版，第 106 页。

权，①原因在于此种情况下董事会与股东会通常是高度重合的，赋予董事会更大的权力可能并不需要担忧其会滥用权力损害股东的利益；在公开或发行多种股份的非公开的募股公司，董事会只能在章程或股东会授权的数额、时间和条件范围内行使股份发行权。②

首先，应当考虑如何在授权资本制保护股东的“比例利益”，即原有股东的持股比不会因为董事会的发行而受到不当的稀释，原则上来说股权被稀释是其经营公司所要面临的合理风险，但是如果董事会无正当理由滥用发行权，使得稀释是压迫性的就有必要通过法律予以规制，通常是否为压迫性的取决于公司管理层的意图，在 Byelick 诉 Vivalelli 案中，该案涉及三个股东，原告持有 10%的股份，被告（一对夫妇）持有剩余 90%的股份，被告是全部董事会成员并且对原告抱有敌意，被告通过董事会安排增发新股票但是发行对象是自己，结果导致原告持股占比从 10%降低到 1%，在判决被告败诉的简易程序判决中，法院认定经理层对小股东负有信义义务，不能牺牲小股东以自肥。③其次，可以通过法律对董事会的发行权进行一定程度的限制，根据 MBCA 规则，如果发行股份购买非现金资产，或者单次发行股份（包括转换股份）的数量超过已发行的有表决权股份的 20%，也应当事先征得股东会批准。④最后，我们可以将董事增发新股纳入增资扩股时原有股东有按持股比例优先购买权的体系，只不过出资期限、条件由董事会决定。

## 结　　语

事实证明以围绕日益虚化的注册资本为中心的法定资本制缺乏自我蜕化的能力，越修正也只不过产生新的问题转换了问题的形态罢了，如加速到期制造成的个别清偿扩大化和筹资灵活性进一步减弱问题，董事会催缴制依然难以使得董事会脱离具有自利倾向股东控制问题，与其越修正越产生新的问题，不如不破不立引入作为新框架的授权资本制，同时在引入授权资本制更应当洗清旧有以维护注册资本为中心的法定资本制的思维方式，日趋成熟的市场不需要立法者以“家父”的情怀强为拟制出一个完全真实的注册资本出来，正如上述论证的，这种人为将所有者权益分割为注册资本和资本公积金的做法反而不利于

① UK Companies Act 2006, s. 550.

② UK Companies Act 2006, s. 551.

③ [美]理查德・D.弗里尔：《美国公司法（第七版）》，崔焕鹏、施汉博译，法律出版社 2021 年版，第 255 页。

④ MBCA § 6.21(f).

债权人的保护，同时削弱了授权资本制下筹资的灵活性，因此个人主张如果仍然需要沿用注册资本这一概念，需要在授权资本制对其作完全全新的定义，新定义下注册资本的功能更强调董事会增发新股的权限而不是标识公司资信，若未来公司法引进纯粹无面额股，注册资本更没必要保留使得会计账面上分列两个项目，无面额股所收对价均算入股本总额为债权人提供担保，这比单纯强调注册资本的标识资信作用来得实在得多，在采取授权资本制的情况下，由董事会自由决定出资是否需要实缴、认缴还是随董事会催缴缴纳，同时在引入授权资本制时，需要借鉴境外经验以及我国现行法律体系，为不同类型的公司的董事会的新股发行权设定区别的规则，同时运用董事的信义义务、法律限制以及优先认购权来均衡地保护授权资本制下股东的比例利益。

**图书在版编目(CIP)数据**

金融法前沿问题研究/文学国主编.—上海:上
海人民出版社,2024
ISBN 978-7-208-18875-4

Ⅰ.①金… Ⅱ.①文… Ⅲ.①金融法-研究 Ⅳ.
①D912.280.4

中国国家版本馆CIP数据核字(2024)第082096号

**责任编辑** 夏红梅
**封面设计** 孙 康

**金融法前沿问题研究**
文学国 主编
李政明 副主编

**出　　版** 上海人民出版社
（201101 上海市闵行区号景路159弄C座）
**发　　行** 上海人民出版社发行中心
**印　　刷** 上海新华印刷有限公司
**开　　本** 720×1000 1/16
**印　　张** 17
**插　　页** 2
**字　　数** 290,000
**版　　次** 2024年6月第1版
**印　　次** 2024年6月第1次印刷
ISBN 978-7-208-18875-4/D·4308
**定　　价** 68.00元